纸飞机 2
完结篇

潭石 著

广东旅游出版社
中国·广州

图书在版编目（CIP）数据

纸飞机. 2, 完结篇 / 潭石著. — 广州：广东旅游出版社, 2021.1（2024.8重印）
ISBN 978-7-5570-2393-5

Ⅰ.①纸… Ⅱ.①潭… Ⅲ.①长篇小说–中国–当代 Ⅳ.①I247.5

中国版本图书馆CIP数据核字(2020)第246034号

纸飞机. 2, 完结篇
ZHI FEI JI. 2, WAN JIE PIAN

著　　者	潭　石
出 版 人	刘志松
责任编辑	梅哲坤
责任校对	李瑞苑
责任技编	冼志良

广东旅游出版社出版发行

地　　址	广东省广州市荔湾区沙面北街71号首、二层
邮　　编	510130
电　　话	020-87347732（总编室）　020-87348887（销售热线）
投稿邮箱	2026542779@qg.com
印　　刷	嘉业印刷（天津）有限公司
	（地址：天津市静海经济开发区北区银海道48号）
开　　本	880毫米×1230毫米　1/32
印　　张	7.75
字　　数	370千
版　　次	2021年1月第1版
印　　次	2024年8月第9次印刷
定　　价	39.80元

本书若有倒装、缺页影响阅读，请与承印厂联系调换，联系电话 010-57735441

目 录
CONTENTS

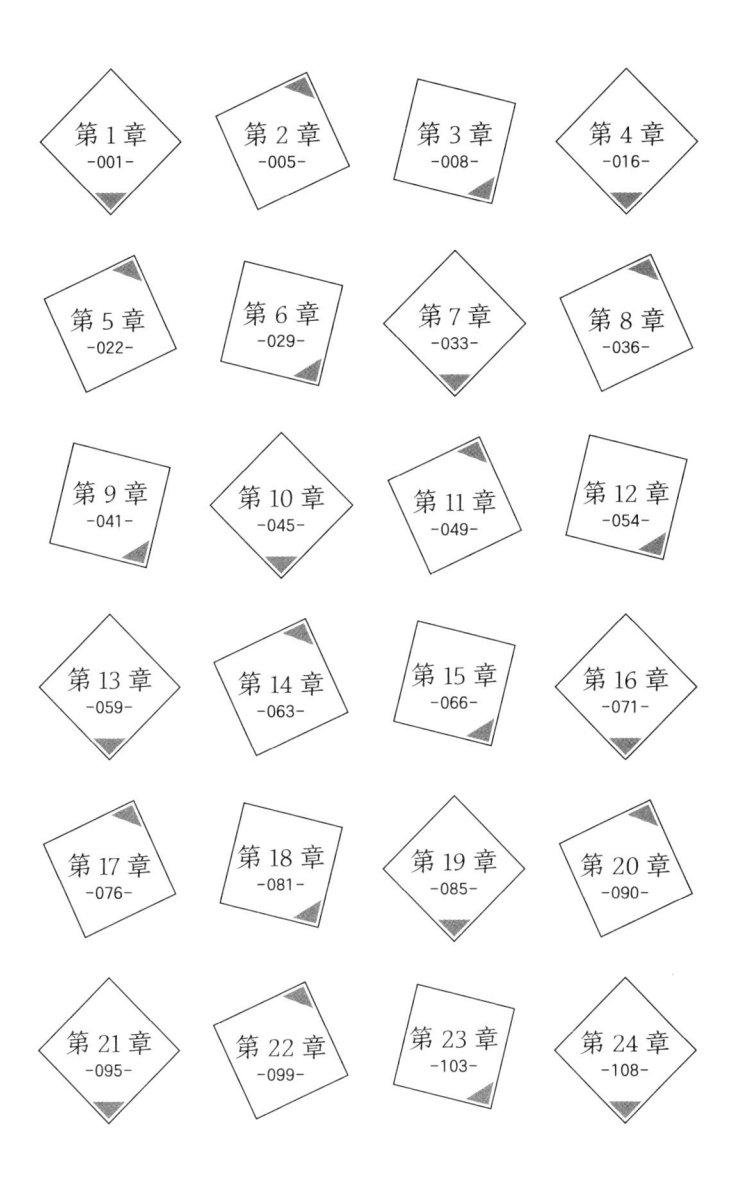

第 1 章 -001-
第 2 章 -005-
第 3 章 -008-
第 4 章 -016-
第 5 章 -022-
第 6 章 -029-
第 7 章 -033-
第 8 章 -036-
第 9 章 -041-
第 10 章 -045-
第 11 章 -049-
第 12 章 -054-
第 13 章 -059-
第 14 章 -063-
第 15 章 -066-
第 16 章 -071-
第 17 章 -076-
第 18 章 -081-
第 19 章 -085-
第 20 章 -090-
第 21 章 -095-
第 22 章 -099-
第 23 章 -103-
第 24 章 -108-

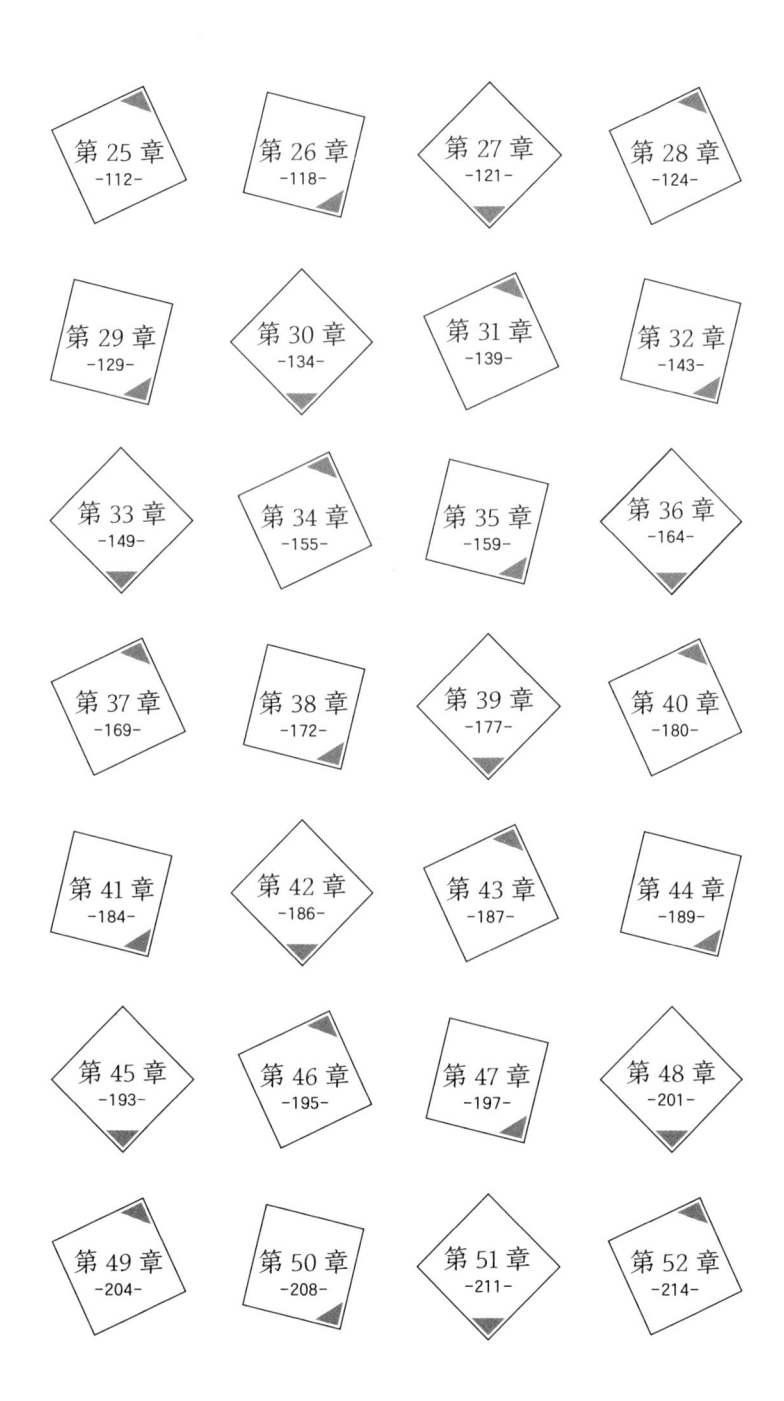

第 25 章 -112-
第 26 章 -118-
第 27 章 -121-
第 28 章 -124-

第 29 章 -129-
第 30 章 -134-
第 31 章 -139-
第 32 章 -143-

第 33 章 -149-
第 34 章 -155-
第 35 章 -159-
第 36 章 -164-

第 37 章 -169-
第 38 章 -172-
第 39 章 -177-
第 40 章 -180-

第 41 章 -184-
第 42 章 -186-
第 43 章 -187-
第 44 章 -189-

第 45 章 -193-
第 46 章 -195-
第 47 章 -197-
第 48 章 -201-

第 49 章 -204-
第 50 章 -208-
第 51 章 -211-
第 52 章 -214-

第53章 -217-

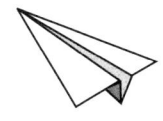

第54章 -221-

第55章 -226-

第56章 -228-

番外·四年前杨煊出任务片段 -236-

第 1 章

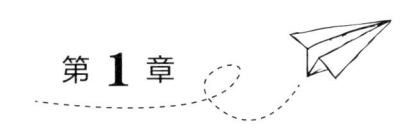

汤君赫愣着,杨煊也没什么动作,就那么站在门口,一只手搭在行李箱的拉杆上,低头看着他,黑沉沉的眼神落在他的脸上。明明是个巨大的惊喜,但他脸上的神情却很稀松平常似的,是那种一贯的波澜不惊。

没得到回答,杨成川还以为家里来了客人,放下未接通的电话起身走到门口迎,见门外站着自己的大儿子杨煊,也有了一瞬的错愕,随即又惊又喜道:"怎么这个时候回来了?"说着他走上前去接杨煊手里的行李箱,汤君赫下意识侧过身给他让路。

"是不是想家了?还是那边的饭吃不惯?"杨成川方才笼在心头的孤寂此刻烟消云散,他将行李箱搁到玄关的墙角处,伸手亲昵地拍着杨煊的肩膀,"回来也不提前说一声,我好开车去接你。你从机场怎么来的,打车?"

杨煊将口罩摘下来放到储物柜上,脱着外套说:"嗯。"

"大过年的,还有司机接活儿吗?"杨成川伸手接过他的外套,嘘寒问暖道,"穿这么少,也不怕感冒。饿不饿啊?饺子正下着呢,你还挺会赶时候。"

厨房里的汤小年将饺子下到锅里,正咕嘟咕嘟地煮着,听到外面传来人声,探出头来看,这一看,她也愣了,几分钟前的愉悦心情刹那间打了个对折,勉强扯出一张笑脸招呼道:"小煊回来啦?"

杨煊没反应声,杨成川替他接话:"刚从机场打车回来,要我说,这个年还是得在自己家里过着舒坦,"他说着又去看杨煊,"是吧?"

杨煊在沙发上坐下来,拿出手机低头摆弄着说:"我给姥姥回个电话。"汤君赫挨着他坐下来,眼睛落在电视上,心思全都放了他哥哥身上。

"该回、该回,"杨成川在一侧的单人沙发上坐下来,看着他道,"我刚想打电话来着,那边没接,你一会儿说完了别急着挂,我给你姥爷姥姥拜个年。"

杨煊将号码拨过去,那边很快就接起来,他对着说了几句之后,见杨成川一直看着他使眼色,有些不耐烦地避开那个令人生厌的眼神。他不想在除夕给两位老人添堵,但没想到那边主动提出来要跟杨成川通电话。

往年杨煊的姥爷和姥姥都对杨成川这个渣男深恶痛绝,今年这个举动实在有些反常,连杨成川自己也面露惊讶,他本就预料到岳父岳母不会搭自己的茬,叫杨煊替自己带一声"过年好",不过是觉得面子上过得去就行,根本就没指望

001

能通上话。

杨成川从杨煊手里接过手机，堆出笑脸，频频应着那边提出的要求："您放心，杨煊的功课没耽误多少，您看到他的托福成绩没？您别动怒……都是为了孩子的前途，您老心平气和地说，别气坏了身子……"

杨成川对着电话那边点头哈腰，这时觉得面子上挂不住，起身去书房。

打完电话，杨成川从书房走出来，将手机递还给杨煊。

兄弟俩坐在一起，落到杨成川的眼里，那就是一派和谐的兄友弟恭，再加上他也看出来汤君赫平时有些依赖杨煊，便笑道："君赫见到哥哥回来很高兴吧？"他坐到沙发上，看着这兄弟俩，颇欣慰地感叹道，"要不说是兄弟呢，就算从小不在一起长大，感情还是比外人要好。"

汤小年在厨房听到这话，心头掠过一丝不快，抬高了音量喊："君赫，过来端饺子。"

汤君赫进了厨房，汤小年把饺子盛到盘子里，压低声音问："他怎么回来了？不是说要在国外待到初七八吗？"

"不知道。"汤君赫端起饺子就要往外走。

汤小年有气儿没处撒，又对他无可奈何，只能自己也端起饺子跟着走出去。

四人围桌而坐，汤小年佯作关切地问："小煊怎么这么晚才回来？没买早一点儿的机票啊？"

"飞机得十几个小时呢，"杨成川看向杨煊，"是吧，早晨几点出门的？"

"不到7点。"杨煊说。

"嗯，这就是时间最合适的航班了，"杨成川跟汤小年解释，"不用太早起，回来的时间也还算合适。今天比以前还晚了一点儿，早晨晚点了？"

杨煊敷衍地"嗯"了一声。事实上他运气还算不错，飞机准时起飞，只是回来的时候打车遇到了一点儿麻烦，在机场等了近一个小时才等到出租车。但这些跟杨成川说了也没什么意义，他便也懒得多说。

"怎么突然想起要回来？之前不是说初七八才回来？"听到杨成川问出这个问题，汤小年手里的筷子顿了一下，伸长了耳朵等杨煊的答案，汤君赫闻言也下意识看了杨煊一眼。

杨煊倒是没什么反应，不走心地说："想回来就回来了。"

不管怎么样，杨成川心里都实打实地高兴，他觉得自己的大儿子长大了，知道记挂自己这个爹了。如果杨煊今晚没回来，很难说他这个除夕会过得有多孤单。毕竟汤君赫这个小儿子，姓氏不随他，从小到大也没跟他亲过，多看一眼就会让他多生出一分将来会晚景凄凉的忧愁。

杨煊吃完了饭，将筷子搁在桌上，杨成川看着他问："吃饱了？真正的年夜饭还没上桌呢。"

"有点儿累，想洗个澡。"杨煊说。

"去吧，十几个小时的飞机坐下来是挺累的。"杨成川倒是一向不约束他。

杨煊回房换了衣服，走到卫生间洗澡。

见杨煊回去，汤君赫剩下的饭也吃得索然无味，他本来就不太喜欢吃饺子。以往过除夕，汤小年都要坚持等到春晚结束才肯关电视睡觉，如果今年也是这样的话，那他岂不是要等到凌晨才可以去找杨煊？

汤小年边吃饭边看电视，间或被小品里的陈词滥调逗乐几声。见汤君赫将碗筷搁到桌上，她扭过头冲着他问道："你也吃饱了？一会儿还有年夜饭呢。"

"我困了。"汤君赫说着，适时地打了个呵欠。

"困什么困，才几点，一会儿帮我洗葱剥蒜，干点儿活就不困了。"汤小年说。阿姨临走前做好了一桌年夜饭，全都放到冰箱的冷藏室里，汤小年只需要拿出来，用葱和蒜回个锅，将菜热一遍就可以上桌了。

"困了就睡吧，"杨成川这时心情大好，替汤君赫开脱道，"正是长身体的时候，多睡点儿没坏处。一会儿我帮你洗葱剥蒜打下手，满意了吧？"

"你还记得葱长什么样吗？"汤小年瞅他一眼，"十几年没碰过了吧？"

"看你这话说的，你十几年前长什么样我都记得呢。"

"哦，你是说我在你心里就是根葱吧。"汤小年跟杨成川久违地斗起嘴来，一时心情也缓过来了，对着汤君赫道，"想睡就去睡吧。"说着，她起身从厨房里拿了个苹果，走回来放到汤君赫面前，"吃个苹果再睡，今天还没吃水果。"

浴室里传来哗啦啦的水声，汤君赫坐在客厅的沙发上啃苹果。不知是不是因为杨成川提起了十几年前的事情，汤小年和杨成川的感情突然之间迅速升温，言谈间显出些打情骂俏的意味。过了一会儿，汤小年从厨房里探出头，叮嘱完汤君赫早点儿睡觉，就伸手将厨房的门拉上。

听着厨房里传来隐隐约约的谈笑声，汤君赫的眼珠转了转，三口两口地吃掉手里的苹果，将苹果核扔到垃圾桶里。他从沙发上起身走到自己的房间，将门上了锁，然后起身看了一眼厨房的磨砂玻璃门，那里隐隐约约地透出杨成川背对着客厅的半个身影。他看着厨房，快步走到杨煊的房间，伸手转动门把手——门没上锁，他推开门走了进去。

等到杨煊洗完澡回来，推门一看，汤君赫正端端正正地坐在他的床边。这下，轮到杨煊发了一下愣："什么时候进……"

杨煊这话刚说出口，汤君赫慌忙伸出食指抵在自己的嘴唇上，对杨煊做了个噤声的动作。

杨煊下意识扬眉，继而笑了一下，走过来坐到床边，压低了音量问："什么时候进来的？"

"刚刚。"汤君赫脱了鞋，从床上朝杨煊爬过去，跪坐在他旁边，眼睛一眨不眨地看着他。

杨煊瞥他一眼："这么看着我干什么？"

汤君赫的眼睛里盛满了灼灼的期待："哥，你是因为我回来的对不对？"

"你觉得呢？"杨煊又这样说。

"我觉得是。"汤君赫看着他说。

杨煊抬眼看向他，觉得他好像哪里变得有点儿跟以前不一样了，尤其是看人的时候，以前他喜欢从下往上抬着眼睛看人，而现在他下颌微抬，无辜的眼神被微耷的眼皮遮去了几分。虽然对于汤君赫最近的行径一无所知，但杨煊还是察觉出这种很特别的变化，伸手扳过汤君赫的下巴，左右看了看，用一种审问的语气低声问："你最近去哪儿了？"

汤君赫敏感地想到自己最近的行踪，并没有意识到自己看人的方式发生了变化，还以为自己的计划败露了，眼神里闪过一丝惊疑，努力表现出平静的神色道："就在家里啊……"

第 2 章

客厅里,杨成川和汤小年从厨房里出来了,隔着一层实木门,两人的谈笑声不甚清晰地传进杨煊的房间里:"……得了杨成川,你也别老说我的教育方法有问题,有本事你别跟别人吹嘘你小儿子考了全市第一啊,前天陈兴还问我这件事呢,一听就是你跟他说的……"

"你得说这还是基因起了主要作用,你别瞪我啊,没说光是我的基因,咱俩的基因强强联合行了吧?"

"你小点儿声,"汤小年压低了声音,"君赫正睡觉呢,别扯这些。"

杨成川失笑道:"我这话有什么问题吗?君赫过了这个年也十七了,都快成大小伙子了,你还天天拿他当小孩儿呢。"

"他就是个小孩儿,没接触过社会,"汤小年说,"十七了也什么都不懂。"

两人说着,逐渐压低了话音,不知谁拿过遥控器调低了电视的音量。

杨煊看着汤君赫,他穿着那件汤小年给他买的小熊猫睡衣,胸口印着毛茸茸的熊猫头,搭配着他那张人畜无害又漂亮至极的脸,乍一看的确是汤小年口中"什么都不懂"的天真模样。杨煊笑了笑,原来当时自己的判断是错误的,这十年来他弟弟没有长成妈妈身边的"小公主",反而变成了一个随时可能会跟他叛逃的"小恶魔"。

他低声道:"你妈妈还把你当小孩子看呢。"

"我都十七了。"汤君赫很小声地说。他在害怕汤小年会听到他们的谈话声,因此显得很紧张。

杨煊拿过遥控器按开了书桌上的音响,音乐声流泻出来,是一首古老的西洋乐曲,轻快而悠扬的曲调掩盖了他们的交谈声,汤君赫看上去放松了一些。

他们低声聊着天,杨煊问:"刚刚怎么进来的?"

汤君赫如实交代:"我说我回屋睡觉了,他们刚又去厨房了,我就趁他们不注意……"

杨煊饶有兴味地看他:"就在你妈眼皮底下?"

汤君赫迟疑地点了点头。

咚咚咚。几声敲门声响起,显而易见是汤小年,杨煊蹙起眉有些不耐烦地问:"谁啊?"

"小煊啊。"汤小年的声音一传进来,汤君赫的脸就紧张地绷紧了,"音乐声小一点儿,"汤小年接着说,"你弟弟已经睡觉了。"她说话向来喜欢用祈使语气,无端给人一种命令的感觉。

杨煊伸手去捏汤君赫的脸,声线压低,有些恶作剧般:"跟你妈妈说知道了。"他觉得汤君赫紧张的样子有些可爱。

汤君赫把头摇得像波浪鼓。

咚咚咚。汤小年又敲门了,这次是催促。

"知道了阿姨。"杨煊看着汤君赫,慢吞吞地拿起遥控器,将音响的声音调低了一些。

汤小年对于杨煊这次难得的妥协很满意,听到屋内音响的声音低了下去,心满意足地走了回去。

外面的声音弱下去,汤小年和杨成川也回屋睡了。汤君赫屏息判断出屋外的情况,光脚下床,跑去关了灯。

黑魆魆的房间,昏黄的路灯透过巨大的落地窗照进来,静谧得像世外桃源。他们躺在阳台上,享受这难得无人打扰的静谧。

"我们聊天吧哥,"汤君赫侧过身,看着杨煊小声说,"我都没跟别人聊过天。"

"你以前的同学呢?"杨煊问,对于汤君赫没有朋友这件事,以前的他虽然谈不上关心,但偶尔也会感到略微诧异。

"他们都不喜欢我,"汤君赫小声说,"自从周林在班上说我偷了他的东西后,就没有人肯理我了。"

杨煊问:"什么时候?"

"就是我从他宿舍逃出来那次。"汤君赫回忆着那时的情形,那晚他用圆规扎了周林的手,慌里慌张地从凳子上跳下来逃出去,临走前将书包落在了周林的宿舍。第二天上学,周林将书包还给了他,他当时怕极了,接过来就塞到了自己的桌洞里。没想到当天傍晚,周林突然声称自己丢了一块昂贵的手表,接下来的场景令汤君赫至今想起来都感到胆寒,周林当着班主任和全班同学的面,从他的书包侧兜翻出了那块手表,而那时尚年幼的他面对如此铁证百口莫辩。从那之后,人人都认定汤君赫是个忘恩负义的小偷,他们都在背后悄悄地议论说,周老师善心大发课后给他补习功课,他却趁人不备偷了周老师的手表。

"不过,他们不喜欢我也没关系,"汤君赫的声音听上去有几分固执,"我也不喜欢他们。"

　　杨煊听他讲了这些陈年旧事，一时困意全无。他突然产生了一个强烈的念头，也许当时拦下汤君赫并不是最明智的做法，他应该帮他一起解决了那个懦弱的畜生，然后带着他弟弟逃出去，逃出润城，逃到国外。

　　"我不用别人喜欢我，我有你这个哥哥就够了。"汤君赫又说。

　　杨煊看着眼前的一团黑暗，轻轻地"嗯"了一声。

　　过了一会儿，觉得不够似的，汤君赫又颇具少年心气地补充了一句："哥，我可以为你去死。"

　　杨煊没当真，笑了一声。

　　"真的……"汤君赫听出他的不以为然，小声地嘀咕。

　　"对了哥，我还没坐过飞机。"过了一会儿，汤君赫又挑起了新的话题，他真的开始跟杨煊聊天了，"坐飞机是什么感觉？"

　　"很吵，"杨煊说，"耳朵难受。"

　　"没有好一点儿的地方吗？"汤君赫好奇地问。

　　杨煊想了想，语速缓慢，声调低沉地回答他："天很蓝，很亮。云层就在周围，很白，也很厚。"

　　汤君赫脑中出现他哥哥描述的画面，接着杨煊的话，全凭想象地说："那一定也很软，也许尝起来还会很甜，就像你小时候给我买的棉花糖一样。"

　　"也许吧，"杨煊笑了一下，"以后有机会带你坐。"

　　汤君赫很困了，打了个呵欠，迷迷糊糊地说："会有机会的。"

　　汤君赫很快睡着了，鼻息逐渐绵长。杨煊仰躺在地毯上，手抚着他的头发，无意识地捏着他的发梢在自己的指尖打转。看着窗外星光黯淡的黑夜，他突然觉得，如果他弟弟再缩小一点儿的话，或许可以把他弟弟藏到行李箱里面打包带走。

　　他对这个畸形的家和多雪的润城毫无留恋之意，倘若说有一丝一毫留恋的话，那便是对这个半途闯进他的世界的弟弟了。不仅是因为汤君赫对杨煊全身心地依赖和信任，还因为他们都想逃离这里，逃得越远越好，越快越好。

第 3 章

汤小年一放假，汤君赫就哪儿也别想去，每天都被按在书桌前埋头学习。每过一个小时，汤小年就会推门进来给他送水果，顺便让他学习久了起来活动活动——所谓的"活动"就是绕着家里走几步，而一旦汤君赫想要出门，汤小年就非得打破沙锅问到底，要去哪儿，跟谁去，去做什么，全都了解清楚才肯放行。

久而久之，汤小年在家的时候，若非必要，汤君赫从不主动提出要出门。

大年初八，汤小年开始上班了，汤君赫这才趁着下午跑出去，到公用电话亭里给上次拿到的那个号码打了个电话。

电话那头依旧是一阵嘈杂，那人这次倒是没急着挂断，语调闲散地问："这么急着要啊？你用还是给别人用？"

"给别人，"汤君赫打电话之前已经打好了腹稿，"上次他用过一支了，是我朋友给我的。"

"是吗？"那人的声音听上去沾了点儿下流的意味，"效果怎么样？挺带劲儿的吧？"

"还不错，只不过……"汤君赫欲言又止。

"不过什么啊？"那人催着问。

汤君赫下了决心才说出口："好像成瘾的效果并不是特别明显……"

许是因为"彩姐的朋友"这个名头让电话那头放松了警惕，那人倒是没怎么当回事，语气平常道："哦，第一次嘛，都是这样的，这个我有经验，你再给他用一次就妥了……你什么时候要啊？"

"正月十五之后吧，最近有点儿忙。"汤君赫故作老成道，"那时候你有时间吗？"

"有啊，我天天有时间，那你到时候给我电话吧。"那人说着要挂电话。

汤君赫赶紧又多问了一句："彩姐跟你说清楚是哪种烟了吗？"

"都说了这么多了你还担心这个啊，"那人在电话里笑，"说清楚了啊，我看到照片了，不就是盒上画了个外国女人头，里面的烟是青蓝色的那种吗，放心吧，错不了。"

挂了电话，汤君赫坐公交车回到家，换好衣服后便去敲杨煊的门。家里只有他们俩，杨煊便没有走过来帮他开门，只是应了声"进"，汤君赫自己推门走了进去。

杨煊正在看书，见他走进来，抬眼问了句："刚刚出去了？"

"嗯……"汤君赫说完，怕杨煊看出端倪，又补充了一句，"去书店买英语听力题了。"

但杨煊只是"嗯"了一声，并没有多问。在这一点上，他跟汤小年那种事无巨细的关心方式大相径庭，甚至有时候，他的反应更接近于漠不关心。

汤君赫从自己房间里搬来椅子，走到杨煊的书桌旁说："哥，你朝里挪一下。"

杨煊看他一眼，站起来把自己的椅子往一旁搬过去，又从他手里接过椅子帮他放好，然后才坐回去。

一时间，两人就像班里的同桌似的，各做各的事情，汤君赫做着手里的数学试卷，过了一会儿，他把面前的试卷朝杨煊面前推过去，指着其中一道题说："哥，你看看这题选什么？"

杨煊并没有显示出烦躁，只是挑眉看向他："全市第一还要问我？"

汤君赫被他看得心虚，撒谎道："因为我的选项和答案不一样……"

杨煊垂眼去看那道立体几何题，拿着手中的笔，跟着题目的条件在旁边的示意图上小幅度悬空比画，过了片刻说："选B。"说完他抬眼看向汤君赫，没想到他弟弟正一脸崇拜地看向自己，莹润的眼珠里透着一派真诚："哥，你好厉害啊！"

杨煊把视线挪回自己的书上，语调平淡地揭穿他："你要考我，最好拿我不擅长的东西来考。"

"可是我喜欢看你做你擅长的事情。"汤君赫很认真地说，"人为什么要做自己不擅长的事情呢？"

"那倒是，"杨煊点头道，"的确没必要。"

"那哥……你以后想做什么啊？"绕了个大弯子，汤君赫这才切入正题。

杨煊合上面前的书，像是沉思了片刻才说："做点儿刺激的事情吧。"说完，他仰头活动了一下颈周，"要不然，人生就太乏味了。"

汤君赫一点儿都没觉得人生乏味，他觉得只要跟杨煊在一起，连做题这件事都变得很有意思，更别提他以后可能还要跟杨煊一起坐飞机。但他还是懵懵懂懂地点头，毫无原则地对他哥哥说的表示赞同。

元宵节一过，润城一中便开学了。今年润城的雪季格外漫长，每隔几天就会降一场雪，体育课便被各科老师冠冕堂皇地占领，这种消息听多了，学生们从一开始的奋起反抗逐渐变成了后来的习以为常。

陡然有一节体育课侥幸逃过一劫，三班的学生反而没反应过来似的，上课铃已经响了，班里的学生还都满满当当地坐在教室里，等着哪科老师走进来宣布霸占了这节课的主权。

直到体育老师走进来催他们下楼,学生们才纷纷难以置信地惊喜道:"这节体育课居然没被占?!"然后他们便一窝蜂地朝外涌出去。

高三的体育课没有什么实质性的教学任务,体育老师便组织大家在操场上自由活动。男生们自动跟邻班凑到一起打篮球,女生们则三五成群地聊起天来。

四班有两个人高马大的体育生,身高都过了一米九,三班则只有杨煊一人身高在一米八左右,看上去也不占什么优势。

王兴淳拍着篮球边跑边对杨煊喊:"煊哥,就靠你带我们杀出一条血路了啊!"

杨煊来不及应声,接过他扔过来的球,借着一个假传球,闪身躲过一直防着他的四班体育生张铮,然后一阵风似的迅速朝着篮球框的方向跑,见四班另一个体育生徐立迎面赶上来拦,他双脚起跳,一个带球上篮,躲过对方的盖帽,一气呵成地进了这节体育课的第一个球。

"煊哥,牛!"王兴淳紧跟着喊起来。围在四周的女生们目睹这一幕后都兴奋地交头接耳,顾不得之前的聊天,纷纷将视线锁定到篮球场上。

仗着进了本场首球,三班的男生气势十足地对四班表达了鄙视之情,激得四班的男生瞬间燃起了斗志,几个人将校服外套朝操场边一扔,掰着手指头表示今天必须干一场硬仗。三班也气势不减,几个人跟着脱下校服,扬言一定要拼个你死我活。

冯博也在打篮球的男生之列,但他显然兴致不高。自从上次那番对话之后,他便开始有意地避开杨煊。王兴淳看出他的情绪变化,关切地问了几次,但都被他顾左右而言他地搪塞了过去。

以往和邻班打篮球的时候,冯博通常会主动给杨煊助攻,"煊哥""煊哥"地喊个不停,但今天他表现得有些消极,拿到球之后,甚至会特意避免向杨煊所在的方向传球,这就导致三班频频失分,连王兴淳都有些气闷地骂他:"刚刚煊哥位置那么好,你不传给他传给我,脑子是不是进水了啊冯少爷?!"

"一回头看见你在那儿我就传了。"冯博兴致不高地说。

"那我真该谢谢你对我这么不切实际地信任。"王兴淳说。

冯博朝操场上瞥了一眼,正瞥见站在操场边的汤君赫,汤君赫的目光一直追随着杨煊,看上去热切而专注。尽管他的眼神里不见往常的阴郁,但依旧令冯博感到十分不快。在冯博看来,汤君赫在别人面前和在杨煊面前判若两人,这恰恰是他心思深重的表现。

只这一眼,就引起了冯博内心的不适,他毫不掩饰自己厌恶的目光,没想到正当他露出这种嫌恶的眼神时,汤君赫也看向了他。冯博恶狠狠地瞪了他一眼,然后将目光从他身上收回来,不再朝他看过去。

杨煊进了几个球之后,开始收敛风头,毕竟两个班的整体水平实在不高,凑在一起的主要目的是玩得开心,并不是要争什么个人 MVP,这样一来,杨煊就有意识地将手里的球传给其他人。

汤君赫不喜欢看他哥哥隐藏自己的真实水平,他曾经站在教室的窗前,看杨煊在篮球场上打过很多次篮球。跟队友们练习赛的时候,杨煊往往会拼尽全力地奔跑、跳跃、闪避、灌篮,他喜欢看杨煊跳得很高的样子。

汤君赫收回自己的目光,在与冯博短暂地对视之后,将脸转向侧后方的海绵垫子。就在几分钟之前,冯博和其他几个人将身上的校服脱下来扔在那里。出教室之前,汤君赫留意到冯博将自己的手机装在了上衣口袋里,不出意外的话,它现在应该正躺在地上的那一堆校服之中。

汤君赫不动声色地看了一圈周围的人,此刻他们的视线全都集中在篮球场上——准确地说,是全都落在杨煊身上,没有人注意到身后正在发生什么。他若无其事地朝海绵垫走了几步,然后蹲下来装作系鞋带,趁着没人转头,他将手伸向冯博的校服口袋,摸出他的手机,藏在自己的袖子里面。

操场上一片嘈杂,汤君赫走到一处稍显僻静的地方,然后拿出手机,给那个号码拨去了电话。

那边很快接起电话,"喂"了一声。

"你好,"汤君赫有点儿紧张地咽了咽口水,"我是彩姐的朋友,上次给你打过电话的。"

"哦记得记得……要那个烟是吧?"那人说话的腔调还是一贯的闲散。

"嗯,明天可以吗?"

"可以啊,明天什么时候?"

"明天傍晚,下午 5 点半左右,在润城一中西南门。"

"一中的?"那人听上去有点儿吃惊,"嚯,好学生也玩得这么开啊?"

"可以吗?这个时间和地点。"汤君赫谨慎地看向周围,害怕有其他人看向这边。尽管事先注意到篮球场周围没有近距离的监控,但他这时还是免不了有些忐忑。

"可以可以,那明天见吧。"

"我把时间和地点以短信形式再发给你确认一次。"

"好,"那人笑了一声,"好学生做事就是认真。"

挂断电话,汤君赫运指如飞地给那个号码发了条短信:"明天下午 5 点半左右,润城一中西南门。"那边很快回复了个"OK"。汤君赫立刻将发件箱和收件箱里两条短信删掉,然后隔着宽大的校服袖子把手机拿在手里,用校服将手机屏幕和外壳上蹭干净,避免留下自己的指纹痕迹。毕竟,上次谋划伪造正当防卫现场时,尽管做了很多事前工作，但他还是被杨成川指出了不少疏漏。这次他变得慎之又慎。

时间只过了几分钟，所有人的视线还是集中在篮球场上，并没有人想到要回头看一眼。由于紧张，汤君赫的额头上渗出了细微的汗珠，他将那台手机又小心翼翼地放回去，定了定神，绕到尹淙身后，伸手拍了拍她的肩膀。尹淙正全神贯注地看着场上的赛况，突然被人在身后拍了几下，吓得一激灵，见是她同桌汤君赫，她才拍着胸口一边顺气一边笑道："你吓死我了同桌，怎么啦？"周围的女生闻声也回过头来看着汤君赫。

"对不起，"汤君赫看着她说，"我只是想问一下时间。"

"哦没事没事……"尹淙抬起手腕看了看表，话音里透着热情，"3点10分，还有20分钟下课。"

汤君赫点点头，说了声"谢谢"，然后退到一边站着，继续看向篮球场。

他问时间的这个举动引起了尹淙周围的一片女生的骚动，邻班的几个人都凑过来，叽叽喳喳地跟尹淙打探八卦："听说他是杨煊的弟弟，是不是啊？"

尹淙倒是没直接回答，笑嘻嘻地歪着头说："你猜啊。"

另一个女生紧跟着说："不过听说他妈妈是再婚啊，是亲弟弟吗？长得倒是有点儿像。"

"像吗？哪里像？明明就是两个不搭边的类型啊。"

"谁跟你说类型了！你仔细看看，只看脸，别看气质，你摸着良心说像不像？"

"我也觉得有点儿像，你们没在电视上看到过杨煊他爸啊？说真的，还挺帅的……"

"你们怎么都知道他爸长什么样啊？我从来都不看润城的新闻联播，土不拉几的，而且无聊死了。"

"我爸上次专门指给我看的，说那不是你们隔壁班同学他爸吗，我一看还真的是……"

正当这一小撮人议论纷纷的时候，篮球场上突然出现了意外情况——冯博被杨煊传来的一个球砸倒在地上。

篮球场上的人都停了动作，周围的人也立即起身看过去，杨煊朝冯博走过去，微皱着眉问："没事吧？"

"没事。"冯博用手撑着地面站起身，拍了拍身后沾的灰尘，"我不打了。"他说着就低头朝场地外走了过去。

杨煊回头看了他一眼，四班的体育生这时走过来揽住他的肩膀宽慰道："不关你的事儿，他整场就没把心思放在篮球上，真要是在打比赛，还不得直接被球抽飞出去啊。"

杨煊眉头未舒，觉得这事儿实在有些糟心。

刚刚在场上，四班见女生的目光都集中在杨煊身上，便本着"肥水不流外人田"的原则商量了一个战术，让本班的两个体育生全都去堵杨煊。他们觉得只要把杨煊拦住了，三班进球就没那么容易了，毕竟其他人的打球水平实在太菜。

都是关系不错的篮球队员，出手自然知道轻重，张铮和徐立闹着玩似的将杨煊拦得严严实实，让他完全没处突破。杨煊看出他们的用意，也没动怒，只是找机会给班里的其他男生传球，然后挺无奈地看着他们将球扔得都挨不着篮圈。

好不容易稍稍突破两人的拦截，杨煊观察了一下周围的形势，见冯博的位置离篮圈不远，暂时又没有人想到要去拦他，投中的概率应该很大。他便做了个起跳的动作，等到面前的两人跳起来试图盖帽时，他立刻将手中的球传给了冯博。

没想到冯博此时正心不在焉，根本就没注意到篮球飞过来，直接被这个球砸中腹部，趔趄着退了几步跌倒在地上。好在杨煊传球时并没有用太大力气，所以冯博只是朝后跌了一下，倒是没伤到筋骨。

"哎继续继续，"见冯博退场，徐立并没有在意，扬起手挥了几下说，"三班上来个替补。"

"没意思，你们班太耍赖了。"场上一个三班的男生说着也下场了。

"闹着玩嘛……较什么真啊，"四班的张铮满不在乎地说，"来，我加入你们班行了吧。"

"谁要你过来啊，"王兴淳倒是没生气，笑道，"你俩别老拦着杨煊就行了。哎，我也不玩了。"他朝场边的人招了招手，"你们谁想上就过来吧，空了好几个位置。"

一时间，三班的人都从场上散了，四班的几个男生也觉得有些无趣，开始围着其中一个篮圈练灌篮。

冯博下场之后就蹲在海绵垫旁边，伸手从校服衣兜里掏出手机看了一眼，见没有新消息便又放了回去。

"怎么了哥们？"王兴淳走过来捏着他的肩膀问，"什么情况啊？！"

冯博挥开他的手："烦着呢。"

"哎哟，你这是怎么了啊？这学期我就看你一直不对劲。"

冯博并不答他，只是转头朝一旁看过去，目光里透着厌恶。王兴淳顺着他的视线看过去，看到汤君赫用双手抱着一个篮球，正仰头跟杨煊说着什么。

"就因为这个？"王兴淳看向冯博，开玩笑道，"你还是小学生吗，搞那套喜欢的人不能跟讨厌的人一起玩？"

"他不是令人讨厌，"冯博皱起眉说，"他是让人恶心。"

王兴淳听他这样说，有些诧异道："他也没怎么惹你吧？"

"他的存在就很恶心，"冯博说，"你注意过他的眼神吗？阴森森的，黏糊糊的，像角落里的虫子……"

"你别说了，"王兴淳被他说出了一身鸡皮疙瘩，"恶不恶心啊你。"他试图拉着冯博的胳膊站起来，"行了，那是他弟弟！"

冯博一阵沉默，抬头看着王兴淳问："你难道没觉得煊哥变了？"

"没觉得啊。"王兴淳说完，见冯博梗着脖子不理他，又劝道，"你又不是他，你怎么知道他家到底怎么回事？或许汤君赫也没我们想的那么讨厌……再说了，你又怎么知道煊哥接近他是不是别有用心啊？"

冯博打断他："如果他知道就不会拦下那根烟了。"

"啊？"王兴淳不知道内情，"什么烟？"

但任凭王兴淳怎么问，冯博也不肯开口再透露丝毫了。王兴淳见说不动他，只好作罢不管了。王兴淳走到一旁，伸长手臂钩着陈皓的脖子，加入他们一伙人中逗乐子去了。

被三班男生抛弃的那个篮球滚啊滚啊，滚到了汤君赫脚边，他弯下腰，捡起来抱在手上，见没人注意自己，在地上拍了两下。

杨煊打完球，去篮球场边的商店里买了一瓶水，喝了一小半后，见汤君赫正在角落里孤零零地拍着篮球，他捏着水瓶走过去。

见杨煊走过来，汤君赫心里一慌，手上乱了节奏，篮球弹跳着滚到了边上，他只好追着跑过去，蹲下来把篮球重新捡起来，然后抱着球朝杨煊走过去。

"想学篮球啊？"杨煊打量着他问。

汤君赫点了点头，又很认真地问："哥，你教我打好不好？"

杨煊从他手里接过篮球，顶在指尖上转了起来，看着他说："让我教，学费可是很贵的。"

汤君赫说："没关系，我付得起。"

杨煊笑了一下，问："想学什么？"

汤君赫犹豫了一下说："投篮吧……"

"你先投一个给我看看。"杨煊走到离篮球架还有一段距离的地方停下来，将矿泉水瓶盖拧上，弯腰放到一旁的地上。

汤君赫回忆着杨煊投篮的姿势，有模有样地举高篮球，瞄准篮圈，将球抛了出去——三不沾，篮球在空中划出一道抛物线，无视了篮圈，落回了地上。

"去捡回来。"杨煊说。

汤君赫跑着过去捡篮球，又跑回来递给杨煊。杨煊没接，说："再扔一次。"

汤君赫又将胳膊举起来，刚要抛出去，杨煊伸手握住他的胳膊，给他调整了一下姿势："五指张开，手心不要接触篮球，"他又捏了捏汤君赫的手肘说，"这里放松。"然后他收回手，"投吧。"

这次投出去的球离篮圈近了一些，没待杨煊发话，汤君赫便自己跑过去将篮球捡了回来。

汤君赫再一次将篮球举过头顶,伸手调整了一下姿势,杨煊分析道:"你的手腕太硬了,这里放松点儿,"说着他站到汤君赫身后,握住他的左手,轻轻朝前一拨,汤君赫还没反应过来,只觉得一阵柔和的力量从手掌后面传过来,球便脱手了。被抛至空中的篮球划出了一道平滑的抛物线,然后直直地落进了篮圈里。

"姿势没什么问题,多试几次就能投进去了。"杨煊说着走到篮圈下面,将刚刚滚落到地上的球捡起来扔给汤君赫,说,"你投过来,我在这边把球扔给你。"

汤君赫接住球,又试了几次。但他毫无经验,加之又怕打到站在篮球架旁边的杨煊,越投反而距离篮圈越远。

杨煊替他捡了几次篮球便耐心告罄了,他把球扔给汤君赫,走过来说:"算了吧,人为什么要做自己不擅长的事情?"

"可是我还没学会。"汤君赫并不想早早收手,眼巴巴地看着杨煊,眼神里透着一股倔劲儿。

"那你自己投着玩吧。"杨煊不再管他,走到一旁倚着铁丝网,看着他一次次投不中,又一次次跑过去将球捡回来。

下课铃响了,体育老师不在,篮球场上的人都自觉散开,三五成群地聊着天朝教学楼走过去。

"哥,我再试几次。"汤君赫举着篮球扭头对杨煊说,"我想投进去一次。"

杨煊抱臂倚着篮球场边上的铁丝网,对着他抬了抬下巴,示意他随便。

汤君赫投出去的篮球几次碰到篮板和篮圈,但跌跌撞撞地就是不肯落进去。来回跑动和跳跃让汤君赫身上出了薄薄的一层汗,他把球捡回来,抬起手蹭了一下额头,正打算再次投的时候,杨煊朝他走了过来。汤君赫以为自己的姿势不对,站在原地便不动了,等着杨煊来为自己纠正姿势。

没想到杨煊走过来之后,微微躬身,伸出一条手臂环住了他的腰,稍稍用力便将他抱离了地面,然后就着这个姿势抱着他朝篮球架走过去。

汤君赫有些僵住了,他还没搞明白他哥哥要做什么。

"篮球举高点儿。"杨煊不带什么语气地说。

虽然没搞懂为什么,但汤君赫还是听话地举高了篮球。

"投吧。"杨煊又下了另一道指令。

汤君赫一伸手,篮球就触到了球圈,再一松手,篮球就准确无误地落了进去。

杨煊将他放下来,低头看着他说:"投进去了,能走了吗?"

第 4 章

　　还未离开操场的几个人这时都转头朝他们的方向看过来,一时脸上全挂满了讶异,等他们走后,在场的人面面相觑。

　　"杨煊和汤君赫其实是兄弟"这个传言,打从汤君赫转校第一周就开始在理科三班小范围流传,一年过去了,几乎全班都默认了这个事实,已经少有人在背后议论这件事情。但因为发生在操场上的这一幕,三班又掀起了一阵议论热潮。

　　因为这个小小的插曲,汤君赫的心情一直雀跃到次日清晨,但那天晚上他还是没有忘记最重要的一件事情。他从抽屉里拿出那个亮黑色的烟盒,将里面那支断成四截的烟拿出来,留下两截放到家里以防万一,其他的分别塞进校服口袋里稳妥放好。

　　翌日清晨是语文早自习,汤君赫中途去了趟卫生间,回来时班里的同学都在埋头背诵重点古诗词,困顿的背书声犹如一片沉闷的嗡鸣。走到冯博的座位旁,汤君赫的脚步停了下来,他露出手里藏着的烟盒,放到冯博的桌边,用烟盒敲了两下他的课桌。

　　原本昏昏欲睡的冯博在瞥见烟盒的那一瞬便困意全无,惊诧地抬头,看到了站在自己面前的汤君赫,那双眼睛此刻正直直地盯向自己,令他一时有些愣怔。等到回过神来,汤君赫已经收起了那个烟盒,坐回了自己的座位上。他回头看过去,汤君赫却只是低头翻看课本,并没有再向他看过来一眼。

　　那个烟盒怎么会在他手里?这个问题让冯博心神不宁,他撕下一张便笺纸,飞快地写了一行字,然后折起来,回身敲了敲后排的桌子,示意后排的同学把字条传给汤君赫。

　　"你怎么拿到那个盒子的?你想干什么?"汤君赫接到字条后,打开看了一眼,他知道冯博此刻正频频回头望向自己,但他并没有拿起笔,而是将那张小字条直接撕掉了。

　　冯博小声地骂了句脏话。他本想再写一张字条传给杨煊,但脑中突然浮现昨天在篮球场上杨煊将汤君赫抱起来投篮的那一幕,这个画面制止了他的动作。

　　那个烟盒会不会是杨煊给他的?毕竟当时拆烟盒的时候只有他们两人在场,如果不是杨煊透露,汤君赫怎么会知道烟盒扔到了哪里?

——他们联合起来整自己？冯博愤怒而不安地攥紧了拳头。跟杨煊对着干的话，他是绝对没什么胜算的，所以他只能趁杨煊不在的时候，单独找到汤君赫。

　　与此同时，汤君赫也有些忐忑。如果冯博直接找到了杨煊，让他把烟盒交出来怎么办？若是杨煊让他这样做的话，他可能真的会把烟盒交出来吧……汤君赫有些不安地打算，那就只好放弃这个步骤了，等到快放学的时候，趁杨煊走了再告诉冯博自己手里另有把柄。

　　但事情进行得出奇顺利，冯博不仅没有直接找到杨煊，反而趁着课间杨煊不在的时候，自己走过来找上了汤君赫。

　　"你出来。"冯博站在他的桌边，语气不善道。

　　汤君赫抬头看了看他，将手中的笔搁到桌子上，起身跟他走了出去。

　　到了走廊的一处僻静角落，冯博开门见山地问："那个烟盒是怎么到你手里的？杨煊给你的？"

　　汤君赫并不直接回答他，只是说："如果我是你的话，我会把烟盒烧掉，而不是随便扔在哪个地方。"

　　"你！"冯博暴躁道，"你到底打算干什么？"

　　"报警，"汤君赫并不跟他绕弯子，"就今晚放学后。"

　　冯博嗤笑道："报警？就凭那个烟盒？你凭什么证明它是我的？"

　　"我当然有办法。"汤君赫说。

　　"让杨煊做证吗？你们还真是兄弟一心啊。但你难道没想过杨煊也脱不了干系吗？烟是从他的烟盒里拿出来的，是他让你抽的。"

　　"提出做游戏的人是你，建议让我学抽烟的人也是你，杨煊只是阻止我的人，这一点应该有监控可以作证。"汤君赫并不害怕，这些话已经在他脑中预演过很多遍了，他竭力镇定，吐字清晰地说，"何况，在都没有造成实质性伤害的前提下，犯罪中止和犯罪未遂是有区别的。"

　　冯博一时被他说出的这两个法律名词唬住了，恼羞成怒地挥拳砸向汤君赫。汤君赫偏头一躲，那拳实实在在地落在了他的肩膀上，使得他朝后趔趄了一下。被激怒的冯博还想上前抓过他狠揍一顿，但一个邻班老师这时恰好经过，呵斥道："你们是几班的，敢在走廊上打架？还有几分钟上课不知道吗？"她话还没说完，转脸看到了汤君赫。

　　尽管性格孤僻，但在高三年级的师生中，没人不知道半途转学的汤君赫，他的身世、成绩和长相都极为引人注目，甚至不少老师也在背后偷偷议论过他。

　　"汤君赫是吧？"女老师走上前关切地问，"怎么回事？"见汤君赫只是摇头并不开口，她又说，"赶紧回教室吧，快上课了。"

　　"谢谢老师。"汤君赫说完转身回了教室。

　　坐下来之后，他悄悄地伸手握住肩膀活动了一下。刚刚冯博出手很重，那一拳落在身上有种钝痛感,但他还是庆幸没有打在脸上,否则杨煊如果问起来,他又要编谎话。

他低下头,把烟盒放到了书包里,然后若无其事地翻看刚刚发下来的试卷。

下午上课之前,汤君赫刚坐回位子上,下意识朝冯博看了一眼,冯博恰好也转过头看他,嘴角勾出一抹不怀好意的笑。

"哎,同桌,"尹淙这时探过头,压低声音说,"刚刚冯博到你的位子上,好像从你书包里翻出什么东西拿走了,我根本就拦不住他……"

汤君赫看向她:"拿走了什么?"

"我也不知道,好像是一个很小的盒子……你快看看书包里少了什么。"

汤君赫低下头翻了翻书包,果然,那个烟盒不见了。他把书包整个从桌洞里拖出来放到腿上,低下头又仔细找了一遍,还是没有。

"什么丢了?"尹淙看着他问。

"一个小盒子,"汤君赫说,"没关系。"

听他这样说,尹淙便没有多问。冯博不断回头看过来,见汤君赫埋头翻找,他脸上的那抹笑变得愈发嚣张。

汤君赫抬头看了冯博一下,低下头将书包放回桌洞的同时,暗暗松了口气,如他所料,冯博果然从他这里拿走了那个烟盒。而如果冯博接受了他上午那番话的暗示,就不会立刻将烟盒丢到别的地方,而是会暂时带在身上,等到回家再将其烧毁,毕竟在学校里烧东西实在不太现实。

下午大课间,趁杨煊去篮球场之前,汤君赫伸手拉住了他的胳膊。杨煊停下来看着他,问:"怎么了?"

"哥,放学后你不要等我一起走了。"对着杨煊,汤君赫竭力镇定地说。他已经想好了理由,若是杨煊问起来,他就说自己有题目要问老师,今天想留下来上一天晚自习。

"有事?"杨煊只是这样问了一句,待汤君赫点头后,他便什么也没问,径自走出教室下了楼。

准备了一肚子的腹稿无处可用,汤君赫如释重负的同时也有些失落。他还以为杨煊会关心一下他要去做什么,或是提出来等一等他,没想到杨煊什么也没有问。

但不管怎样,准备工作已经完成了百分之八十,他只能打起精神。趁着还没上课,他也走出教室朝楼下走。教学楼的前门正对着篮球场,为了避免被杨煊看到,汤君赫从后门出去,快步绕到了公共电话亭。

他拿起听筒,做了个深呼吸使自己镇静下来,然后在键盘上依次按下了110。

"喂,你好,我要报警……在润城一中的西南门,5点半左右……特征……其中一个是学生,嗯,对,男生,一米七五左右,不戴眼镜,背了一个深蓝色的皮质单肩包……另一个不太清楚,也是男生,但不是学生,年龄应该是二十至二十五……"

上课铃响了,汤君赫朝教学楼的方向跑了几步,按原路从后门进入,然后快步上了楼梯。

汤君赫走进教室的时候,班上的同学都在埋头整理白天的错题。冯博又抬头看了他一眼,眼神里透出挑衅的意味。汤君赫无视了他,面无表情地回到座位上坐好。

对着试卷,汤君赫有些心不在焉。这个计划还有没有疏漏?那个人会不会按时到达约定地点?警察又会不会及时赶到?还有……最后会不会牵涉杨煊?尽管已经尽可能将计划做得完善,但他还是觉得有太多容易出岔子的地方。

度秒如年,汤君赫每隔几分钟就要看向墙上的挂钟。好不容易熬到离放学还有几分钟,他将手里的试卷合起来,收拾好晚上的作业。放学铃一打,他就将桌上的东西一股脑塞进了书包里。

教室里骚动渐起,留下来上晚自习的学生陆续站起来去食堂吃饭。冯博正慢悠悠地收拾书包,见汤君赫走过来,将那个深蓝色的单肩包挎到肩上,轻蔑地笑了一声:"去报警啊。"

"那个烟盒里并没有烟,你没发现吗?"汤君赫看着他问。

冯博脸上的笑僵了一下,神情冷下来问:"什么意思?"

汤君赫没说话,只是从兜里掏出了那两截烟,摊开手心在他眼前晃了一下,然后收回手,转身就朝教室门口走。

冯博反应过来后骂了一句脏话,抬腿就朝门口追。

汤君赫加快步速,抓着楼梯扶手,迅速地朝楼下走。西南门离教学楼有些远,其间经过学校食堂,来往人流量很大,汤君赫在人群中穿梭而过,冯博则在后面紧追过来。

去往西南门的人并不多,快到校门口时,人潮就逐渐散开了。为了避免冯博追上来,汤君赫抬腿跑了起来。没有了人群的阻隔,冯博眼见着就要追上来,汤君赫走到校门口时,差点儿撞上门口的一个人,步子顿了一下,就被冯博伸手抓住了校服袖子。

汤君赫心下一慌,眼神扫过刚刚差点儿撞上的那个人,那人看上去二十出头的年纪,街头混混的模样,正伸长脖子看向校园里面,看上去像是在等人。汤君赫顿时生出一种预感,这人就是他通过电话联系到的那个人。

汤君赫脚步放慢，试图将衣袖从冯博手里挣脱出来，但冯博紧抓着不肯放手，威胁道："把东西给我。"

"不可能。"汤君赫冷冷道。

"欠揍是吧？"冯博上前一步抓住他的衣领，"我揍得你最后求着塞给我信不信？"

"我可以给你。"汤君赫想方设法地拖延时间，余光扫到校门口那人已经拿出了手机开始拨号码，"但你要保证以后不要接触杨煊。"

"你恶不恶心！"冯博话还没说完，揣在兜里的手机振动了起来，他没理，继续说，"你还好意思赖着杨煊，你妈——"

"你电话响了。"汤君赫这时提高了音量。

校门口那人闻言转过头看向他们。

"你管我电话响不响！"冯博张口就骂，还没骂完，那混混拿着手机走了过来，抓住他的胳膊说，"喂，哥们，是你吧？"

冯博转过头看着眼前这人，莫名其妙道："什么是我，认错人了吧？"

那混混听到他兜里的手机振动声，将手里的手机屏幕对着他："这是你的电话吧？"

冯博看了一眼："是啊。"

"你让我过来的啊，"混混哭笑不得道，"哥们，你失忆了还是怎么着？"

"你说什么呢？"冯博不耐烦地挣开自己的胳膊，"别打岔，现在没时间搭理你。"

"你什么意思啊？"那混混也不是好惹的，拉下脸，伸手揽着冯博的肩膀说，"哥们，昨天给我打电话的是你吧？我特地跑了十公里过来，来来来，你自己看看这条短信是不是你发的。"

见冯博手里松了劲，汤君赫趁机从他手里挣脱出来，抬腿就朝一侧的小路跑。冯博手里一空，刚想追过去，却被混混揽住肩膀，一时无法挣脱。

冯博一时摆脱不了混混，只能耐着性子，皱眉看向那条短信："号码是我的，但我没发过这条短信啊。"

"那这个电话也不是你打的？"

"当然不是。"

"那我是见鬼了还是梦游了才闲着没事干朝这跑的？"

汤君赫跑了一段距离，回头看过去，只见一个穿着警察制服的人正朝那两人走去。他脚下的步子慢下来，一边大口地喘息着，一边频频回头朝身后看过去。已经走到路口，他还是有些放心不下，刚想回头再看一眼，一辆穿过路口的自行车从他面前驶过，他下意识朝后退了一步去避开，那车却陡然停在了他面前。

汤君赫正处于精神高度紧张的状态，他茫然地抬头看过去，下意识想要道歉，却看到了正皱眉看向他的杨煊。

"不看路啊？"杨煊捏着车闸，打量着他魂不守舍的模样，"怎么了？"

"没、没什么，"汤君赫咽了咽口水，润了润干涩的喉咙，努力平复着急促的呼吸，"哥……"

杨煊并没有多问，只是说："要不要上来？"

"要。"汤君赫忙不迭看着他点头。

杨煊手上松开车闸，朝前骑着车。

汤君赫愣了愣，见杨煊骑过了路口，才回神追过去。杨煊骑得不快，汤君赫伸手抓住后座，轻轻一跳便坐了上去，然后他抬起胳膊环住了杨煊的腰，把头贴到杨煊的后背上。

第 5 章

第二天早自习，全班正埋头做英语老师发下来的两则完形填空，教室左列第四排的位置空了一个人——冯博没来。汤君赫抬头看了一眼，然后攥紧了手中的笔继续在试卷上勾选答案。

第一节课上课之前，英语老师正站在讲台上低头整理刚刚收上来的试卷，班主任突然出现在教室门口，敲了敲门，抬高声音说："汤君赫出来一下！"

由于心里早有准备，汤君赫神色未见惊慌，他合上手中的练习册，站起来朝教室外面走。

"这就是汤君赫同学，"邱莉介绍完，不安地打探了一句，"刘警官，事情严重吗？"

"还在调查当中，"年轻的警察拍了拍汤君赫的肩膀，"走吧小汤同学，又见面了，这次还是跟我们回去做一下笔录。"

汤君赫刚走不久，一个从卫生间回来的男生一边走进教室，一边频频回头看向走廊的方向，一坐下来，他就用难掩震惊的语气道："什么情况啊，汤君赫被警察带走了？！"

一石激起千层浪，他这话一出，周围的人纷纷扭过头问道："怎么了？发生什么了？！"

"不知道啊，就看到警察把他带走了……"

"不会又闹出命案了吧？"

"嘘，你小点儿声……"男生说着下意识回头看了一眼杨煊，没想到正撞上杨煊看向自己的目光，他讪笑道，"煊哥……"

杨煊朝他招了一下手，他立刻会意地起身走过来。

"外面怎么了？"杨煊问。

"我也不知道，出去的时候就看到班主任带着警察过来，回来的时候，警察已经把汤君赫带走了……煊哥，发生什么事了？"

杨煊蹙眉道："不清楚。"

时隔几个月，汤君赫又一次坐到了几个警察面前。

"冯博说他身上的烟盒是昨天从你那里拿过来的，是吗？"警察打量着他的神色问。

"不是拿，"汤君赫的双手交握在桌子上，纠正道，"是偷，他从我这里偷走的。"

"所以你承认那个烟盒其实是你的？"

汤君赫摇了摇头说："那个烟盒是他的。元旦那晚，他在KTV里拿出来那盒烟，试图引诱我吸，被我哥哥杨煊拦下来了。后来我从垃圾桶里翻出烟盒，想要作为之后的证据。"他抬起头看向警察，"所以，警察叔叔，我想报案。"

低头做笔录的女警察这时诧异地抬头看向他。

汤君赫继续问："引诱未成年人吸那种烟，虽然没有成功，应该也算犯罪未遂吧？"

"等等啊，"负责审讯的警察意识到节奏被眼前这个看似天真的男孩打乱，不由失笑道，"烟盒到底是谁的？你说是冯博的，冯博说是你的。"

"你们没有问他为什么从我这里偷走那个烟盒吗？"

警察拿笔敲了敲桌子："不要反问，直接说。"

"是因为我昨天想要用烟盒作为证据报案，他害怕事情败露才从我这里偷走烟盒。这个过程应该会被教室的监控记录下来，而且，我同桌尹淙也可以作证。"他声音不大，却显出一种超出外表的镇静。

警察思忖片刻，点了点头又问："元旦那晚都有谁在场？"

"尹淙、应苕……其他人，我也不记得了。"

"不是还有你哥杨煊？"

汤君赫神色微变："他是拦下我的那个人……"他从兜里拿出那几截烟，摊开手心放到警察面前，"这是当时的那支烟，是我哥哥掐断的。"

理科三班人心惶惶，不过半天时间，已经被警察带走了三四个人。做完笔录回来的人看起来也不明所以："好像跟元旦那晚的聚会有关……"

尹淙此刻也心神不定，有些后怕地跟汤君赫说："这还是我第一次做笔录，吓得我都不知道说了些什么……对了同桌，他们还问我那天体育课你在做什么。"

汤君赫手中的笔一顿，偏过头看向她。

"我说你就在我旁边看比赛啊，他们还问我确不确定，我说当然确定了啊，我同桌当时还问我时间来着，四班那几个女生都可以作证啊……哎呀，反正他们问得都可细致了，我哪能记得那么清楚啊。"

"他们怎么问你元旦那晚的情况的？"

"就让我说当时的情境啊。"尹淙一向话多，汤君赫一问，她就将肚子里的话一股脑全倒出来了，"我就说当时大家一起玩大王与小王，你跟杨煊接受的惩罚是杨煊教你抽烟……这个他们也问得特别细，谁提议的游戏啊，谁发的牌啊，谁想的惩罚措施啊……"尹淙说着，趴到桌子上苦着脸说，"我现在还腿软呢，生怕说错了话。"

汤君赫听完点了点头,说:"没关系,不用怕。"然后他又继续低头做题。

听他这样说,尹淙从桌上抬起上半身,凑过来难以置信地问:"同桌,你刚刚是在安慰我吗?"

汤君赫"嗯"了一声。

"你居然会安慰人……"尹淙正说着,看到杨煊从教室外面走进来,她刚想小声提醒汤君赫,"杨煊过……"话还没说完,她就被杨煊脸上阴鸷的神色吓住了。

察觉到杨煊走过来,汤君赫手中的笔停了下来,抬头看向他。杨煊停在他的课桌边,居高临下地看着他。从这个角度看上去,他弟弟那双眼尾微吊的眼睛显得圆溜溜的,像一对不掺任何杂质的黑玛瑙,小巧而尖削的下颌让他看上去比实际年龄还要小,如果非要用什么词语形容他的这副模样的话,大抵应该是单纯、天真、漂亮,甚至有时候在他面前显得有点傻……杨煊突然意识到他弟弟长了一张多么具有迷惑性的脸,不仅迷惑了汤小年,也迷惑了他自己。

"你出来。"杨煊伸手敲了敲汤君赫的课桌,说罢转身朝教室外面走。

"怎么啦?"尹淙一时被吓住,小声问汤君赫。

汤君赫的脸色显得有些苍白,他一语不发地起身,跟在杨煊后面走出去。杨煊的步子迈得很快,丝毫没有慢下来等他的意思,汤君赫便加快步伐跟上去。他想他哥哥可能会揍他一顿,就像那天傍晚揍周林一样,但他打定主意,一会儿绝不会还手,也绝不会躲闪。

但等杨煊的手伸过来的时候,他还是没忍住偏了一下头,他见过杨煊打架的时候出手有多么凶狠果决,所以尽管做好了心理建设,但事到临头他还是有点儿害怕,怕得睫毛扇动了一下。

没想到杨煊伸出来的那只手并不是用来揍他的,而是用了点手劲儿,捏着他的下颌扳正了,逼他看向自己:"怕挨揍啊?"

汤君赫默不吭声地摇了摇头。

杨煊看着他,沉声问:"那个烟盒,还有那支烟,哪儿来的?"

汤君赫垂着眼睛不看他:"垃圾桶里捡的……"

"你骗我去卫生间,就是去翻垃圾桶了吧?"杨煊松开他的下颌,点了点头道,"有心计。"

汤君赫看向他,眼神里透着些惧意:"哥……"眼见着杨煊转身走了,汤君赫惊惶地追上去,拉着他的手说,"哥,我没想过要报复你……"

杨煊停下脚步侧过脸看他,冷声道:"松开。"

见杨煊这样看着自己,汤君赫怯怯地收回了手。他站在原地看着他哥哥的背影,咬了咬嘴唇,把快要涌出来的眼泪憋了回去。

一下午,杨煊也没来上课。汤君赫怕极了,怕他哥哥就这样消失了,会不会等到他回家之后,杨成川告诉他杨煊已经出国了?杨煊出国了,再也不理自己了,那该怎么办?汤君赫不安地掐着自己的手指。先前对冯博的报复心理此刻被恐惧彻底替代,消失得一干二净,他要被心头的不安与恐惧折磨疯了。

发下来的试卷就在眼前,是他最擅长的数学,可是他一个字也看不进去,那些数字、字母、等式、图形在他眼前无意义地漂着,像洪水猛兽一样快要把他吞没了。

本来十几分钟就能做完的题目,一节课过去了,他还一个字都没往上写。前来收试卷的同学诧异地看了他一眼,见他脸色苍白,神情痛苦,还以为他生病了,将试卷收走后没说什么便走开了。

"同桌,这道题你选的什么啊?"尹淙指着自己的草稿纸问汤君赫,转过头看到汤君赫那张比纸还白的脸,吓了一跳,一叠声地问,"呀同桌,你怎么啦?病了?发烧还是肚子疼?"

汤君赫有气无力地摇了摇头,趴在了桌子上。

这种倍加折磨的心情一直持续到快要放学,他才突然来了精神似的直起了腰。他想到解决方式了!他可以去警察局跟警察坦白,说这一切都是他自己伪造出来的,那个烟盒不是冯博的,是他自己的,没有人诱使他吸那支烟,这件事情从头到尾、完完全全都是他自己编造的!

这样,一切就能回去了吧?杨煊就不会不理自己了吧?想到这里,汤君赫几乎立刻就坐不住了,他苍白的脸上终于浮现了一丝血色,放学铃还没打,他就迫不及待地抓着书包冲出了教室。

他抓着书包要朝派出所跑,可是跑出了校门,他的脸上才显出一些迷茫来,怎么才能去派出所呢?坐哪一路车走?公路上一辆飞驰而过的出租车提醒了他,他可以打车去!他急切地朝公路边跑,还没跑到,就被一只有力的手抓住了,脚下的速度太快,陡然停下来,他差点朝后跌倒。

"哎小心点儿,"伸手拦他的人是陈兴,"怎么跑这么快?"

汤君赫满脑子是去派出所"自首"的事情,花了几秒钟才认出眼前的人是陈兴:"陈叔叔……"

"放学铃还没打你怎么就跑出来了?"陈兴略感诧异,但也没多问,只是说,"多亏我来得早,不然还接不到你,走吧。"

"我、我还有事……"汤君赫还没说完,就被陈兴打断了,"今天你哪儿也别想去啦,你爸特意让我过来接你,是不是又闯祸了?你哥呢?"

"他不在……"汤君赫想要伺机挣脱,但陈兴紧紧地握着他细瘦的手腕,让他无处可逃。

陈兴将汤君赫那边的门上了锁,边系安全带边说:"我给你哥打个电话问问。"

车子缓缓起动,陈兴扶着方向盘目视前方,戴着耳机打电话:"小煊,你在哪儿啊?……哦,行,那你早点回来吧,用不用我去接你?……好、好,别回来太晚。"

他电话刚挂，汤君赫紧接着就问道："我哥在哪儿？"

"去找他的一个朋友了。"

"他……"汤君赫迟疑道，"还在润城吗？"

陈兴闻言笑了起来："不在润城还能在哪儿啊。"

汤君赫长长地、彻底地舒了一口气，这口气在他胸口憋了一下午，几乎要将他活活憋死。

"那他晚上回来吗？"好一会儿，他回过神来又问。

"回啊，"陈兴笑道，"你啊，还真是挺黏着你哥的，你哥对你好吗？"

尽管陈兴背对着他，但汤君赫还是缓慢而沉重地点了点头，说："嗯。"

杨成川还没回来，汤小年看样子并不知道发生了什么，她一边帮汤君赫脱下外套，一边看着他说："脸色这么差，身体不舒服啊？"

汤君赫摇了摇头说："没有。"

"听说这几天又要降温，你不准自己减衣服，听到没？"汤小年嘱咐完，拍拍他的后背说，"快回屋学习吧。"

汤君赫无心学习，他全部的精力都放在门外，一心等着杨煊的脚步声响起来。等待的过程中，他脸上的血色又一丝一丝地褪了下去，每多等一分钟，他的脸色就要白上一分，还没等上半个小时，他的脸就变得一片惨白，额头上渗出了冷汗。

临放学前想的那个解决方式没能付诸实践，那杨煊还想再看到自己吗？汤君赫坐立难安，他在脑中竭力搜刮着其他解决方案。

外面的门锁刚发出窸窸窣窣的响动，他就条件反射般地站了起来。他听到推门声响起，然后是一阵脚步声，那脚步声是杨煊的，他绝对不会认错。他有些焦躁地在屋里徘徊。他想去找杨煊，可是杨煊会想见自己吗？

紧接着，他灵光一闪，想到一个方法，他立即扑到抽屉前，手忙脚乱地翻出了手机，然后走到门口拉开门。汤小年正在厨房里跟阿姨聊天，他顾不得会被发现，抬手敲了敲杨煊的房门。

咚咚咚，门没开。

再抬手，咚咚咚，门还是没开。

汤君赫的心沉到了谷底，他沮丧到了极点，伸出手握着门把手，不抱什么希望地朝下转动，却意外地发现杨煊并没有将门上锁。

推开门，杨煊正坐在床边低头看手机，即使听到了动静，他也没有抬头。

"哥……"得不到杨煊的许可，汤君赫只能自作主张地关上门，他每一步都走得很犹豫，但最终还是走到了杨煊身前，"哥，我有事情要和你说……"

杨煊这才抬头看他，这一看，他也怔了一下。汤君赫那张极具迷惑性的脸此刻白得像一层一戳就透的薄纸，嘴唇也是煞白的，整张脸上看不出一丝血色，衬得那两只眼珠似墨一般的黑沉。那只握着手机的手还有些发抖,乍一看,像个大病初愈的病人。

杨煊倏地心软了一下:"你说吧。"

从哪儿开始说起呢……汤君赫张了几下嘴才找到合适的开头:"那晚我骗你去卫生间,其实我是坐电梯去了楼上,从垃圾桶里找到了那几截烟,又看到了那个烟盒,我都拿出来装到了兜里……你去美国那半个月,我趁半夜去了不夜城,一共……一共去了四次,前三次没有人理我,后来我无意中帮了一个人的忙,她就说可以帮我问问从哪里可以买到那支烟,她要我把电话给她留下来,我怕留下痕迹,谎称我自己没有手机,然后让她把手机号码给了我……"

汤君赫说得事无巨细,每一个细节都伴随着目的,毫无隐瞒地跟杨煊如实交底。

"后来上体育课的时候,我趁别人都不注意,偷偷拿出了冯博的手机,给那人打了电话。为了留下证据,我还用他的手机发了一条约定时间地点的短信,发完之后又把信息删掉,因为害怕冯博看到后会起疑……把手机放回去之后,我又去问了尹淙时间,这样,即使冯博说他那时在打球没时间打电话,我也可以有足够的证据证明那通电话不是我打的……让冯博偷走烟盒也是我故意安排好的,因为我想到,就算其他证据都不成立,他也没办法解释为什么他要从我这里偷走烟盒……"

尽管下午已经托人将事情打听了个七七八八,但听完汤君赫这一通事无巨细的作案陈述,杨煊一时竟不知作何反应,他只觉得有些荒唐。半夜去那个打着KTV名号的夜总会?有意制造不在场证明?原来他弟弟不仅能瞒着他妈妈汤小年跑到他的房间,还能背着自己这个哥哥做出这么多出人意料的事情。他沉默。

"哥,我都讲完了,我真的没想把你牵扯到里面。"汤君赫的眼底泛着红,眼泪就快要溢出来,但他强忍着不让自己哭出来。

果然不是小时候那个总是跟着他的小哭包了啊。杨煊哑声道:"你先回屋吧。"

汤君赫这次却没有听话地转身回去。他吸了吸鼻子,将手里一直握着的那台手机双手递给杨煊,手不可抑制地发着颤:"哥,我把我刚刚说的那些话都录下来了,你、你可以把它交给警察……"

闻言,杨煊心头一震,目光直直地扫向汤君赫。

"我、我什么都没有隐瞒,真的,"汤君赫有些语无伦次地说,"我刚刚说的那些全是真的,我发誓……但是哥,"他的话音和眼底明明白白地写着乞求,"你能不能不要不理我?"

屏幕上面的录音秒数还在飞快地跳动,杨煊皱着眉接过手机,盯着屏幕,片刻后,他用力一甩手,只听"砰"的一声炸响,汤君赫被这道声响吓得浑身一抖,

027

然后那台手机就从墙上狠狠地弹落到地上，屏幕和后壳摔得粉碎，奄奄一息地在地板上打了个滚。

第 6 章

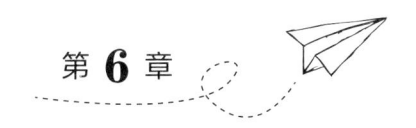

　　阿姨一走，汤小年就坐到沙发上，拿起遥控器打开电视机，打算一边看电视剧一边等着杨成川回来后全家一起吃饭。

　　刚打开电视机，只听"砰"的一声，汤小年立时被吓了一大跳，本能地扭头朝声音的来源——杨煊的房间——看过去。呆坐几秒后，她屏息凝神地听着里面的动静，但屋里一片静寂，再也没有声音传出来。汤小年觉得有点不对劲，站起身快步走到汤君赫的房间，推门一看，房间里空无一人。

　　汤小年的第一反应是汤君赫被欺负了，她如临大敌，转身就朝杨煊的房间走，门也顾不上敲，转动门把手就将门推开了。

　　房间里，杨煊正坐在床边，汤君赫就站在他面前，惨白着一张脸，认错般地垂着头。汤小年不管不顾地冲过去，拉过汤君赫左看右看："没事吧？受伤了没？"

　　"这是我的房间，"杨煊冷着脸，不悦地皱眉道，"进来前应该先敲门吧？"

　　汤小年不理他，只是一味地盯着脸色极差的汤君赫追问："他打你了没？打到哪儿了？"

　　汤君赫被突然闯入的汤小年吓住了，立即摇头否认："我哥没打我。"

　　"那刚刚是什么声音？"汤小年抬眼盯着杨煊问。

　　杨煊的声线降至冰点，冷声道："我房间发生的任何事情都跟你没关系。"

　　"妈，"汤君赫这才找回一丝理智，拉汤小年的胳膊，拖着她朝外走，"这是我哥的房间，我们出去吧……"

　　汤小年恶狠狠地盯着杨煊，放出了她自来到这个家里的第一句狠话："杨煊你听着，你要是敢对我儿子怎么样，我非跟你拼命不可！"

　　她话音未落，杨成川推门进来了。听到汤小年尖利的叫嚷声，他皱眉看向杨煊的房间，问："怎么了，又吵什么？"

　　汤小年这才拽着汤君赫走出杨煊的房间，没理杨成川的问题，继续厉声追问汤君赫："你到他房间做什么？"

　　杨成川脱了外套，挂到衣架上说："正好，我也有事情要找君赫。"

　　"你先等等，"汤小年没好气道，"我问完了你再问。"

　　杨成川语速不快，语气中却透着不容置喙："别的事情都能等，这件事情可等不得。"

汤小年莫名道："到底什么事？"

"君赫你过来，"杨成川走过去，揽着汤君赫的肩膀走到沙发前，俯身拿起遥控器关了电视，自己坐到单人沙发上说："你坐，这件事情，要不是冯博的爸爸过来找我，我还不知道一个高中生能做出这种事。你怎么有卖那种东西的人的电话？"

"杨成川你把事情说清楚了，"汤小年听得一头雾水，"卖什么东西？"

"你问我？我到现在也没搞明白！我傍晚正开着会，冯博的爸爸给我打电话，说他儿子被栽赃嫁祸了。"杨成川说得不紧不慢，说几句就看向汤君赫，观察着他的神色，"我呢，害怕是他们弄错了，暂时还没问派出所那边，先回来问问君赫，到底是这中间是怎么一回事。"

杨成川说得体面，其实是担忧汤君赫在背后给他捅出个大篓子，毕竟那支烟涉及的事情不小，跟打架滋事还不一样，这件事传出去，他的面子就彻底没处搁了。所以出于谨慎，他暂时还没敢贸然去派出所那边打听具体情况，打算先回来问清楚了再想对策。

再者说，杨成川一直觉得汤君赫的心理有问题，上次周林的事情发生之后，他就提议找心理医生过来看看，却被汤小年想也不想地护犊子驳回了，这次他有意当着汤小年的面审问这件事，也是想让她承认自己这个儿子确实被她养歪了。

"这，这怎么回事啊？"汤小年一听也蒙了，扯了扯汤君赫的衣服说，"你哪来的电话？"

当着杨成川的面，汤君赫勉强恢复了镇定，垂着眼睛说："我没有电话，电话也不是我打的。"

杨成川一听便怒火攻心："那是冯博的爸爸骗我是吧？"

"我不知道。"汤君赫说。

杨成川做了个深呼吸，好不容易才压下了火气，尽力心平气和道："君赫，你是个聪明的孩子，但聪明反被聪明误的事情可不算少。你现在把事情的原委跟我讲清楚了，我还能提前帮你在背后疏通一下，等到派出所那边把事情定性了，上了电视台上了报纸，谁也救不了你。"

杨成川有意夸大事态的严重性，想将真相从他口中吓出来，但没想到汤君赫仍旧无动于衷地说："我说过了，我不知道。"

倒是汤小年被吓住了，催道："有什么你就说，别闯了祸还不知道怎么收拾。"

杨成川没料到他这般油盐不进，憋着一肚子火气，想了想，扭头对着杨煊的房门喊："杨煊，你出来一下，有事问你。"

片刻后，杨煊将门拉开，面无表情地看向他。

"你过来坐，"杨成川指了指沙发的位置，"你弟弟的事情你知道多少？知道多少就说多少。"

杨煊走过来，坐到汤君赫的旁边，离他有一人的距离，语气里明显透着不耐："我怎么可能知道？"

杨成川勃然大怒："都不知道，所以是冯博他爸故意传瞎话陷害你的吗？"他站起来，先前好不容易被压下去的火气这下一并爆发出来，"上次是伪造正当防卫现场，试图杀人，这次制造伪证，你才多大？你小小年纪哪来这么多作恶的歪心思？你不说是吧，那别说了，这次的事造成什么后果我概不负责，你们该判刑的判刑该坐牢的坐牢，我不会再掺和。"

汤小年彻底被吓住了，脸色大变，惶急地催着汤君赫："你倒是说啊。"

汤君赫低着头默不吭声，除却苍白的脸色，全身上下只有两片颤动的睫毛能显示出他内心的不安。

"我来说吧。"一阵静寂后，杨煊开口了，"我只说我知道的。元旦那晚，冯博给了我——"

"我来说。"他才刚开了个头，汤君赫突然出声打断他。

"我来说。"汤君赫又重复了一遍，"我自己说。"他咽了咽口水，"元旦那晚，冯博打着做游戏的名义，让我抽那支烟，因为是游戏的惩罚，我没办法拒绝。多亏我哥执意拦住，游戏才没继续下去。后来我觉得那支烟有问题，就想办法捡了回来……"

他说到这里时，杨煊微微偏头瞥了他一眼，只这一眼，他陡然停下来不说了。因为他读懂了那个眼神的意思，杨煊在告诉他不要说下去。

"继续。"杨成川皱着眉道。

原本打算说清事实，但在接收到杨煊的暗示之后，汤君赫改变了自己的表述："后来，我为了警告冯博，骗他说我要报警，他相信了之后，就从我这里偷走了那个烟盒。"

"那用冯博的手机给那人打电话是怎么回事？"杨成川的眉头越皱越紧，站起来走动着说。

汤君赫有些迟疑，不知道该不该说实话，他下意识地瞥向杨煊，杨煊却并没有再看他。正当他拿不定主意时，杨煊微不可察地摇了一下头。

汤君赫这才开口："我不知道。"

"真的不知道？"杨成川半信半疑，又问杨煊，"杨煊，你听他说得对不对，有没有你要补充的？"

"没有。"杨煊简短地说。

虽然没有百分百相信汤君赫所说的话，但这番话还是令杨成川产生了动摇。毕竟，冯博上次骗汤君赫上山就是确有其事，保不准这次会为了择清自己而向他爸撒谎。何况在他一贯的印象中，冯博本来也不是什么好学生。

不管怎么说，听完汤君赫的交代，杨成川心里总算有了一些底，如果是冯博作恶在先就好办了,无论是在派出所那边,还是在和冯博他爸的生意洽谈方面,杨成川自觉这下起码不至于太过被动,他暗自松了口气,打算明天把事情都搞清楚再说。

听完汤君赫的这番陈述,汤小年的内心也发生了些许波动。吃完晚饭后,她走进汤君赫房间,坐到他床边问:"真是杨煊拦下来的?"

汤君赫说:"嗯。"

"他倒也……"汤小年话没说全便不作声了,片刻后才说,"那个冯博也真是,干什么老针对你啊?"

"讨厌我吧。"

"为什么讨厌你?"汤小年又坐不住了。

"不知道,也许没什么理由,也许是迁怒,"汤君赫低着头说,"就像你讨厌杨煊一样。"

"你懂什么。"汤小年伸手去推他的头,她向来不跟汤君赫聊自己年轻时的感情经历,很快把话题拉回来说,"那刚刚你又是为什么跑到他房间?他房间那是什么动静啊?吓我一跳。"

"他,"汤君赫有一丝语塞,但很快找好了理由道,"他觉得我不该冲动地挑衅冯博。"

"是吗?"汤小年显然不太相信,但也没再说什么。

10点之后,汤君赫又走到了杨煊的房间门前。他轻轻地敲了敲门,门内一片安静,杨煊并没有起身给他开门。他握着门把手,自作主张地推开了门。

杨煊正坐在半米高的窗台前,见汤君赫推门进来,微微眯着眼睛看向他。汤君赫关上了门,朝他走过去:"哥……"

"过来坐吧。"杨煊说。他脸上的表情让汤君赫看不明晰。

"哥,我是不是做错了……"汤君赫低声说,过了好一会儿,他也没得到杨煊的回答,他又开口了,声音低得几乎让人听不清,"可是,难道我只能沉默地承受他们施予的恶意吗?我没想陷害他,我只是想让他得到惩罚……"

杨煊沉默,过了片刻才说:"刚刚为什么不让我说下去?"

汤君赫意识到他说的是在杨成川面前的那一幕,垂着头,用短短的指甲一下一下地掐着自己的手指,轻声地反问:"你不是也没让我说下去吗?"

第 7 章

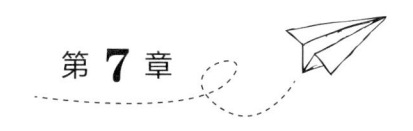

杨煊先是不说话，片刻后问："什么时候发现那支烟有问题的？"

汤君赫如实地答："你跟冯博出去的时候。"

杨煊想起那天自己从楼梯拐角走出来的时候，正好碰到不远处迎面走来的汤君赫，他们目光相触，汤君赫很快就转身进了旁边的卫生间，原来那时候他就已经有所察觉了。杨煊又问："也就是说，我拿出烟盒的时候，你已经发现那支烟有问题了，是不是？"

汤君赫"嗯"了一声。

杨煊自嘲地笑了一下："既然知道那支烟有猫腻，那你可以不拿那一支啊。还是说那个时候，你已经在计划怎么去实施报复了？"

"我没有……"汤君赫猛地抬头，抬高了音量急急地为自己辩解，但他很快又低下了声音，"那个时候，我并不确定那支烟有什么问题，我只是觉得，如果你不希望我抽那支烟，就不会放进去了，"汤君赫低着头说，"你是我哥哥，你希望我怎么做，我就一定会那样做的。"

杨煊伸手捏了捏眉心，长长地吐了口气，说："先回去睡吧，如果再有警察过来找你，你就按照原来计划好的去说吧。"

"嗯。"汤君赫应着，从窗台站起身来。其实他还不想回去，但听出杨煊这时心情不佳，只能听话地回屋睡觉。

杨煊也站起来，走在他后面，想要去浴室洗个澡。

汤君赫的手按到门把手上，临到出门还是没忍住，转过身看着杨煊说："哥，我今晚能不能在你房间睡觉？"

"回屋睡吧，"杨煊说，见汤君赫还是定定看着自己，又补充了一句，"我有点乱。"

"那哥，你不会不理我了对吗？"汤君赫说，"你不是说过吗？只要我听话，你就不会不理我。"

杨煊低头看着他，他弟弟的这张脸还是那样具有迷惑性，眼神里透着天真和乞求，那模样跟小时候像极了。他伸出手揉了揉他的头发，淡淡地说："不会。"

汤君赫这才退后一步，后背贴着门说："那我回去了哥。"然后转身开门，走向自己的房间。

杨煊洗完澡，关了灯躺在床上，脑中总是闪现出汤君赫的脸。有几个月前在山上的，那束灼灼发亮的目光，热烈得像有温度似的，几乎能把人灼伤；有大半年前那个昏暗傍晚的，他哭得涕泪横流，看上去可怜兮兮的，脆弱而狼狈；还有几个小时之前的，他脸上血色全无，连嘴唇都是白的，整张脸只剩下极其分明的黑与白，看上去正处于崩溃的边缘……

这么多种样子，他是用哪一种去翻垃圾桶捡出那几截烟的？是用哪一种去不夜城拿到那人的联系方式的？又是用哪一种引导冯博跟那人碰头的？

"不觉得太睚眦必报了吗？"

"有必要做得这么绝吗？"

"这么步步为营是从哪里学来的？"

——他原本是打算问这些的。

但是当那双颤抖着的手将手机递过来的那一刻，这些问题反而让他问不出口了。生平第一次，杨煊意识到自己正在被一个人毫无保留地信赖和依赖着。

一个人怎么能做到爱与恨都是如此真实而浓烈的？原来那些直白的倾诉不是别有用心，主动的靠近也与轻佻无关。

完全掌控一个人所有的情感和情绪，那种感觉的确很好，可是当意识到这背后隐藏的那份纯粹而炽烈的依赖，杨煊开始觉得有些东西已经偏离了原本的轨道。

毫无疑问，他已经完全掌控了他弟弟，可是他自己的情感却似乎开始失控了。

而如今摆在他面前的有两个选择，信马由缰，或是及时勒马……

杨煊将手背平放到眼睛上，在寂静的黑夜里叹了口气。

连着几天，冯博都没来学校上课。直到周五上午，不知从哪儿泄露出来的消息说，学校已经决定将冯博开除出润城一中了。尽管还没有正式公布，但这个消息刚一走漏，便在学生当中迅速流传开来。

杨煊觉得有些奇怪，如果冯博的父亲找到杨成川说情的话，那冯博是无论如何也不可能被开除的，顶多只是被记大过而已，事后甚至都不会被记录到档案之内。

然而他没料到的是，杨成川在了解了事情经过之后，并不想帮冯父这个忙。

事实上，杨成川对冯博并无太过深刻的憎恶，得饶人处且饶人，他跟冯父之间的关系自然不能搞得太僵。但汤小年却不会管这么多，在她的枕边风之下，杨成川的胳膊肘便不能朝外拐得太过明显，所以在冯父面前，他表示学校这边他的确帮不上忙。

杨成川这事办得八面玲珑，既卖了冯父人情，又哄住了汤小年，还保住了自己的面子，至于冯博今后如何，就不在他的考虑范围内了。

杨煊思前想后，还是在周末把冯博叫了出来。毕竟在这件事情上他自觉并不无辜，而冯博有几分是出于自己的仇恨转移，又有几分是出于朋友间的仗义，这些并不是他能明确判断出来的。

　　他们约在一家餐厅，但冯博却并不进去。"就在这儿说吧。"冯博看上去跟往常没什么不同，也并没有想象中憔悴的神情，"煊哥，你找我出来想说什么？还是让我不要动你那个弟弟吗？"

　　杨煊并不接他的话，只是问："你之后打算怎么办？"

　　"出国啊！怎么？"冯博脸上露出嘲讽，"你不会还担心我的前途吧？"

　　杨煊皱了皱眉道："开除的消息学校还没公布，并不是没有更改的可能。"

　　"你爸都办不成的事，你能怎么办啊？"冯博笑了笑，"别开玩笑了，你要想让我不动他就直说，煊哥，你以前可不是这么拐弯抹角的人。"

　　"我要是不想让你动他，你就算想动也动不了。"

　　"是吗？有这么个哥哥真好，可惜我就做不成这么好的哥哥。那你找我出来是什么意思啊？做好事献爱心？"

　　"我那晚拦下他抽那支烟，现在也可以拦下你被开除。这件事情结束之后，你们之间到此为止，谁也别再招谁。"

　　"可是我不想回去上学哎，"冯博歪着头说，"我也不想到此为止。煊哥，你这么护着他，就因为他是你弟弟？还是因为……你还有别的大招在等着他啊？"

　　杨煊看着他，没说话。

　　"我觉得……肯定目的不单纯吧？"冯博目光挑衅。

　　杨煊的神情几近冷漠："你什么意思？"

　　"没什么没什么，我啊，就想告诉你，"冯博一边说一边倒退着走，"我要出国了，你也不会待在这里太久的，好好珍惜这段时光吧。"他说完，一转身，头也不回地跑了。

　　杨煊转身往回走，走了几百米，路过一家手机专卖店，他停下脚步，片刻后转了方向，朝那家手机专卖店走进去。

　　十分钟后，他一手抄兜一手拎着一个白色的纸袋走了出来。

第8章

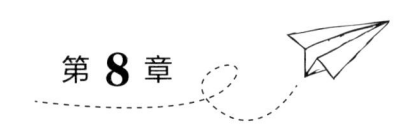

杨煊到家一推门,就看到汤君赫正坐在沙发上,面前的茶几上放着一小杯绿油油的液体,汤小年用那种熟悉的语调半嗔怒半纵容:"一闭眼不就喝下去了?你啊,真是娇生惯养,什么苦都吃不得。"

听到推门声响起,汤君赫回头看过去,杨煊将手中的纸袋放到储物柜上,也看了他一眼。

"赶紧喝你的苦瓜汁,喝完了回屋写作业。"汤小年伸手轻拍他的后脑勺,催促道,"清火明目的,对你的身体有好处。"

汤君赫不想喝苦瓜汁,抗拒道:"可是我不上火,也不近视。"

汤小年不由分说地拿起杯子往他嘴边凑:"赶紧喝。"

汤君赫接过杯子,余光瞥见杨煊进了书房,不知为什么,他莫名觉得杨煊刚刚看他那一眼,似乎是要跟他说什么。

汤君赫苦着脸一口气喝下了一杯苦瓜汁,又赶紧喝掉了汤小年递来的小半杯蜂蜜水。汤小年脸上这才露出满意的神情,拿过两个杯子去厨房清洗,转身前不忘催道:"行了,赶紧回去学习吧。"

见汤小年进了厨房,汤君赫却并没有急着回自己房间,他走到玄关处看了看杨煊放在储物柜上的白色纸袋,那上面印着很打眼的英文logo(标志),明晃晃地昭示着里面装着一台手机。

汤君赫抬头看了一眼厨房,然后抱起纸袋走到书房前,推开门走进去。杨煊正坐在电脑前,见他进来,并没有什么反应。

"哥,这是买给我的吗?"汤君赫抱着纸袋,站在杨煊面前问。

电脑正在开机,杨煊上身后倾,倚靠到电脑椅的靠背上:"嗯,赔你的。"

"不是赔我的,是送我的。"汤君赫纠正道。他蹲在地毯上,将包装盒从纸袋里抽出来,拆了包装,拿出了一台崭新的手机。杨煊给他买的这台手机并不是之前杨成川送他的那种款式,他开了机,坐到地毯上胡乱地摆弄。

杨煊看向他说:"你的那张手机卡在我房间的床头柜上,拿过来我帮你安上。"

汤君赫放下手机,拉开门走出去。汤小年从厨房探出头说:"不回你房间乱跑什么?!"

汤君赫回头说:"我要到我哥房间拿个东西。"汤小年虽然脸上露出不满,但并没有立即赶他回去。趁她开口之前,汤君赫推门进了杨煊的房间。

被摔坏的那台手机正安静地躺在床头柜上，四分五裂的屏幕和后壳使它看上去伤势惨重。事实上它还是很新的，汤君赫不常用手机，自打从杨成川手里接过这台手机之后，大部分时间都将它随意地丢在抽屉里。他取出手机回到杨煊房间。

旧手机的后壳摔得有些扭曲，卡槽微凹进去，取出来有些困难。杨煊从电脑椅上起身，走到窗边的杂物柜前，半蹲着翻出了一把小镊子。他站起身，半坐半倚着窗台，用镊子把卡槽拉了出来，然后将里面的手机卡抽出来，安到那台新的手机里。

汤君赫跟着他走到窗边，盯着他那双骨节分明的手微微出神。

"好了，"杨煊将手机递给他："发什么愣？"

汤君赫回过神，接过手机说："哥，你怎么对我这么好？"

杨煊看着他问："嗯？"

"你要是我亲哥就好了。"汤君赫握着手机说。

杨煊笑了一声："梦游呢？"

汤君赫摇了摇头，看着他说："你应该说，我就是你亲哥。"

"我不说废话。"

"但你小时候就是这么说的，"汤君赫抬头看着他，"你不记得了吗？"

杨煊想了想说："不记得了，都多久的事情了。"

汤君赫有些失落，他说："可是我都记得。"

杨煊伸长胳膊，随意地搭在他肩头："还记得什么？"

"记得你老欺负我，欺负完了又对我很好，还记得你给我煎了5个鸡蛋，煎好了又在旁边盯着我吃，我那时候以为我吃不完你就要凶我……"

"所以你就哭了？"杨煊笑了笑，"这个我记得。你小时候挺爱哭的，怎么现在不哭了？"

"哭也没用，小时候我一哭，你就会过来哄我，我哭得越厉害，你就对我越好。可是后来我发现，就算哭完了，事情也还是不会得到解决。周林还是站着讲台上，其他同学还是觉得我偷了东西。"没有人过来哄他，所以他渐渐地就学会不哭了。

杨煊的头微微低着，不知在想什么，片刻后，他抬起搭在汤君赫肩头的那只手，胡乱地揉了揉他的头发。然后他拿过那台手机，用拇指在手机上按了几下，调出通讯录界面，将自己的号码输了进去。

汤君赫已经背下了杨煊的手机号码，但他并没有出声，直到杨煊在屏幕上打出了"yang"，汤君赫才扭头说："不是杨煊。"

杨煊低头看着他："嗯？"

汤君赫伸出手指，把屏幕上的字母删掉，自己打了"哥哥"两个字，然后点了保存。

汤小年正弯着腰整理药箱,见汤君赫从书房走出来,蹙起眉,欲言又止,但一直等到汤君赫进了自己房间,她也没说出话来。

汤君赫和杨煊之间的关系好到让她觉得有些惊诧,原本只是一起上学放学,现在变成了可以自由出入彼此的房间,这是她始料未及的发展态势。

汤小年没读过什么书,但她并不傻,她一早就看出汤君赫对杨煊并不设防,甚至还有意接近他,因为这事,汤小年不止一次地骂过他,但都无济于事。而至于杨煊,汤小年心里也清楚得很,杨煊对自己抱有很大的敌意,对自己的儿子也并不会有太多好感。

但前几天发生的事情,让她的这些想法开始有些混乱。如果真如汤君赫所言,是杨煊拦下了那支烟,那自己对他感恩戴德也不为过。可是她偏偏亲眼见过杨煊和冯博关系不错,这让她无论如何也没办法彻底放下防备。

汤小年陷入到一种矛盾的状态,她不敢贸然放任汤君赫接近杨煊,可是又没什么理由让汤君赫继续远离杨煊。

汤小年切了水果送到汤君赫房间里,眼尖地瞥见那台崭新的手机,拿起来问:"哪来的新手机?"

"我哥送我的。"汤君赫说。

汤小年疑惑地问:"他怎么会送你手机?"

"上一台手机摔坏了。"

汤小年摆弄着汤君赫的新手机,点开通讯录一看,里面只有一个条目:哥哥。

"你们兄弟俩的关系倒还真好,"汤小年心里有些不是滋味,"半路来了个哥哥,连你妈都不要了是吧?"

汤君赫从书桌前直起腰,见汤小年正翻到通讯录页面,他有些不自在地拿过手机说:"你的号码我都记住了。"

"哦,那你背给我听听。"

汤君赫张口便来:"137……"

汤小年无话可说,但她心里的不适感却没有完全消退。自己辛辛苦苦养大的儿子,对着当年情敌的儿子亲亲热热地叫"哥哥",这让她有些接受不了。

冯博被开除的消息一经公布,就在全校范围内引起了震动,自开学以来就备受瞩目的理科三班立时站在了话题的风口浪尖。元旦当晚在场的十几个学生更是觉得难以置信,他们目睹了游戏的全过程,但除了提前知情的应茴,谁也没想到那支烟会有猫腻。

一开始,跟冯博交好的几个人都对此缄口不言,后来王兴淳忍不住趁课间来找了杨煊:"煊哥,冯博那件事真的没有回旋余地了吗?"

"没公布前或许有,"杨煊靠在走廊的窗台上说,"现在已经公布了,学校也是要面子的。"

"唉,怎么就搞成这样了,"王兴淳叹了口气说,"我真的没想到那支烟会有问题。"

他话音刚落,应茴也走了过来,看向他们说:"你们在说冯博的事情吗?"

"那晚他和我说了,所以那件事我也有责任。"杨煊接着王兴淳刚刚的话说。

听他这样说,应茴抬头看了他一眼,没说话。

"也不能这么说……"王兴淳语塞了一下,又说,"说起来冯博自己也不想回来上学吧,毕竟他已经打算好不参加高考了。"

"两码事。"杨煊说。

王兴淳一时不知该怎么接,看向应茴说:"应茴,你是不是找煊哥有事啊?那我先回教室了。"

王兴淳走后,应茴看着杨煊说:"其实你也不需要太自责,即使那晚你没有拿那支烟,他也会有别的办法。那支烟如果在他手里,比在你手里要危险得多。"

杨煊没说什么,只是点了点头,说:"回去吧。"

"那个,杨煊,"应茴这才有些犹疑地表明来意,"你想考哪所学校啊?或者申请哪所国外的大学……"见杨煊看向她,她有些不好意思道,"如果你不想告诉我也没关系……"

"我没想好,"杨煊眉头微皱,见应茴面露沮丧,又问,"你觉得未来是什么样的?"

应茴怔了一下,尽管不明白杨煊为什么这样问,但她还是很认真地想了想,说:"我也想不出什么特别的,就是考大学,找一份还不错的工作,然后就结婚吧,两个人互相扶持……大多数人的生活不都是这样的吗,为什么这么问啊?"

"但我想象不到我会过这样的生活。"杨煊说。

"啊?"应茴听他这样说,眉眼间的沮丧更明显了,"也是,我也想象不到你会过这样的生活……"她继而有些迷茫道,"可是不这样的话,那还能怎样呢?虽说大家的生活轨迹都是这样的,但其实放在单个人的身上还是会不一样吧……"

杨煊靠在窗台上,叹了口气,说:"我也不知道。"

在两点一线的高强度学习下,不到一个月,冯博的事情就被学生们遗忘在脑后。

润城的雪终于消失在草长莺飞的早春三月,操场边的玉兰花结了含羞待放的花苞,高三学生的大课间跑操伴随着气温的回升如约恢复。

各大高校的自主招生考试开始了,汤君赫报考了国内最好的两所大学,他的在校平均分很高,又有奥数成绩加持,很顺利地通过了学校的初审。

而就在他参加学校初试的那个周末,杨成川的手机突然收到了一条令他感到莫名其妙的短信。

"叔叔,您的大儿子杨煊,想要利用小儿子汤君赫对他的依赖,毁掉汤君赫的前程,达到他的报复目的,您真的要纵容他这么做吗?——冯博。"

第 9 章

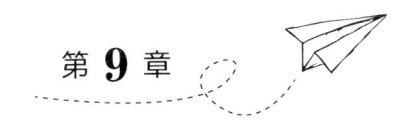

杨成川当即就将电话拨了回去,但那边却迟迟没有接听。

挂了电话,杨成川对着手机上的这条短信,在办公室里来回踱步。他一路走到现在,大场面见过不少,但仅仅是这样一条短信,却让他觉得有些齿寒。

会是真的吗?杨成川想,如果不是真的,依杨煊的性格,他怎么会如此纵容他同父异母的弟弟对他全心全意地依赖?明明就在几个月之前,他还对汤小年母子俩视若仇敌。这段积怨已久的关系不会在短时间内改善得这样彻底。

这时电视台有记者过来采访今年润城的防汛工作,对着镜头,杨成川压抑着自己的情绪,脸上不见丝毫怒意,又变回了一贯的温文尔雅的公众形象。

晚上回家,一坐到饭桌前,杨成川看着面前的两个儿子,那条令人齿寒的短信又不失时机地在他脑中冒了出来。杨成川嘴上对这件事一个字都不提,但却忍不住不动声色地观察着自己的两个儿子。

小儿子一直比较亲近大儿子,这是杨成川一直以来都有所察觉的,但直到今天他才注意到,汤君赫对杨煊的态度,那简直不叫亲近,说"在意"或许更恰当一点儿。从坐到饭桌的那一刻起,汤君赫的眼睛就有一下没一下地瞄向杨煊,他的眼睛很大,眼珠又黑,眼神藏也藏不住。

杨成川吃过晚饭,越琢磨越觉得不对劲,忍不住对汤小年旁敲侧击地问:"你觉不觉得君赫太依赖杨煊了吗?"

汤小年一听就来气了,骂道:"还不是你自己造的孽!"

杨成川自知理亏,一提到当年他就识趣地不吭声了。他心里再清楚不过,这件事绝对不能跟汤小年提起,否则这个家会立刻毁掉。汤小年不会允许汤君赫的身边存在这样一个随时会爆炸的隐患,她最看重的便是汤君赫的前途。

尽管嘴上不说,杨成川脑子里却没停止琢磨。"剃头挑子一头热",杨成川一早就用这句话跟陈兴形容过兄弟俩之间的关系。虽然小时候的杨煊的确挺宠这个弟弟,但自打杨煊长大之后,尤其是他母亲去世之后,他的性格就变得愈发不冷不热。先前为了改善杨煊对于汤君赫爱搭不理的态度,他还不止一次地找杨煊谈过话。

如果是出于报复的话,杨煊会怎么做?杨成川整夜在想这件事,怎么才能毁掉一个人的前途?跟那支烟有关系吗?或许还有更出格的打算?

杨成川不止自己琢磨，还特意就此事问了陈兴："你觉得杨煊和君赫的关系最近是不是变好了点？"

陈兴觉得有些奇怪，他半个月也不一定能见到兄弟俩一次，杨成川天天都能见到自己的儿子，怎么还来问他这个问题？但他还是笑呵呵地答："小煊越来越有当哥哥的样子了，君赫嘛，就一直就像个小孩儿，兄弟俩的关系确实是越来越好了。"

杨成川不确信冯博那条短信的真假，但还有三个月的时间就要高考，如果杨煊真有意毁掉汤君赫的前途，或是再牵扯到什么违法乱纪的事情，那就太危险了。上次烟的事情已经引起了重视，如果类似的事情再来一次，很难保证他的仕途不受牵连。

思及此，杨成川开始考虑一个稳妥的处置方式：他要将杨煊尽快送往国外。

将杨煊送出国并不是什么难事，他的护照和签证都很齐全，还有姥姥姥爷可以照顾他。更何况，就算现在不出去，几个月之后，杨煊也肯定是要被送走的。提前几个月出国，说不定杨煊还能早些熟悉当地的语言环境，申请到更好的学校。

尽管有些不舍，但考虑到种种因素，杨成川还是当机立断地下了这个决定。

当晚，杨成川吃完晚饭，踱步到杨煊房间门前，抬手敲了敲门："杨煊，到书房来，我有事跟你说。"

等到杨煊坐到他面前的椅子上，杨成川开口问了他几个申请学校进度的问题，然后步入正题道："最近你跟君赫都一起上学放学？"

杨煊"嗯"了一声。

杨成川旁敲侧击："君赫还是挺腻着你的？"

杨煊并不正面回答，抬眼看着杨成川问："怎么了？"

杨成川斟酌措辞道："以前你不是挺不耐烦他的？"

杨煊并不上钩："您想说什么？"

"我只是有些好奇，没想到你们的关系会改善得这么理想。至于君赫，我觉得他太依赖你了，一个17岁的男孩子，得学会独立一点，不能再这样下去了。"

杨煊不置可否地看向窗外，似乎对这个话题并不感兴趣。

杨成川拉回他的注意力："你有什么看法？"

杨煊一点面子都不给他留，吊儿郎当道："总不能依赖你吧。"

杨成川皱着眉，脸色沉下来道："我跟你推心置腹地谈正事，你不要总是耍少爷脾气，你们兄弟俩哪个不依赖我？不依赖我，你们现在只能去大街上要饭！"

杨煊笑了笑问："那您又是依赖谁呢？"言外之意很明显，杨成川能有今天，自然是仰仗着自己家底丰厚的前妻和德高望重的岳父。

杨成川被自己的儿子踩到痛处，一时火气上涌。纵使心情不快，他也没忘记此番谈话的主题，压着火气道："你先别扯别的。过年的时候你姥姥催我送你去国外，这几天我想了一下，现在国外的学习环境对你更有利，申请学校也更便利，你这几天就准备准备，下周就去你姥姥那里吧。"杨成川说完，还不忘试探地问一句："你觉得怎么样？要是不想现在走的话，给我个理由，我也可以考虑考虑。"

没想到杨煊毫无异议，点头道："求之不得。"

这个态度在激怒杨成川的同时，也令他感到了一丝如释重负——杨煊如此轻易地就答应了下周出国，说明那条短信的内容并不一定完全属实。是啊，那可是他的大儿子杨煊，性子随他，什么报复，完全有可能是无稽之谈。

不管怎么说，将杨煊尽快送出国，总归是万全之计。

对于书房发生的这场谈话，汤君赫一无所知。当晚，他拿着高考词汇拓展去杨煊的房间，正当他要打开记忆的时候，坐在书桌前的杨煊忽然转动身下的转椅面向他，并且罕见地开口主动问："今晚背什么？"

汤君赫坐在床边，将单词书立在腿上，把封面露出来给杨煊看。

杨煊朝他伸出手，似乎是想要过那本书来看。他们之间的距离很近，汤君赫只要伸长胳膊就能将书递给他，但他还是从床边起身，拿着书走到杨煊跟前，把书递给他。

杨煊接过书，却并没有翻看，只是随手放到书桌上。他伸手拨开汤君赫额前的头发，露出几个月前磕出的那一小块疤，伤口很早就愈合了，但是疤痕却迟迟不肯消掉。

汤君赫觉得他哥哥今晚跟平时不太一样，敏感地问："哥，发生什么事了？"

杨煊松开手，帮他把头发拨回去，看着他说："杨成川要把我送走了。"杨煊的声音有些沉，但脸上却并没有什么表情。

汤君赫怔了一下："什么时候？"

"下周。"杨煊说。

"下周……"汤君赫跟着重复道，随即眼神里闪过一丝惊慌，"那什么时候回来呢？"

"下个夏天吧。"

汤君赫睁大眼睛看着杨煊："可是这个夏天不是还没到吗？"

杨煊转头看向窗外，嫩芽初发的树枝看上去尚光秃秃的，要等到树木在雨水的浇灌和阳光的照耀下枝叶繁茂，再等到树叶在秋风和初雪中一一凋落，然后再长出茂盛而密实的叶子，下个夏天才会到来。

"可我不想你走，"汤君赫看着他说，"你走了，我又会变成孤孤单单的一个人。"他有些无助地问，"哥，你走了，那我怎么办啊……"

"总有一天你也会走。"杨煊笑了笑。

"那我也没办法跟你一起去国外。"汤君赫的眼睛里盛满了失落。
"你想跟我去国外?"
"我……"汤君赫语塞,他不是没这么想过。
杨煊放低了声音,语气几近诱哄:"有一个办法。"
汤君赫迷茫地,定定地看着他。
杨煊勾起唇角笑了笑,说:"我可以带你走啊。"

第10章

听到杨煊这样说，汤君赫眼中的期待瞬间变得黯淡，肩膀也随之垮下来，他低下头懊丧地说："哥，你总是喜欢开这样的玩笑。"

"我哪儿开玩笑了？"杨煊伸出两根手指挠了挠他的下颌，逗猫似的，"如果你想走，我当然可以带你走，不让杨成川知道。"

他说得理所当然，以至于汤君赫一时有些信了，但又觉得难以置信。他抬头看着杨煊，一片茫然地问："去美国吗？可是你姥姥会喜欢我吗？"

杨煊失笑道："跟我姥姥有什么关系？我们可以去别的地方。"

汤君赫不明白："那去哪儿呢？"

"去哪儿都可以，你不是没坐过飞机吗？我带你去个坐飞机才能到的地方。"

汤君赫眼中那丝沉底的期待又缓缓地浮了上来，他想到那天夜里杨煊向他描述过的画面——被包裹在湛蓝的天空和柔软的云中。但他还是有些犹疑地说："可是我妈妈不会同意的……"

杨煊笑了一声："你妈妈同意你来我房间？"

汤君赫摇摇头。

"有那么多'可是'，你哪儿都去不了，"杨煊捏着他的下颌，看着他说，"只能待在家里做你妈妈的乖宝宝。"

汤君赫似乎被说动了，他又问："那要怎么才能去呢？我什么都没有……"

"有护照和签证就够了，这两样我都可以带你去办了，只要把你的身份证给我，"杨煊伸手揉了揉他的头发，贴在他耳边的低沉声线听上去犹如蛊惑，"然后从你妈妈那里把户口本骗出来……你最擅长这个的。"

"哥哥，我不是不想和你一起走……"汤君赫还没说完，就被杨煊开口打断了。

"我也不是不等你。"杨煊看着他的眼睛说，"护照办下来的这周，就是我等你的时间。"

汤君赫陷入了一种极度矛盾的状态，他想跟他哥哥杨煊一起走，可是又放不下他妈妈汤小年。

离开润城，走得远远的，挣脱汤小年密不透风的关心，这是他做梦都想实现的事情。可是当这个机会突如其来地降临到他面前，唾手可得的时候，他却开始

045

踌躇不定了。

汤小年会崩溃的。汤君赫躺在床上,在黑暗中睁着眼睛想。可是如果留下来,那他最早要等到下一个夏天才能见到杨煊。若是那时的杨煊已经不想回来了呢?

这太突然了。原本离杨煊被送出国还有几个月的时间,足够他想清楚如何让汤小年接受他出国,他需要时间来周密地谋划这件事,可是今晚他却毫无准备地站到了岔路口,脑袋空空,手足无措。

汤君赫进退维谷,觉得自己这辈子都没做过这么艰难的决定。

他纠结得五脏六腑都开始痉挛,整个人蜷缩成一团,被子裹得很严也无济于事,他觉得很冷,冷得发抖,连牙齿都不听话地打战,可是全身上下却在不停地冒冷汗,汗水把身下的床单都浸透了。

汤君赫只要一闭眼,杨煊就出现在他的脑中,连同杨煊这一晚说过的话,在他脑中不停地循环。

——我可以带你走啊。

——去哪儿都可以。

——我也不是不等你。

这一觉汤君赫睡得很不踏实,第二天早上汤小年敲门进来叫他起床的时候,一眼就看出他的不对劲来:"没睡好啊?"

汤君赫坐在床边恹恹地应了一声。

"是不是在担心今天出成绩的事情?"今天会公布自主招生初试的成绩,汤小年以为他在担心这个。

汤君赫心不在焉地说:"嗯。"

"这有什么好担心的,全市联考你考第一呢,这点儿小考试还害怕?"汤小年嗔怪道。

汤君赫不说话了,过了一会儿他闷声道:"妈,我都没有出过润城。"

"以后上了大学就能出了。"汤小年叠着被子说。

"我也没有坐过飞机。"汤君赫接着说。

"那有什么难的?"汤小年没当回事,"等你考上了大学,坐火箭我都支持。"

"我也不知道国外是什么样子的。"

"我也不知道,还不是照样过得挺好?洋鬼子有什么好看的。"汤小年伸出手不轻不重地拍了一下他的后背,"一大早发什么神经,赶紧去洗漱,别磨磨蹭蹭的,还想不想考大学了?"

汤君赫只能站起来朝卫生间走,在汤小年的心里,现在就只装得下"考大学"这件事,不管他说什么,汤小年都能把话题拐到"考大学"上。

汤君赫的心脏成了一个五味杂陈的调料罐,各种情绪都搅和到一起,心焦、烦躁、纠结、绝望、渴望……拽着他的心脏一个劲儿地往下沉。

清晨的饭桌上，杨成川正式宣布了一个消息："下周杨煊就去国外读书了，"他说着，脸转朝杨煊，"这几天你自己好好整理整理行李，这次是去读书，不像以前是去玩的，东西都要收拾好，别丢三落四的，知不知道？"

听到这个突如其来的决定，连汤小年都吃了一惊："这么突然啊？"

杨成川暂时还没有和汤小年说过这件事，他打算等送走杨煊之后，再视情况处理汤君赫的心理问题。

"过年的时候就开始考虑了，早早把他送到姥姥家，多接触接触那边的语言环境。"杨成川说。

汤小年自然没什么异议，杨煊被送出国是她喜闻乐见的，但她没把情绪表现得太明显，只是点头附和道："也是，是该早早做准备。"

"至于君赫，"杨成川侧过脸对汤君赫说，"以后你哥不能跟你一起上学了，就让你陈叔叔每天去送你。你别急着摇头拒绝，这一年里你身上发生的事情也不少，让司机送你上学，你妈在家里也放心一点儿。"

汤君赫默不吭声地低头吃饭，一个眼神也没给杨成川。

吃完早饭，汤君赫从屋里拎出自己的书包，站在玄关处穿校服，正朝上拉校服拉链的时候，杨煊也从房间里出来了，站在他身后换鞋。

汤君赫想到过不了几天，杨煊就不会站在这里了，这个家里不会有他的鞋和衣服，也不会有他的味道了。

"小煊这几天还去上学吗？"汤小年心情好，难得跟杨煊主动说话。

杨煊并没有理她，汤小年自讨没趣，也觉得有点儿尴尬，又给自己找补道："去国外好啊，回来以后就是国际型人才了，我看电视上都叫'海归'呢。"

"妈——"汤君赫出声叫她。

汤小年看着他："怎么了？"

汤君赫的话绕着舌尖转了一圈，还是说出了口："这几天自主招生复试审核，老师让带户口本去学校……"

"初试成绩还没出呢就要搞复试审核了？"汤小年嘴上这样说，但涉及汤君赫学习的事情她从来不疑有他，急匆匆地走到自己和杨成川的房间，声音隔着一堵墙传过来，"你怎么临出门才说这事？昨晚不早点儿说，什么事都是临出门才说，我看你自己是才想起来……"

她唠唠叨叨地走出来，抓着汤君赫的胳膊让他转身，将户口本塞到他身后的书包里，叮嘱道："给你放在里面的夹层了啊，可别弄丢了，用完了赶紧拿回来。"

汤君赫低着头说："知道了。"

他跟在杨煊后面走出门，等电梯的时候，杨煊斜倚着墙，朝他伸出一只手。汤君赫自然明白这个动作的意思，将书包从肩膀上转到胸前，拉开拉链，将户口本找出来，交到杨煊手上。

自从来到这个家之后，汤君赫还没有看过这个户口本，他好奇地凑到杨煊身边去看。杨煊将户口本的外皮翻起来，慢悠悠地一页一页翻看着。前两页是杨成川和汤小年，后两页是他们。

"我们在一个户口本上。"汤君赫突然开口说。

杨煊挑了挑眉："很稀奇吗？"

汤君赫看着他点点头。

电梯来了，杨煊将户口本合上，还给汤君赫："身份证带了吧？"

"带了。"汤君赫接过来，跟在杨煊后面走上电梯，然后又将户口本放回了书包里。

上学的路上，汤君赫坐在杨煊的车后座，一条胳膊紧紧地搂着杨煊。他把脸贴在杨煊的身后，想记住他的体温和味道。

从家里到学校的这段距离，一度是他最喜欢的时光。半年前杨煊还不怎么喜欢搭理他，但是却并不介意载他去上学，那时候他就坐在车后座，哼着不知所谓的歌，快乐得不能自已。

这份快乐在他短暂的17年人生里，所占的比重实在太少了。16岁以前的汤君赫走在上学的路上，一直都是冷漠而充满防备的，因为要随时警惕周林的跟踪和那种无法摆脱的如附骨之疽的眼神。

而就在那个阴云罩顶的傍晚，杨煊的突然出现将他从无边的噩梦中拉了出来。杨煊骑着车带他走的，是一条草木疏朗、鲜花盛放的路。那天之后他才陡然惊觉，他已经好久没有注意过上学路边的风景了。

汤君赫看着路边冒出绿芽的树枝想：他真喜欢这条路啊，如果它没有尽头就好了。

可是路总是有尽头的，杨煊将自行车停到停车场，他们并肩朝教学楼走。

走到篮球场，杨煊忽然抬起胳膊，搭在汤君赫的肩膀上，偏过头低声道："上午第四节课上课的时候，我在篮球场出口等你。"

汤君赫抬起头看向他。

"带你办护照，"杨煊抬手拍了拍他的脸侧，"记得带上户口本。"

第11章

下午第四节课，汤君赫又翘课了。这是他第二次翘课，上一次翘课是去给杨煊定做生日蛋糕，后来那个蛋糕被他自己吃掉了。

晚自习没有老师到教室看管，只有年级主任在走廊溜达着巡视。汤君赫急匆匆地下了楼，几乎是一路小跑着到了篮球场入口。杨煊正倚着铁栏杆，心不在焉地看篮球队的其他队员打篮球，见他跑来，直起身朝他走过去。

"身份证和户口本都带了？"

"嗯。"汤君赫把手从校服下面伸进去，抽出户口本递给杨煊。他把户口本藏到了校服和肚皮中间的夹层。然后他又从兜里拿出身份证，也递给杨煊。

杨煊将两样东西捏在手里，转身朝校门口走，汤君赫快步跟在他旁边。

润城的市民中心离一中不远，穿过一条马路，再直行几百米就到了。汤君赫就跟在杨煊后面，拍照、填表、缴费……杨煊让他做什么他就做什么。全部的手续走完之后，他等在旁边，看着杨煊跟一个相熟的人交谈。

"这是谁啊？"那个二十五六岁的女工作人员有些好奇地问。

"我弟弟。"

"你弟弟？"那人有些惊讶地朝汤君赫看过来，打量了一眼随即笑道，"你这个哥哥当得也够称职了，还带着弟弟来办护照，真是长兄如父啊。"

"我爸比较忙。"杨煊说。

"也是，那这边尽快办好了，我就给你电话。"

杨煊道了谢，带着汤君赫走出办事大厅。

汤君赫又快步跟上去握着他的手："哥，要多久能办好？"

"我走之前会办好的，"杨煊转头看他一眼，"想得怎么样了？"

"我在想。"汤君赫有些闷闷不乐地说。

"好好想。"他们说着，走到了马路边，杨煊握住汤君赫的手腕，看了看一侧的路况，拉着他过了马路。

回到教室不久，放学铃就响了，杨煊骑自行车带汤君赫回家。汤君赫这时不哼歌了，一路上都有些怔怔的，面无表情地看着马路上飞速掠过的汽车，偶尔无意识地眨一下眼睛。

脑袋里风起云涌的思绪已经将他的精力耗尽了，让他没有余力去摆出其他表情。他们乘电梯上楼，走到家门口，杨煊从兜里掏出钥匙，正打算开门的时候，门内突然传出一声隐约的哭吼。

那声尖利的哭吼无疑来自汤小年，杨煊的动作顿了一下，凝神听着门内的动静。汤君赫显然也听到了刚刚的声音，这时从愣怔中回过神来，有些无措地看向杨煊。

大门的隔声效果很好，但屋内声嘶力竭的声音仍旧模糊地渗了出来，间或有重物砸到墙壁和地面的碎裂声。

杨煊慢慢站直了，低着头立在门前。这种声音他再熟悉不过，如若不是旁边站着汤君赫，他险些以为时光倒流，自己又回到了几年前。

"哥……"汤君赫不知所措地去抓他的手。

杨煊垂着眼睛冷笑一声："人渣。"然后握着汤君赫的手，不由分说地拽着他下了楼。楼梯间一片昏黑，伴随着他们的脚步声，头顶的感应灯渐次亮起。

汤君赫被杨煊拽着走到了三楼，突然间回过神来，说什么都不肯走了。他一只手被杨煊握着，另一只手用力地扒着楼梯扶手。杨煊停下脚步，转身看着他。

"我要回去看看我妈妈。"汤君赫朝后退了一步，抖着声音说。

"有什么好看的，就跟十年前的我妈妈一样。"他朝汤君赫的方向靠近一步，面沉似水道，"你不是看过吗？"

杨成川的人生第二次东窗事发。

上一次，他胆大妄为地将私生子接到了家里，从此导致前妻的精神问题加重，十年后的这一次他变得谨慎了很多，找了个外地女人，幽会次数不多，而且都在隐蔽的郊区进行。

但他到底低估了汤小年作为一个女人的直觉，他甚至都不知道自己在哪个地方出了纰漏，以至于让汤小年这样的文盲抓住了把柄。

汤小年从他的手机里翻出了那个女人的手机号，当场拨了回去，那边娇滴滴的女声让杨成川辩解苍白，原形毕露。

在这样的节骨眼上，杨成川还没把两个儿子的事情解决彻底，自己倒先陷入了旋涡之中。

"杨成川又出轨了，"杨煊毫不遮掩地向他弟弟揭露门内的真相，他的表情无动于衷甚至于有些麻木，"只不过出轨的对象从你妈妈变成了别人。"

汤君赫定定地看了杨煊两秒钟，然后猛然转过身，挣开杨煊握着自己的手，不管不顾地踩着楼梯跑上去。

看着他消失在楼梯的拐角处，耳边的脚步声逐渐模糊，杨煊冷冷地牵动嘴角笑了笑。

杨成川低着头推门出来，没走两步，就被冲上来的人用力推了一下胸口，他防备不及，被推得朝后趔趄一步，看上去颇为狼狈。

他抬头，看到刚刚推自己的人是小儿子汤君赫，一时恼怒道："有没有点儿家教，回去！"然后他伸手整理了一下领带，匆匆地走到电梯间。

回想起刚刚小儿子的眼神，他感到一股莫名的寒意。汤君赫看向他的那双眼睛里，盛着满满的恨意，哪有一丁点儿看老子的神情。杨成川不知怎么就想到了周林，但他随即伸手揉了揉太阳穴，将这个想法从脑中驱逐出去。

汤君赫站在门口看着满室狼藉，还有坐在沙发上埋头痛哭的汤小年。他走过去说："妈妈。"

听到他的声音，汤小年顿时止住了哭声，但她还是将头埋在胳膊里，闷声朝他喊："回屋写你的作业去！"

汤君赫不动，看着汤小年凌乱的头发说："妈，你离婚吧，我们搬出去。"

汤小年抬起满是泪痕的脸，平复了一下情绪，伸手从桌上抽出一张纸擦了擦眼泪说："小孩子懂什么，回你屋去。"她说完，就起身回到自己的房间，砰地合上了门。

汤君赫面对那扇门站了一会儿，然后慢吞吞地脱下校服，换上拖鞋，拎着书包回到房间。他在书桌前呆坐片刻，然后闭上眼睛趴在桌子上，脑子里一会儿闪过汤小年满是泪痕的那张脸，一会儿又闪过杨煊在楼道跟他说话时面沉似水的神情，继而他又想到十年前那个突然推门而入的女人，她用手接住了他折的纸飞机，然后朝他一步一步地走过来。

他突然记起那天下午轰隆隆的雷声，那个女人的哭喊声，还有被关在门里的杨煊焦急的拍门声，原本这些因为那天下午的那场高烧已经变得很模糊了，但这一刻又突然变得无比清晰，他恍然记起了杨煊妈妈那张很美又有些病态的脸。

晚上10点多，汤君赫推门出去，客厅里没开灯，一片昏黑寂静。汤小年就坐在沙发上，一动也不动，目光不知落在哪里。见汤君赫的房门开了，她才回神似的看过来："作业写完了？"

汤君赫没写作业，但他还是说："嗯。"

汤小年的声音听上去有些疲惫："那赶紧洗漱睡觉吧。"

汤君赫将门敞着，让屋内的光流泻到客厅，他朝汤小年走过去，坐到她旁边。

"干什么啊？"汤小年看着他，"我不需要你陪着。"

"我十七了，不是小孩子了，也不是什么都不懂，"汤君赫声音很轻地说，"妈，你跟他离婚吧。"

"你懂什么啊，"汤小年有气无力地笑了一声说，"你让我离婚就说明你什么都不懂。当时我要嫁过来你就跟我甩脸子，我不嫁过来，你现在还在那个破房子

051

里住着呢，潮得要死，衣服都晾不干，也就中午能晒到点儿太阳，"汤小年一说起来，从去年起就闷在肚子里的火气一气儿撒了出来，"你现在倒是住上了大房子，冬天的地暖都热得让人出汗，你好了伤疤忘了疼是吧？"

"我没觉得那个房子有什么不好。"汤君赫低着头说。

汤小年冷笑道："要住你自己回去住，我才不住。你几个月后考上大学倒是可以去大城市了，让我自己住破房子啊？"

"你可以跟我一起去……"

"跟你一起去，你没看电视上大城市的房价都涨上天了啊，你说得简单。"

"上了大学，我就可以自己挣钱了……"汤君赫想方设法地求汤小年离婚。

"你说得简单，挣钱哪有那么容易！你以为只是钱的事吗？没有杨成川，周林那个坏人现在还在教书呢，冯博那个坏种还在当你同学呢，你以为你几次三番地计划这计划那，都是谁给你兜着的呀？没有那个人渣，你现在早坐牢去了！"汤小年的语气变得激动起来，不分青红皂白地骂起来，"让我离婚，你懂什么？我主动给别人让位啊，傻不傻啊你？这些东西不是你的就是别人的，这个房子你不住别人就会搬进来住，杨成川还没说跟我离婚呢，你倒劝起我来了，真是书读得越多人越傻。离婚有好处的话，杨煊他妈当年怎么不离婚呢，非得等到——"

"妈，别说了。"汤君赫脸色苍白地打断她。他站起来，行尸走肉般地走到卫生间，在水龙头下接起一捧凉水，俯下身泼到自己脸上，然后一只手撑着洗手台，另一只手盖在半边脸上。杨煊就在房间里，他应该听到了汤小年说的话，那他还会想带自己走吗？

真想离开这里啊。比任何时候都想。

这次东窗事发的后果远没有十年前严重。第二天，杨成川就坐到了饭桌前，虽然汤小年的脸色极差，但她已经不再拿着拖鞋打杨成川了。

汤小年脚上的拖鞋已经不是那种在超市买的十块钱一双的促销款了，现在她穿的这种布制的，走起路来声音很轻的拖鞋，打在身上或许也没那么疼了。

汤小年管不住杨成川，便把自己的控制欲全部加在汤君赫身上。杨成川这一次的背叛加剧了她上一次的愤怒，她开始严厉禁止汤君赫和杨煊接触。

汤小年拿过汤君赫的手机，将储存在里面的杨煊的号码删除，然后放到他的书桌上说："以后杨煊出国了，你也不用联系他了。"

也许是意识到自己并无希望与杨成川白头偕老，她开始有一搭没一搭地提醒汤君赫："以后你上了大学，也得至少一个月回来一次，知不知道？"不仅如此，她还考虑得越来越长远，"我老了之后你不会把我送到养老院吧？"

"不会的。"汤君赫说。

"那你肯把我接到你家住？你老婆不喜欢我这个老妈子怎么办啊？"

"我不会结婚的。"

汤小年大吃一惊:"那怎么行,谁家孩子不结婚?!"

而自从那天东窗事发之后,杨煊就不再去润城一中了。他的退学手续办得很快,只用了一天,他就不再是一中的学生了。

即使不上学了,杨煊也不经常待在家里,依旧每天出去,还常常回来得很晚,以至于汤君赫每晚只能和他说几句话就要回屋睡觉了。

至于要带他走的事情,那天之后,杨煊就再也没提过。

那天之后的第四晚,杨煊回来得稍早一些,汤君赫走到客厅,刚想开口和他说话,也许是听到了大门的声响,汤小年的房门忽然开了,她探出头来:"怎么还不睡觉?"

汤君赫吓了一跳,借口说自己要去卫生间。等过了几分钟之后,他从卫生间里出来,杨煊已经回屋了,汤小年却还等在客厅里,一直看着他走回自己房间。

汤君赫有些绝望,汤小年对他的关心愈发偏向监管,仅有的一点儿自由现在也被挤压全无。这样下去,他根本就没办法在家里和杨煊说上一句话。

没想到第二天中午放学,他正打算去食堂吃饭,一出教室,却看见杨煊站在教室门外。杨煊穿着白色的衬衫,倚着走廊的窗台,站在春日并不热烈的阳光下,修长的手指夹着一个棕红色的小本子。

"嘿煊哥,你怎么又回来了?"有几个男生凑上去和他打招呼。

"来送东西。"杨煊说着,朝汤君赫抬了抬下巴,"过来。"

第 12 章

从阴凉的教室走到洒满阳光的走廊，汤君赫一步一步地靠近杨煊，觉得自己像在做梦。阳光是斜照进来的，即使走到了杨煊面前，他也没有完全被他哥哥的影子罩住。

杨煊的手指动了动，捏着那个红棕色小本子的一角递给汤君赫："办好了。"也许是即将要离开润城的缘故，他的身形看上去有些闲散，声调也显得懒洋洋的。

汤君赫接过来，低头将护照翻开，看着那上面自己的照片，还有中文后面的英文单词。

素白的底上印着一张精致漂亮的少年的照片，年少时期的汤君赫看上去就是照片上的那个样子，乍一看天真而沉静，如若仔细端量，就会发现那双乌溜溜的大眼睛上明明白白地写满了他心底的情绪，有对于未知的好奇和渴望，还有对于现状的无力和反抗。

"好好收着，"杨煊低头看着他，就像一个称职的哥哥那样叮嘱道，"以后用得着。"

汤君赫有点儿想哭，他意识到杨煊是来向他告别的——杨煊要走了，而现在杨煊已经不再说那些要带他走的话了。然而他还是忍住了眼泪，他已经习惯了在眼泪涌出的那一瞬就条件反射般地将它闷在眼眶里。

他咽了一下口水，抬头看着杨煊问："你什么时候走啊，哥？"

"明天啊，"杨煊笑了笑说，"跟上次一样的时间。"

"这么快。"

"待不下去了。"杨煊并没有回避他提早离开的理由。

那我怎么办呢？我们怎么办呢？汤君赫想这样问，可是在即将脱口而出的那一刻，他意识到自己已经这样问过了。"我可以带你走啊。"杨煊给的答案他还记得。

"正好有时间，可以带你去外面吃饭。"杨煊抬手揉了揉他的头发，"去吗？"

汤君赫说："嗯。"

杨煊的手从他的头顶落下来揽着他的肩膀，带他朝楼梯口走："想吃什么？"

汤君赫毫无食欲，说："都可以。"

杨煊带着汤君赫径直走进一家日料店。杨煊将菜单推给对面的汤君赫，自己点了一份拉面。

"我和你一样。"汤君赫并没有打开菜单看。

杨煊将菜单转到自己面前，打开来翻到后面，点了几份小食和两杯饮品。

汤君赫觉得自己有一肚子的话要说，譬如问杨煊走后他们还是不是兄弟，譬如问杨煊说带他走是出于逗弄还是真的，还有杨煊说等他来做不做数，但这些问题好像在这顿"最后的午餐"桌上都显得那么不合时宜。

绕到嘴边的问题涌上来又咽下去，最后问出口的并不比其他的那些高明多少："哥，明年夏天你真的会回来吗？"

杨煊模棱两可地说："大概吧。"

汤君赫过了好一会儿才说："如果这里永远都是夏天就好了。"

杨煊笑了笑说："那就是热带了。"

热气腾腾的汤面摆在面前，闻起来香气扑鼻，汤君赫拿起筷子挑了几根，又放下了。他抬起头看看眼前氤氲不清的杨煊："哥，你会不会怪我？"

他问得没头没脑，但杨煊却听懂了，他在问，会不会怪他不跟自己一起走。"每个人都有不得不做的选择，"杨煊淡淡地说，"吃饭吧。"

汤君赫又陷入了浑浑噩噩的状态，讲台上老师的声音就在耳边飘着，可是他一个字都听不进去。千头万绪就像一个巨大的旋涡，将他卷入其中，狂乱而残暴地撕扯着他，他想逃开那个旋涡，可是越挣扎却陷得越深，旋涡里扑面而来的水汽灌入他的耳朵、眼睛、鼻子和嘴巴里，无孔不入，让他快要窒息。

夜晚，汤小年又来到汤君赫的房间，她的精神状态比前几天好了不少，在他面前，她丝毫不隐藏自己的想法："杨煊明天就走了你知道吧。"

汤君赫的目光落在书上，可是他一个字都没往脑子里进。

"跟你说话呢，"汤小年伸手揉了一下汤君赫的头发，"你怎么回事，脸色又这么差？"

"明天我想去送送他。"汤君赫说。

"他下午2点的飞机呢，你还要上课，哪有时间去？"汤小年斩钉截铁地表达不同意，"再说了，杨成川会去送他，你去有什么用？你会开车还是能提行李？"

汤君赫低声道："他是我哥哥啊。"

汤小年白他一眼："他算你哪门子的哥？我就你一个孩子，你没哥哥。"

"妈，"汤君赫的头埋得很低，发梢垂落到课本上，"如果我也出国了怎么办？"

"你出什么国？"汤小年将他这句话当做臆想，"大后天你不是就要参加自主招生的复试了吗？准备得怎么样了？"

"不太好，"汤君赫的碎发在书本上划出"嚓嚓"的细响，"我不想参加复试了。"

汤小年一惊一乍："你疯啦，不参加复试你要去街上要饭啊？"她将手放到汤君赫的头顶，让他把头抬起来，"你那是学习还是打瞌睡呢？"

汤君赫抬起头，眼睛无焦点地看着前面的某个方向："妈，我想问你一个问题。"

"什么啊？"

"你会为了我离婚吗？"

"这个婚我就是为了你结的！"汤小年没好气道，"什么离不离婚的，小孩子懂什么？天天还想指派我。我跟你说啊，你不肯叫杨成川一声爸，又不跟他姓，让他再听到你天天说什么离婚，你小心他不认你这个儿子。"

"我没有爸爸。"汤君赫目光空洞地说。

"你没有爸爸，倒是有哥哥，行了，赶紧学习吧。"汤小年说着走出汤君赫的房间，从外面关上门。

她一走，汤君赫就趴了下去，额头抵到书桌上，痛苦万分地喃喃自语："既然能为我结婚，为什么不能为我离婚呢……"

汤小年从汤君赫的房间走出来，但是她并没有立刻回屋睡觉。自从得知汤君赫的初试成绩，汤小年便延迟了自己晚上睡觉的时间，原本一到10点她就会躺到床上，但现在，她一定要看着汤君赫洗漱完睡下，才肯回屋睡觉。

汤君赫躺在床上，摸黑掏出杨煊给他的护照。他把那个很小的小本子按在胸口，整个人趴到床上，痛苦地闭着眼睛，睫毛不住地颤动。

汤君赫睡不着，夜深人静，他从床上起身，光着脚走到杨煊的房间门口。但这一次他既没有敲门也没有挠门，只是静静地站在那扇门的门口。

他已经很熟悉这个房间了，走进去就可以看到很大的落地窗，如果天气好的话，他们躺在地毯上，还能看到窗外无垠的星空。明明只是一个房间，但于他而言，它却好像一片很广阔的天地。他在这个家里所有的自由与放纵都来自这个房间。而现在杨煊要走了，他曾经施舍给他的自由和纵容也将被带走。

汤君赫回想自己来这个家之前的日子，那个破旧的老房子没什么不好，那扇吱呀吱呀响着的铁门也没什么不好，那里的一切都没什么不好，可是太乏味了。

黑白色调的，千篇一律的日子，实在是太乏味了。

汤君赫在门口不知站了多久，又低着头无声地走回自己的房间。

陈兴开车过来接汤君赫上学，从汤君赫走出楼道的那一刻起，陈兴就觉得他看上去很不对劲。他脸色苍白，走路摇摇晃晃，打眼一看，像是一个魂不附体的纸片人，稍稍碰一下就会摔倒。

"身体不舒服啊？"陈兴好心地问了一句。

汤君赫的头抵在一侧的车窗上，有气无力地摇了两下。

"下午你哥就走了，你去不去送送他？"陈兴知道他一向爱黏着杨煊，"要是去的话，我下午就先绕到学校把你接上。"

"谢谢陈叔叔，"汤君赫总算开口说话了，"那几点呢？"

"1点左右吧。"

汤君赫说："嗯。"尽管知道杨成川不会允许陈兴过来接他，但他还是存了一丝希望。

车子开到了学校，陈兴将车停到校门口，不忘叮嘱道："记得提前跟老师把假请好啊。"

汤君赫背着书包朝教室走，坐到位子上，他将书包放进桌洞里，尹淙凑过来看他："同桌，你又生病啦？"

汤君赫摇了摇头，过了一会儿说："我哥要走了。"

"啊？"尹淙反应过来他说的是杨煊，"今天？"

汤君赫说："嗯。"

"好快哦，"尹淙也有些怅然地说，"这样一想，可能这辈子都再见不到杨煊了呢。"

汤君赫一听这话，猛地扭头看向她："他还会回来的。"

"啊？哦……你们是兄弟嘛，以后他回来你们还会见面的，可是我们只是同学哎，当然也是朋友，但是想一想，如果以后不是特意约出来的话，真的可能会再也见不到哎……说起来，以后你们一年也只能见一两次吧？"

她这句话一出口，汤君赫从浑浑噩噩的状态中陡然挣脱出来。一年见一次的话，十年就只能见十次吗？一年该有多漫长啊……如果这一年里杨煊不回来了怎么办？如果以后的杨煊都不再回来了怎么办？一旦离开了润城，那他还会想回来吗？这个遍布杨成川影子的润城，一旦逃离，没有人会想回来。下个夏天可能永远也不会到来。

"大概吧。"杨煊昨天是这样说的。

也许他真正想说的是"大概不会回来了吧"。

"哎，同桌，你想什么呢？"见他形色怔忡，尹淙用胳膊肘碰了碰他。

汤君赫突然神色慌乱,霍地站起来,抬腿就朝教室门口走。
"哎——"尹淙刚想出声,化学老师从门外走了进来。
"去干什么?"见汤君赫急匆匆地朝外走,化学老师扭头看着他问。谁知汤君赫仿若未闻似的,脚下的步子不停,径直走了出去。
化学老师以为他要去卫生间,没多问就进了教室。

汤君赫快步跑到校门口,来晚的低年级学生还在陆续背着书包走进校园,他逆行穿过人群,不少学生转头看着他仓促的身影,但他什么也顾不得,一路跑出校门,跑到马路边。
一辆刚刚送完学生的出租车朝他按了一下喇叭,继而停到他身前,司机伸出头来朝着他喊:"走吗?"

早上8点,所有人都在从家里朝外走的时间,汤君赫却踏着仓皇的步子跑回了家。所有来往路过的人都诧异地回头看向他,但他只是匆匆地跑着,一步也不敢停。

他跑上了楼梯,跑到家门口,掏出钥匙开了门。
杨成川和汤小年都去上班了,家里空荡荡的。杨煊刚洗了澡,正推开浴室的门走出来。
他们目光相撞,杨煊怔了一下。
"哥,你,"汤君赫跑得喉咙发干,他生涩地吞咽了一下,努力平复着急促起伏的胸口,"你还愿意带我走吗?"

第 13 章

屋里静悄悄的，汤君赫的每一下呼吸声都清晰可闻。

收拾妥当的行李箱就立在茶几旁边，只待杨成川中午回来，杨煊就可以摆脱这个令人生厌的家了。可他怎么也没料到，临到要走的关头，他弟弟却突然跑了回来，说要跟他一起走。

杨煊有些无奈地笑了笑："签证还没有办啊。"

汤君赫的呼吸缓了下来，一下一下地，很浅地吸进去，又很长地呼出来，在清晨静谧的屋子里听上去像是电影里刻意放缓的慢镜头。他茫然而绝望地问："那就是说，没办法带我走了吗？"

杨煊站在原地，目光落到汤君赫的脸上，片刻后杨煊垂下目光，睫毛颤了一下，沉吟道："可以走，去个免签的地方。"

"那我，"汤君赫抬眼看向走到他面前的杨煊，并没有问要去哪儿，只是问，"我需要带什么吗？"

"带上护照和身份证就够了。"杨煊的眼神看上去一片幽沉，"但如果半路后悔的话，我不会送你回来。"

汤君赫咽了一下口水，对着杨煊点了点头。

"去把校服换了吧，"杨煊伸手揉了揉他的头发，"带两件夏天的衣服，我去书房查一下路线。"

汤君赫回到自己房间，并没有立即换衣服，而是站在床前站了片刻，发怔似的，然后走到书桌前，拿起一支笔，在便笺纸上飞快地写下了一行字。

换好衣服，汤君赫从衣柜里翻出两件夏装。他抱着衣服走到书房，站在门口看着杨煊，有些为难地说："哥，我没有行李箱。"

"一会儿放我箱子里吧，"杨煊的目光从电脑屏幕移到汤君赫的脸上，"我的手机在床头柜的抽屉里，帮我拿过来。"

汤君赫将衣服放到地毯上，跑到杨煊的房间里，把手机拿出来递给他。杨煊低头摆弄了一会儿，在电脑上订好机票，又把手机递给他："放回去吧。"

"哥，你不带手机走吗？"汤君赫握着手机问。

"不带了,去国外也用不着这张卡。"

把手机放回去的时候,汤君赫忽然想到,原来汤小年说的那句话是对的,杨煊出国之后,他们的确不会再有联系了。

他们在半小时后出发,临出门前,汤君赫在客厅的茶几上给汤小年留下了那张字条。杨煊握着行李箱的拉杆站在门口看着他,等他直起身走过来才问道:"写了什么?"

"说我和你在一起,叫她不要担心。"

杨煊笑了一声:"这样她只会更担心吧?"

汤君赫抿了抿唇,没有说话。

他们一前一后走出屋子,杨煊握着门把手合上门,将明晃晃的阳光关在里面。

上了电梯,汤君赫才问:"哥,我们要去哪儿?"

"去一个永远都是夏天的地方。"杨煊看着电梯墙上跳动的数字说。

这个"永远都是夏天的地方"很远也很小,润城甚至都没有直达的航班,杨煊先是拉着汤君赫乘出租车到了润城的火车站,坐了两个小时的火车,到达省城的火车站后,又辗转去了省城的机场。

省城的火车站人潮拥挤,杨煊一只手拖着行李箱,另一只手握着汤君赫的手腕,带着他大步穿过人潮。杨煊的步子迈得很快,不一会儿就将喧嚷的人群甩在后面,汤君赫几乎要跑起来才能跟上他。

"哥,我们很急吗?"汤君赫快步跟上他问。

"嗯,很急。"

"那我们还来得及吗?"

"来得及。"杨煊说。尽管脚下走得很快,但他的声音却丝毫不见慌乱。

走到火车站出口,来往的人群密密匝匝地推挤着他们,杨煊伸长胳膊揽住汤君赫的肩膀,一言不发地带着他朝前走。

偌大而拥塞的省城对于汤君赫来说一片陌生,他甚至不知道他们此刻走的方向是通往哪里。而那时的杨煊在他眼里就像一尊神祇,他的眼神追着杨煊,脚步跟着杨煊,目的地在哪里似乎都显得微不足道了。

下午2点,杨成川推掉公务,回到家准备送自己的大儿子杨煊去机场,一推门,却只看到了空荡荡的房间和铺了满室的金灿灿的阳光。与此同时,他也接到了秘书的电话,说自己的小儿子汤君赫逃了一上午的课,现在还不知所终。

杨成川当即一阵火大,但此时他还没料到的是,在他接起电话的那一秒,省城机场的停机坪上,伴随着一阵巨大的嗡鸣声,一架波音747在经历了一段急速的滑行冲刺过后,轰然冲向了广袤的天空。

斯里兰卡——汤君赫在拿到机票的那一刻才知道杨煊要带他去这里。地理书上说,斯里兰卡是个热带岛国,位于印度洋的海上,被称为"印度洋上的眼泪"。除此之外,他对这个地方一无所知。

汤君赫的位子临窗,他握着杨煊的手看向窗外,那晚杨煊说过的话一字不落地印在他的脑子里。"天很蓝,很亮。云层就在周围,很白,也很厚。"杨煊并没有骗他。

飞机离地面越来越远,道路和楼宇逐渐变得遥远而模糊,机翼破开云层的刹那,周围的光线陡然变得很亮。

汤君赫意识到他们真的要离开润城了,他哥哥杨煊真的带着他一起走了。

10个小时的飞机,当他们到达科伦坡,走下飞机舷梯时,潮湿而闷热的空气扑面而来。郁郁葱葱的椰树在黑夜中悠然矗立,带着咸味儿的海风吹拂在脸上。几个小时前他们还在绿芽新发的润城,而现在他们已经来到了夏意浓厚的斯里兰卡。

酒店就在海边,当杨煊用英语和前台的服务生交谈时,汤君赫又一次觉得自己像是在做梦,一场海水味儿的,水汽丰沛的,色彩浓郁的梦。

房间楼层不高,窗户正对海边,一进房间,就能听到窗外起伏的潮声,温吞而沉缓地拍打在岸边的礁石上。

杨煊站在地上,躬身将长裤脱下来,见汤君赫仍旧懵懵懂懂地坐在床边,抬眼问:"不热么?"

"我觉得好像在做梦。"汤君赫转头看向他。

"那就当是在做梦吧。"杨煊笑了笑,裸着上身把行李箱拎到墙边,然后转身走去浴室。

见杨煊进了浴室,汤君赫低下头,伸手拉开外套的拉链,把外套从身上脱下来,只留一件松松垮垮的白色T恤穿在身上。他从外套口袋里掏出手机,开了机,看着屏幕上方显示无服务信号。

没有信号,打不了电话。汤小年现在会很着急吗?汤君赫微微出神,他想到临出门前给汤小年留下的那张字条。事实上他对杨煊撒了谎,那张字条上不仅写了他跟哥哥在一起,还写了一周之后他就会回去。

依照他对汤小年的了解,没有这张字条,汤小年可能会疯掉,但留下这张字条,汤小年在一周之内会生气,会发怒,却不至于崩溃。

汤君赫拿着手机走到浴室,门只是虚掩着,他拉开门走进去。杨煊正弯腰拿起搁在一旁浴缸边上的花洒,手上的花洒一时没调整好角度,将推门而入的汤君赫浇了一身。

汤君赫被水流喷得措手不及,下意识朝后躲了一步,然后低头看着自己身上的水,发梢上滴滴答答的水珠让他看上去像只落水的小狗。

杨煊将花洒转了个方向,有些好笑地看着他:"怎么突然进来?"

汤君赫一只手举着手机说:"哥,我的手机打不出去电话。"

"先来洗澡吧,一会儿用酒店的座机打,"杨煊拿着花洒喷在身上试了试水温,空出的那只手朝汤君赫伸过去,"过来。"

汤君赫把手机放到洗手台上,朝杨煊走过去。

杨煊帮他把湿透的T恤从头上褪下来扔到一边,许是因为刚刚沾了水,汤君赫的眼睛也湿漉漉的,显得很乖顺。

杨煊看着他问:"后悔了?"

汤君赫摇头。

杨煊往手指上挤了一些洗发水,在汤君赫的头发上胡乱揉了几下:"想你妈妈?"

"如果你走了,我也会想你的。"汤君赫看着他说。

杨煊笑了笑,他没有继续这个话题,而是捏着汤君赫的下巴看着他的眼睛说:"为什么总有人说我们长得像?"

"不应该吗?"汤君赫说,"你是我哥哥。"

杨煊漫不经心地在汤君赫的头发上抓了几下,抓出了满手的泡泡:"我只是在想哪里像。"

"也许哪里都不像,"汤君赫闷声道,"只是看上去像。"

洗完澡,汤君赫趴在床上,却还是看向杨煊。

被这样湿漉漉的眼睛看着,杨煊忽然明白过来汤君赫今晚为何如此反常了——他弟弟在害怕。从来都没有出过润城的汤君赫,初来乍到这个偏远的岛国,触目所及的是不同肤色的人和完全陌生的环境,自然会从心底生出一种本能的畏惧。

杨煊想了想,抬手摸了一下他的头发:"我不会不管你。"

汤君赫还是默不作声地看着他,一直到杨煊起身进了浴室,他才眨了一下酸涩的眼睛。

第 14 章

杨煊洗完澡,见汤君赫还是维持着刚刚的姿势没动弹,连眼睛看的方向都没有变过,走过去问:"这么晚了还打电话么?"

汤君赫眨了一下眼睛:"几点了?"

杨煊抬腕看了看手表:"那边凌晨3点多了。"他说完走到行李箱边,半蹲着从里面拿出一盒烟,抽出一根后又将烟盒扔了回去。

"我妈妈应该还没睡着。"汤君赫小声说。

杨煊没应声,他咬着烟坐到床边,拿起酒店提供的火柴划着了火,吸了一口之后,伸手拿过座机听筒。他上身倾过去,在数字键上按了几下,然后将听筒递给汤君赫:"拨号码吧。"

汤君赫从床上撑起上半身,趴在电话旁边,拨了号码之后,有些紧张地握紧了听筒。嘟嘟声响了几声,那边接起了电话,汤小年短促地"喂"了一声,像是在催着电话这边的人说话。

"妈妈,是我。"汤君赫说完,出于紧张咽了一下口水。

那边的语气立刻变得急促:"你在哪儿?"

汤君赫吞吞吐吐道:"我……我和我哥出来了。"

"我问你在哪儿!"汤小年怒道。

"在国外。"汤君赫据实而模糊地答。

"你在国外?你在哪个国外?你后天复试你知不知道?"汤小年急厉地说,"你赶紧给我滚回来!"

"妈,我给你留的字条你看到了吗?"

"杨煊在不在你旁边?你把电话给他,我要问问他到底想干什么!"汤小年的声音高起来,从听筒里传来直刺耳膜,"杨煊你到底想对我儿子做什么?你有什么事情冲着我来——"

"你告诉她,我会好好照顾你的。"杨煊突然开口了,声音虽然不高,但足以传到话筒那边。

"他说什么?刚刚是不是杨煊在说话?"汤小年的声调愈发尖利,她话还没说完,杨成川的声音也传了过来,"电话拿过来,我跟杨煊说几句,喂?君赫,你哥——"

杨煊这时突然伸过手，握着汤君赫拿听筒的那只手，汤君赫以为他要接电话，刚要将听筒朝他递过去，没想到杨煊手上用力，按着他的手朝下压，不由分说地将电话挂断了。

汤君赫有些错愕地看向杨煊，杨煊脸上并没有什么表情，若无其事地将听筒拿起来放到一边，这样，对面的电话就打不进来了，他转头看向汤君赫："说明白就可以了。"

汤君赫愣了一会儿，又趴回了床上。

"杨成川要说的话你不会想听的。"杨煊见他趴着不说话，伸手按在他颈后捏了一下，"生气了？"

"我不会生你的气，"汤君赫说，片刻后他从床上爬起来，屈腿坐到杨煊旁边问，"我妈妈会不会很生气？"

"想这么多，你不如现在回去看看，我可以给你买回程机票。"杨煊直截了当地说，见汤君赫的下巴抵着膝盖的样子看上去有些可怜巴巴的，他伸出胳膊搂住他的肩膀，偏过脸看他，"行了，出都出来了，这儿挺好的，不是吗？"

"是挺好的。"汤君赫小声说。

"那不就行了？"杨煊笑了一声，"好学生还想学抽烟？"

汤君赫下意识地点头。他觉得今晚的杨煊很不一样，不是他在这几个月里看到的杨煊，更像是他们一年前初见面时，并没有把他当成弟弟的那个杨煊。

"我不是好学生了。"汤君赫说。

"怎么不是好学生了？"

汤君赫扭头看着窗外，低低地说："我翘课，交白卷，还逃掉复试……"

杨煊笑了笑，上床躺下，汤君赫独自坐了一会儿，也挨着他躺下。

此起彼伏的海潮声衬得夏夜格外宁静，窗外的椰树发出沙沙的细微声响，汤君赫犯困了，迷迷瞪瞪地和杨煊说话。

杨煊把手放到汤君赫的头发上，听着窗外静谧的夏夜声放空，看着他弟弟一点一点地闭上眼睛陷入睡眠。

这里挺好的，可是能待多久呢？他弟弟也挺好的，可是他们又能在这里多久呢？

在汤君赫来到那个家里之前，他从来都没有这种什么东西是完全属于自己的感觉。很小的时候他就意识到，妈妈不是属于自己的，因为她的灵魂经常会被"魔鬼"侵占；爸爸也不是属于自己的，他更沉迷于权力和金钱，小时候的杨煊在看到电视里的杨成川时只觉得陌生，因为杨成川在家里从来都不是电视上的模样；姥姥和姥爷也不是属于自己的，他们有彼此就够了，在他妈妈去世的时候，他曾经很希望他们能坚持带自己走，可是他们很轻易地就放弃了。

有时候杨煊也会想起小时候跟着他的那个弟弟，他弟弟就像他的小玩具一样。他躲在门后吓唬他弟弟，他弟弟就会哭；他教他弟弟叠纸飞机，他弟弟就会笑；他拿着一面小镜子在墙上晃出摇晃的光点，他弟弟就会扑到墙上东跑西跑地拿手去拍。

　　但后来杨煊就意识到，那个弟弟也不是他的，他弟弟有自己的妈妈。

　　意识到"每个人都是孤独的"这一点之后，杨煊就很快地学会了独立，他在这一方面很有天赋。

　　然而就在他不相信也不需要依靠某种完全属于自己的东西来获取安全感的时候，那个小时候总是跟着他的弟弟却又出现了。

　　汤君赫说觉得自己今晚像在做梦，他自己又何尝不这样觉得？他居然真的把他弟弟拐出来了。脱离了汤小年的汤君赫完全是属于他的，至于待在润城的汤小年此刻正患得患失还是濒临崩溃，都和他完全无关——让汤小年感受一下失去儿子的痛苦，就像两年前他失去妈妈一样，这都是她十几年前作恶应得的报应，是她自食其果而已。

　　至于汤君赫，杨煊闭着眼睛想，在汤君赫提出要回家的那一刻，他会把他送走的。

　　毕竟他们都会长大的，永远都是夏天的地方并不只有斯里兰卡。

第 15 章

第二天，他们去了酒店附近的沙滩。尽管有些畏水，但在杨煊伸出手摆出接他的姿势，并在不远处对他说"跳过来"时，汤君赫还是毫不犹豫地朝他跳了过去——然后呛了一口很咸的海水。杨煊把他拦腰捞了出来，似笑非笑地看着他说："真跳啊？"

"你让我跳的。"

"不怕我不捞你？"杨煊伸手将他湿了的额发抹上去。

"你不会的，"汤君赫看着他说，睫毛上还沾着水珠，"哥，我刚呛了一口水，好咸啊。"

杨煊带着他往海水深处游了一段距离。水面无风，潮水微澜，但带着一个毫无泳技的人几百米并不是轻易的事，游到一块不大的礁石处，杨煊帮汤君赫攀着石壁爬上去坐下，然后自己撑着石头，翻身坐了上去。

瓦蓝色的海水一望无际，随着视野一直铺展到天边，灰色的飞鸟扑棱着翅膀踏水低飞。相比海滩，这里要安静许多，甚至能听到飞鸟腾翅的声音。

天色逐渐暗下来，余晖美得像一幅画，血红的夕阳在云层上晕染出层层叠叠的色彩，更远更暗的地方，黛青色的天空和海水在视野的尽头交织成一条极细的线。

他们都被眼前的景象震撼了，各自的眼中落满了天空中的浓墨重彩，在这一瞬间把所有的事情都抛在脑后。

"海水总是在动，就好像活的一样。"汤君赫看着远处说。

"潮汐是海水的呼吸。"杨煊低声道。

汤君赫转过脸看着他，低低地重复道："潮汐……是海水的呼吸。"

"没听过吗？"杨煊笑了笑，"我第一次到海边的时候，我妈妈跟我说的。"

"我还记得她的样子。"

"我妈？"见汤君赫点头，杨煊有些惊讶地挑眉，"已经十多年了吧？"

汤君赫点头道："小时候的事情我都记得。"

过了一会儿，杨煊才淡淡道："有时候记性太好也不是一件好事。"

"但我记住的都是开心的事。"汤君赫说。跟杨煊有关的事情他都记得，而遭遇校园冷暴力的那一段，尽管发生的时间更近一些，在他的记忆里却已经变得很模糊了。

汤君赫说完，又看向远处的天空，他从来都不知道天空可以辽阔成这样。周遭阒无一人，偌大的天幕就像一张铺天盖地的油画，让他觉得千里之外的润城是那么渺小，身处其中的他和杨煊也是这样渺小，他们的一举一动对于眼前这片辽阔的天地是多么微不足道，即便他们葬身在此时此地，也只会激起海面一丝微小的波澜而已，然后很快大海又会恢复潮汐的韵律。

潮汐永无止尽，大海并不会为谁停止呼吸。

他们在之后的一天又去了附近的一条集市街，只是闲逛，并没有什么执意要买的东西。

在集市的尽头有一家很小的店面，墙壁上画了不少有些奇怪的图案，汤君赫停下脚步，朝店门口看过去。那里坐着一个长发的男人，正在给面前的人文身。

杨煊正要带着他原路返回，汤君赫扯了扯他的手，低声叫："哥。"

杨煊顺着他的目光看过去："怎么了？"

他们说话的声音被那个长发的男人听到，他抬头看过来，目光毫不掩饰地在他们身上走了一圈，开口问道："文身吗？"是个中国人，说着很标准的普通话。

汤君赫看着他点了点头。这一次他倒是没想要征求杨煊的意见。

"进来吧，"那人说，"等半个小时就行，你们先选一下图案。"

汤君赫拉着杨煊走进去，坐到旁边的木沙发上，接过文身师递过来的图册。

"文哪儿？"店里的小学徒走过来招呼他们，"你们都要文吗？"

汤君赫看了一眼杨煊，见他低着头翻图册，抬头对那人说："是我要文。"

"你是学生？"那人看他年纪有些小，建议道，"如果想文在不显眼的地方，上臂啊、胸口啊、背上啊，还有腿上，都可以的。"

"别那么含蓄，"门口的文身师笑道，"腰上、屁股上也可以，你皮肤很白，文哪儿都好看。"

汤君赫想了想，犹豫道："腰……"

"脚踝吧。"杨煊开口道。

汤君赫愣了一下，随即点头道："嗯，脚踝。"

汤君赫没看画册，他对走过来的文身师说，他要文一株杨树。

文身师经验老到，点头说没问题，他很快画出了一株小白杨，不是写实风格的那种，看上去有些抽象。

汤君赫坐在文身床上，他的脚腕白皙纤细，文身师握着他的脚踝画图案时，抬头朝他挤了挤眼睛："文在脚踝上会很好看，你哥哥眼光不错。"

杨煊站在门口，不知道有没有听到这句话。

文身机发出细小的嗡鸣，针刺在皮肤上，汤君赫疼得咬着牙。杨煊倚在门框上低头朝这里看过来。

文完了树干和树杈,接下来该文树叶了,杨煊突然开口道:"就这样吧。"

汤君赫松了牙关,抬头看向他,文身师也停了手上的动作:"嗯?"

"树叶就不用了吧。"杨煊说。

文身师看向汤君赫,用眼神征求他的意见。

"那就这样吧,"汤君赫说,"树叶是会枯萎的。"

"也可以,这样更简单一点儿,也很好看。"文身师点头道。

文身室里灯光暖黄,把汤君赫的皮肤映衬得犹如细腻的瓷器,那株白杨的刺青比硬币稍大一些,就在单薄的踝骨上方,看上去很漂亮。

做好之后,文身师收了文身针,问道:"可以吗?"

汤君赫屈起腿,弯下身凑近去看,点了点头。

"哥哥觉得呢?"文身师站起来给杨煊让位置。

杨煊走过去,半蹲在文身床旁边,伸手握着汤君赫的脚腕,仔细看了看说:"挺好的。"

那几天里,他们几乎都是在海上度过的,有一天他们还去看了鲸鱼,巨大的扇形鱼尾在海面上掀起了壮观的浪花,微凉的海水溅到他们身上,那一瞬太阳也从海平面跳出来,隔着水光看过去像一团骤起的火焰,刹那间岑寂的海面似被点燃,火光落在深邃的海域里不住地晃动,大自然的浩瀚与绮丽淋漓尽致地铺展在他们眼前。

汤君赫在那一刻想到,原来润城之外是这个样子的。

那晚他趴在窗边看海,白色沙滩反射着星光,看上去像润城冬天的雪。他一点儿都不想回到润城,于他而言,润城就只是一个房间,一间教室那么大,身处其间的自己被种种期望压着,被汤小年密不透风的关怀包裹着,几乎透不过气来。

继而他又想起小时候汤小年送他到杨煊家里,他哭着想她的那些日子。他们相依为命了很多年,她是他妈妈,他还是有些放心不下她。

他的自由像一个拴在润城的气球,可以飘得很远,但最终还是要落回去。杨煊就是带着他飘走的风,可是风会永远都不停下吗?

汤君赫有点儿伤感,以前他是不懂伤感这种情绪的,他16岁以前的人生被恐惧和冷漠占据,属于自己的情绪少得可怜,遇到杨煊之后,他才尝到了自由的滋味。

晚上杨煊坐到床边,伸出手拉汤君赫的脚腕,汤君赫毫无防备,被他拉着在床上朝后滑了一段距离。他转头去看,杨煊正低头看他脚腕上的那个刺青,刺青已经开始结痂了，有些疼，也有些痒。

"哥。"汤君赫低声唤他。

杨煊抬眼看着他，因为眼窝略深，当他直直地看向某个人的时候，总是显得有些深情，靠近了再看，又觉得那抹深情只是假象，眼神里只有冷漠而已。但他们现在这样对视，汤君赫却觉得他既看不到深情也看不到冷漠，他只觉得杨煊的眼睛黑沉沉的，像那天火烧云褪去后一片幽深的海面。

他想到一周的期限已经到了，可是他无论如何也没办法说出要走的话，他还是不想跟杨煊分开。他太贪心了。

那晚他们听着潮汐的声音聊天，杨煊忽然问他以后想做什么。

"我也不知道，"汤君赫说，"以前我想过做一个医生。"

"嗯？"杨煊问，"为什么？"

"我姥姥小时候得病，医院的人说治不好，我那时候就这样想了，"汤君赫听着杨煊的心跳声说，"但现在我觉得，如果跟你在一起的话，做什么都可以。"

没有得到杨煊的回应，汤君赫继续说："不参加高考也可以。"

"翘掉复试，又翘掉高考？"

汤君赫没说话，但他心里的确是这样想的。可是汤小年会疯的。他继而又想到这一点。

"哥，明天我能不能给我妈妈打个电话？"汤君赫小声问。

"打吧。"杨煊说。他又拨开了汤君赫的额发，伸手去触碰那一小块疤。也许它们很快就会消掉了，他想。

汤君赫一夜都没睡着，他的右眼皮一直跳。汤小年曾经说过"左眼跳财右眼跳灾"，不知是不是受了这个心理暗示的影响，他总觉得不太踏实。

杨煊似乎也没睡好，他们就这样互相依偎着，听着窗外的风吹树叶声和潮水声。天刚蒙蒙亮，汤君赫就睁开了眼，试探着低声说："哥，你醒了吗？"

"嗯，"杨煊抬起手背盖着自己的眼睛，"现在打电话？"

"打吧……"汤君赫说。

对于他一大早就起来打电话的做法，杨煊并没有说什么，只是坐起来，将听筒递给他，然后按了几个键，让他继续拨手机号。

跟上次不同的是，这次的嘟嘟声响了好一会儿，那边才接起电话。汤君赫的不安感越来越强烈，他几乎有些害怕开口，他紧紧地握着听筒叫了一声"妈妈"。

"你还记得你有个妈啊？"汤小年的声音听上去有些疲惫，但又出奇地平静。

汤君赫的不安感被压下去了一些，在那一瞬间他几乎涌上一股侥幸心理，觉得说不定自己还能和杨煊多待几天，但汤小年的下一句话就让他刚刚落下的心脏骤然提了上去。

"杨煊在你旁边吧？"汤小年在电话里用那种出奇平静的语气说，"你告诉他，他那个人渣爹啊，只剩一口气了，赶紧回来给他送葬吧。"

第16章

汤君赫被这个突如其来的噩耗打蒙了,他怀疑自己听错了:"妈,你说什么?"

"你啊……你让杨煊听电话吧。"汤小年有气无力地说。

她话语中的无力感顺着电话线丝丝缕缕地钻进汤君赫的耳朵里,汤君赫指尖的颤抖在顷刻间爬满了全身,倏地开始浑身发抖,抖着把听筒交给了杨煊。

接过听筒的那一刻,杨煊的脸上就结了一层凝重的霜,接电话的时间每过一秒,这层霜就要厚上一分,等到接完电话,他脸上的表情已经凝固得犹如冰封了,握着听筒一动不动地发怔。

汤君赫怕极了,他的牙齿打着战,从喉咙里面挤出来的声调也是颤抖的:"哥……"见杨煊还是怔着不动,他又抖着声音叫了一声。他伸手去握他哥哥的手,可是他们的手都是冰凉的,谁也给不了谁一丝温度。

杨煊这才回神,他脸上那层厚重的冰霜就在这一瞬间碎裂了,暴露出了一个十八岁少年在突遭变故时的脆弱和不知所措。他继而合上眼,将脆弱全部敛在薄薄的眼皮之下,然后重重地呼出一口气来,声音哑得变了调:"回去吧。"

回程远没有来时顺利,通往省城的航班由于省城暴雨而全部被取消,他们只能先坐飞机到达燕城,然后再坐火车转到润城。

机场上各种语言齐齐地朝他们耳朵里涌,过往行人的脚步声匆忙而凌乱。杨煊的步子比来时迈得更快一些,手上紧紧地握着汤君赫的手腕。汤君赫几乎跑着才能跟上他,他的手腕被杨煊攥得生疼,那几根收紧的五指好像紧贴着他的骨头,可是他一声也不吭。尽管对杨成川一直心存恨意,但在这一刻他也只是感到惊慌和无措。

十几个小时后,飞机落地,他们在燕城坐上了火车。不知从哪个城市开始,雨就一直不停地下,越是靠近润城,雨就越大。

汤君赫从来没有见过杨煊这样——他靠在椅背上闭着眼睛,浑身上下透着颓唐和疲惫,凸起的喉结偶尔因为吞咽而上下滑动,以往的骄傲与闲散此刻在他身上荡然无存。

汤君赫去接了热水,用手碰了碰杨煊的胳膊:"哥……"

杨煊睁开眼，眼睛里布满了红血丝，汤君赫被吓了一跳，他看到他哥哥的眼神里闪过一丝茫然："哥，你喝点儿水。"汤君赫把水递到他眼前，小声说。

"你喝吧。"杨煊哑声道，微微坐直了身体，伸手捏了捏眉心，然后又闭上了眼睛。

"快到了。"汤君赫说着，伸手去握杨煊的手。以往杨煊的手指总是微凉而干燥的，但此刻那五根手指都是冷硬的，从骨头缝里朝外冒着寒气。

已经过了十几个小时，杨煊还是不敢相信杨成川突遭意外的事情，但汤小年在电话里的语气让他不得不信。

"你爸啊，就差一口气等着你回来呢，你要是还有点儿良心，就回来看看这个人渣吧。"

"你说是不是报应啊，每年润城都要防汛，怎么偏偏今年的事情就让他赶上了？"

杨煊觉得这可能是杨成川使出的一招苦肉计，专门为了骗他们回润城而编造出来的，如果是这样的话，在他见到杨成川的第一眼，他就要不顾晚辈身份，狠狠地朝他抡上一拳。

前座的窃窃私语这时清晰地传过来，让他心里仅存的一丝侥幸彻底破灭了。

"听说是在前线视察，刚接受完采访，记者收了机器，突然山上就爆发了泥石流，有一块山石砸到头上，当场就不行了。"

"才40岁，太可惜了，电视上看着一表人才的，"说话的人啧了一声，"这得对家庭造成多大打击啊。"

"听说刚二婚不久，唉……"

一声欲言又止的叹息终止了前面的两人关于这件事的讨论。

汤君赫觉得握着自己手指的那只手骤然缩紧，他的手指几乎要被捏断了，他转过头看杨煊，杨煊还是闭着眼睛，额角凸起一条青筋，在苍白的皮肤下突突地跳动着。

润城被这场猝不及防的暴雨席卷，街道上的雨水翻滚着涌入下水道，排水落后的老城区内，马路上的积水已经漫过小腿。连续几天的暴雨让这座小城的交通系统几近瘫痪，街上仅有的零星几辆车正蹚着水艰难行驶。

陈兴冒着雨来了，他的头发上滴着水，跟在后面给他们俩撑伞，自己淋在外面："快点儿，快上车！"

车载广播上的所有当地频道都在播放杨成川遇难事件的新闻："17日晚8点，副市长杨成川在得知蒙县突发泥石流灾害后，于第一时间亲临一线组织抢险救援工作，而就在蒙县居民安全撤离受灾地区之后，年仅40岁的副市长杨成川突遭当地小范围泥石流爆发,被山上滚落的一块山石砸中头部,当场陷入重度昏迷。目前,杨副市长正在医院紧急抢救当中,记者将会持续跟踪报道此事。据统计,这场泥石流已造成蒙县13人死亡,25人重伤,目前受灾地区全部居民已安全迁出。据防汛办相关负责人介绍,本次降水覆盖面广,局部强度大,各区县……"

杨成川怎么也没想到,自己的生命会以这种方式终结。那天是自主招生复试的时间,汤君赫翘了考试,汤小年把所有的怒火和怨气都集中在他身上,疯了似的让他把儿子还给她。

"我还不是为了他好!"杨成川一怒之下朝她喝道。

汤小年愣了一下,随即以高他几度的声调骂回去:"杨成川你疯了吧,你什么时候为他好过?!从他出生到现在你为他做了什么?现在他被你大儿子拐走了,你怎么还能跟没事人一样——"

"你也不看看你养出了一个什么好儿子?!"杨成川喝止她,说完走进书房,重重地摔上门,坐到木沙发上心烦意乱地抽烟,耳朵里除了瓢泼大雨打在窗户上的噼啪声,就是汤小年在外面聒噪的骂声。

杨成川到底是一家之主,他不能跟汤小年一起变成崩溃的疯子,一家里总得有一个冷静清醒的人。他摸爬滚打多年,见识过的场面也不少,处理事情的情商还是有的。他强自冷静下来,捋了一下事情的经过,打算先把兄弟俩劝回来,从头到脚地狠抽一顿,再把杨煊亲自押到国外。

听着汤小年在门外的骂声,杨成川狠狠地抽了几口烟,然后掏出手机给几天前汤君赫打过来的那个座机号拨了回去,依旧是占线。他按捺住火气,翻出手机上的短信界面,平息了一下心中的怒火,强自镇静地给杨煊发了一条长长的短信,动之以情,晓之以理,所有的内容都为一个主题服务——赶紧回来,别胡闹了!

杨成川刚将短信发出去,市防汛办的负责人突然来了电话:"杨副,蒙县出大事了,丰原山突然爆发了泥石流,山下那个村全给淹了砸了!"

杨成川当即意识到大事不好,表情一肃,问道:"死人了没?"

"死了,唉……现在已知的死了三个,具体数字还没统计出来,现在正组织村民往外撤出……"

"我马上赶过去。"杨成川立即站起来掐了烟,披上一件西服,领带也没来得及打,司机也顾不上叫,冒着雨就到车库里开车。

润城多雨,防汛工作一直都是重中之重,今年上面将这个重任交给了他,这是对他能力的认可,也将是他日后升迁的重要一步。现在蒙县泥石流造成伤亡,他这个总负责人无论如何也逃脱不过事后追责,他得在第一时间赶过去补救。

事实上那天他去到蒙县之后,救灾抢险工作已经组织得差不多了,泥石流已经爆发过一轮,雨势也小了一些。电视台有记者过来采访,为了追求现场感,他们就站在一片泥泞的山脚下进行采访。杨成川先是总结了抢险工作的进程,又反思了防汛工作的不到位,最后保证会厘清事件责任,安抚好受难家庭,做好善后工作。短短几句话将事情概述得清晰有力,杨成川在镜头前的表述能力向来稳妥。

但就在接受完采访的几分钟之内,杨成川刚想将防汛办负责人叫过来痛骂一顿,第二轮泥石流突然在他身后爆发,在他还未意识到头顶危险的时候,就被一块从山顶滚落下来的山石砸得失去了意识。

重症监护病房里安静得一片死寂,杨成川吊着最后一口气等着他的两个儿子回来。他的呼吸微弱到几近停止,但心跳还在勉力维持着,一天前医生已经宣告了他脑死亡的消息,停止了抢救工作。

脑死亡,意味着杨成川已经无法感知到外界的任何变化,此刻他像一棵被暴雨砸垮的植物,毫无意识地等着呼吸终止的那一刻。

杨煊疾步走进病房,汤君赫在后面跟着进来。神情憔悴的汤小年伸手拉过汤君赫,叹了口气。杨成川的秘书退后一步,给走过来的杨煊让路。

以往意气风发的杨成川此刻戴着呼吸机,身上插满了各种管子,以此维持着他奄奄一息的生命。杨煊走过去,俯身看着病床上的人。这还是那个意气风发的人渣杨成川吗?杨成川明明要比病床上的这人高一些、壮一些,可是这具虚弱的身体上顶着的这张脸又的确是杨成川的,他看了17年,不会认错自己的爸爸。

杨成川紧闭着双眼,就好像已经死了一样,只有旁边的心电图机在在嘀嘀地响着,显示着他身上的最后一丝生命迹象。

杨煊咽了咽口水,伸手握住杨成川的手,手臂上凸起的青筋暴露着此刻他内心翻滚着又被压抑下去的情绪。

他对着杨成川低声叫了一声"爸",声音已经哑得不像他的了。

杨成川已经失去意识了,感知不到周围的变化,也听不到周围的声音,可是在杨煊喊了这一声"爸"之后,他的眼皮动了动,睁开了双眼,涣散的瞳孔看向杨煊,好像突然要活过来了一样。

杨煊猛地抬头,看向站在一旁的医生,哑声道:"他的眼睛……"

医生也注意到杨成川睁开眼,靠过来扒开他的瞳孔看,随即无能无力地摇了摇头，又叹了口气。

没有影像，睁眼只是无意识的条件反射。

"爸……"杨煊又叫了一声，杨成川这次却没有任何反应。

杨煊盯着他半合的眼睛看了半晌，终于无力地垂下头，缓缓地在病床边半跪下来，额头贴着杨成川冰凉的手。他的头深埋着，肩膀微微耸动，像是哭了。

杨成川涣散的瞳孔已经动不了了，他睁眼的方向面向着床尾的汤君赫，他的心跳越来越微弱，可是还不肯停止，好像还在等着什么。

见惯了生老病死的医生实在不忍心，看着汤君赫提醒道："叫一声'爸'吧，他在等着。"

汤君赫微凸的喉结动了一下，但两片嘴唇却紧闭着，抿成了一条线。到了这个时候，他还是不肯叫他一声"爸"。

"叫吧，"汤小年别过脸，"让他安心走。"

汤君赫垂下眼睛，他的拳头紧攥着，不住地抖，短短的指甲陷进了手心里，却还是一声也不吭。

汤小年伸手拍他的手臂："你就叫一声。"

汤君赫微不可察地摇了一下头，比当年的汤小年还要倔。

"嘀——"的一声长响打破了空气中的一片死寂，心电图机的屏幕上拉出一条直直的线，杨成川的最后一口气也断了。

十几年前他就试探着从汤君赫口中讨到一声"爸爸"，但直到生命终止的这一秒，他也没等来这一声。

第 17 章

润城的雨势终于小了下来，这场伤亡数十人的泥石流灾害一时引起了全国上下的关注，杨成川临死前接受的最后一次采访在电视上轮番播放，铺天盖地的报道都在哀悼他的英年早逝。

留给杨煊脆弱的时间并不多，也许是意识到自己在这个世上再无人可依靠，他很快就强打起精神，应付前来采访的媒体、好心慰问的来客，还有各种待办的烦琐程序。对着媒体，他说了数十遍的"不接受采访，抱歉"，对着来客，他说了不下百遍的"谢谢"。

他像一个成熟的大人那样，跟汤小年划清了彼此应该承担的责任，陌生而客套地商量各种后事。自打汤小年搬来这个家里，他们从来都没这样心平气和地说过这么多话。

他那副因为闲散而看上去总有些吊儿郎当的肩膀，陡然间平直得像是能背负起人世间所有的悲欢离合。

杨成川被医护人员推出病房，汤小年却并没有跟着跑过去。她坐到病房外的椅子上，头埋在圈起来的手臂里。

汤君赫蹲在她旁边，叫了她一声"妈妈"，以为她哭了。

"这里的事情不用你管，你去让陈兴把你先送回去，"汤小年抬起头，看上去有些憔悴，但脸上却没有哭意，她转身去翻自己包里的手机，"我给他打个电话，你先去楼下等着。"没等汤君赫开口，她就抬高声音催道，"快去啊，耽误了这么多天的课，你还想不想高考了？"

汤君赫只能起身朝楼下走，下到二楼时，突然有记者扛着摄像机过来采访，让他有些措手不及。

"请问杨副市长那晚出门前在家里做什么？杨副市长平时关心你的学习和生活吗？"

汤君赫对着黑洞洞的镜头愣了一下，随即转身朝一侧走，想要避开媒体的采访。但记者很快跑着跟上来："麻烦您配合一下采访，这对杨副市长也是一种悼念。"见汤君赫只是低头朝前走，她试图跑上前拉他的胳膊。

汤君赫想找一个卫生间躲进去，走到走廊中段的时候，正撞上了在二楼办理手续的杨煊。杨煊看了一眼扛着机器的记者，抓过汤君赫的胳膊朝楼梯口走，脸上挂着霜一样的冷漠："不接受采访，抱歉。"

"他是个好市长，应该也是个好父亲吧？"记者不死心地争取道，"我们会做成一个专题报道，以后会成为很珍贵的影像资料。"

"不需要。"杨煊冷淡地从唇间吐出这三个字，看上去拒人千里之外，然后拉着汤君赫的手腕快步走下了楼梯。

不知是因为他眉目间缀着显而易见的戾气，还是因为他语气中的冷漠加重了那种抵触的态度，那个女记者跟着跑到医院门口，便没再跟上来。

摆脱了记者，杨煊短暂地卸下了冷漠的防备，浑身上下又写满了消沉和颓唐。他们站在医院门口的房檐下面，外面的雨还在下着，空气中充斥着潮湿的水汽。

"回去吧，"杨煊的声音听上去仍是沙哑的，"这里太乱了。"

陈兴这时也从楼上下来了，走到门口对杨煊说："我先把小赫送回家，走。"他拍了拍汤君赫的后背，"这里还有别的事情要处理，我们先回去。"

每个人都让汤君赫离开这里，于是他就只能像个置身事外的外人一般，看着他们为杨成川的离世悲痛不已、忙里忙外。

汤君赫坐到车上，看着不断拍打在车窗上的雨点和街边飞速掠过的树干。相比他们上周离开时，润城的春意似乎并没有更浓一些。在他还没来得及从那场充满着咸腥海水味儿的梦中醒过来时，他就猝不及防地跌入了另一场更加不真实的梦境当中。

医院里的程序都走完，杨煊自己打了一辆车回家。

车窗外还在淅淅沥沥地下着雨，交通台已经开始实时播报杨成川因医治无效逝世的消息。不知从什么时候开始，杨煊就一直想逃离这个遍布着杨成川影子的润城，可是现在他猛然意识到，等到这场暴雨彻底停下，从今往后的润城都不会再有杨成川了。

看着车窗外的雨，杨煊脑中不断地掠过跟杨成川有关的画面。三年前他妈妈走的时候，他翘了中考，离家半个月，回来的时候，杨成川并没有大发雷霆，只是托关系给他办了个体育生的身份，让他进了润城最好的高中。

那一阵子他还总打架，跟校外的混混打，跟街上的醉汉打，进了好几次派出所，事后都是杨成川给他擦屁股。

如今杨成川走了，杨煊突然意识到自己再无任性的资本了，以前他的为所欲为全都是因为杨成川的纵容和包庇。杨成川绝不是个好丈夫，可能也算不上个好市长，可是作为一个父亲，的确从未对不起他。

他继而想起在他七岁之前的那个杨成川，他们一家三口相处得很和睦，杨成川不经常发脾气，遇到争执的时候总是让着他妈妈，看他们俩斗嘴是一件很有意思的事情。那时候的杨煊就在一旁看热闹，他一点儿都不担心他们会吵得天翻地覆。

后来这个家就被那件事情毁了，十年来杨煊一直以为自己是恨杨成川的，尤其是在他妈妈走了之后，这股恨意便达到了顶峰，以至于他总是抗拒开口叫他一声"爸"，但在这一刻，杨煊突然觉得，自己对于杨成川的感情，并不只是"恨"那么单纯。

可是当他想明白这一点时，撒手人寰的杨成川却连只言片语都没有给他留下。

杨煊推门进屋，看到汤君赫坐在客厅的沙发上，正出神地想着什么。听到推门声，他回头朝杨煊看过来。

杨煊没说话，鞋也没换，转身去了自己的房间，他从抽屉里翻出手机——临行前他还以为自己再也不会用到这台手机了。他按了开机键，正当屏幕上显示开机的画面时，门外突然响起一阵敲门声。

杨煊拿着手机起身走出去，汤君赫已经开了门，是陈兴过来送行李。

"我刚刚开车去了一趟办公室，把你爸留在那里的一些东西收拾好拿过来了，"陈兴把行李箱和手提纸袋递给杨煊，"这台笔记本电脑和备用的手机，肯定以后还用得着，你都留着。"

杨煊接过来，"嗯"了一声。

对着比自己还要高上一头的杨煊，陈兴叹了口气，伸手拍拍他的肩膀："跟老市长说了没？"

"还没有。"杨煊说话间，握在手心里的手机嗡嗡地振动了几下，应该是短信声，但他并没有立即低头去看。

"抽时间打个电话吧，这边的事情办好之后，你就出国吧。你爸之前一直惦记着你出国念书的事情，你好好地读个好学校，以后有大出息，就算是了了他的心愿。"

"他的心愿从来也不在我。"杨煊垂着眼睛淡淡道。

"别这么说，他一直都盼着你有出息。还有什么事情的话随时给我打电话，要出国了也告诉我，我去送你，你是我看着长大的，别跟我见外。"

"谢谢陈叔叔。"

陈兴点了点头，又叹了一口气，临走前叮嘱道："小煊，以后要照顾好自己啊。"

"嗯。"杨煊说。

"君赫也是，"陈兴看向站在门边的汤君赫，"过不了多久就上大学了，马上都要成大小伙子了。"他说完，按着门把手将门朝屋里推了推，"我还得去趟医院接你妈，先走了啊。"

送走陈兴，杨煊才拿起手机低头看了看，屏幕上弹出了数条短信提醒，全是杨成川出事之前发来的。杨煊脑中顿时"嗡"的一声响，额角开始突突跳动。他随手合上门，顾不得有没有关严，朝客厅走了两步，深吸一口气，点开了最早的那条短信。

"你带着你弟弟去哪儿了？赶紧回来，下午3点的飞机，别误机了。"

"开机了赶紧给我回电话！"

"赶紧滚回来！你汤阿姨要急疯了，你弟弟后天还有考试，你懂点儿事，赶紧回个电话。"

"你先回来，不要冲动，我们当面谈这件事。"

"哥……"站在一旁的汤君赫观察着他的神色，小心翼翼地叫他。杨煊眉头紧皱，神情肃然，顾不及抬头看他一眼，指尖微颤地点开了杨成川发来的下面几条短信——

"这几天我一直在想这件事，杨煊，你真是太胡闹了。你不参加中考，三番五次打架，故意考试交白卷，这些我都可以容忍你，因为这些事情造成的后果我都可以帮你承担，我可以让你上一中，送你出国，但是你现在做的这件事情太荒唐了，后果是连我也承担不起的。"

"你不要觉得自己已经很成熟，可以随意办签证出国，你的财产是你妈妈留给你的，你在润城的权利是我给你的，你能出国是因为你外公外婆有能耐，你现在的一切都是别人给你的，你仔细想想，有什么东西是你自己的？"

"我不知道你们现在具体是什么情况，我姑且猜测你还是跟以前一样想跟我叫板，或是想借此来报复你汤阿姨。不管你怎么想，杨煊，用别人的过错来惩罚你自己实在是太幼稚了，你快要成年了，应该成熟起来了。"

"你有没有看过你弟弟看你的眼神？他没有那么看过我，也没有那么看过你汤阿姨，那是全身心信赖依赖你的眼神，你利用这份信赖去达成你的报复目的，你有没有想过他知道你的真实想法后会有多失望？"

"君赫还小，心智很不成熟，可你是哥哥，你这么做会毁了他！他本可以上国内最好的大学，因为你他翘了复试，难道以后他连高考也不参加了吗？你要让他成为一个永远都心智不成熟的废物吗？你可以说你不在乎你这个弟弟，但你如果毁掉一个人的大好前途，你一辈子都会活在愧疚之中，我希望你不要这么做，因为这会导致你最终毁了你自己。"

"你汤阿姨一直对你抱有偏见，这我心里清楚，问题都是慢慢解决的，你不要采用错误的方式，这永远都没办法解决问题。赶紧带着你弟弟回来，我等着你回来好好谈谈这件事。"

这几条长长的短信带着强烈的情绪，就像杨成川对着他的耳朵直接吼出来的一样。那声音吼得比以往任何一次都要高，震耳欲聋似的，几乎要把他的耳膜穿透。

杨煊只觉得耳朵里一阵嗡鸣，过了好一会儿才恢复了听力，他听到汤君赫在他耳边叫他"哥哥"。他转过头去看汤君赫，那双眼睛离他很近，眼神里盛的不是所谓的天真，的的确确是杨成川所说的"信赖"和"依赖"，此刻大抵还混杂了可以被称作关切和心疼的情绪。

杨成川在短信里吼的那几句话后劲十足地在他脑中回旋：你利用这份信赖去达成你的报复目的……你是哥哥，你这么做会毁了他！……你一辈子都会活在愧疚之中！

"哥，"汤君赫见他神色有异，有些害怕地伸长胳膊抱着他，"你没事吧？"

"我们……"杨煊的喉结动了动，嗓子哑得发不出声，他清了清嗓子，他想说他要暂时冷静一下，但汤君赫立刻惊惶地打断了他，"哥……你又要不理我了吗？"

"杨成川出事前给我发了短信，"杨煊的声音压得很低也很沉，所有的情绪都被压在了嗓子里，"……你要不要看看？"

汤君赫一阵剧烈地摇头，他怕极了，如果杨成川在短信上让杨煊立刻出国，杨煊一定会满足他最后的要求，可是他不想跟杨煊分开。

"哥，"他的眼睛里蓄满了惶恐，紧紧抓着杨煊的胳膊，生怕哥哥突然推开他走掉，几近哀求地看着他说，"你别不理我好不好？"

杨煊闭了闭眼睛，抬起胳膊揽着他，手心落到他的肩膀上，下巴抵着他的头顶，长长地叹了口气。这一口气，把他少年时代最后的荒唐和任性也叹尽了："好好上学，好好高考，"杨煊声调很低，语速很慢地说，"我是你哥哥，以后有什么事……"

"你要出国了对不对？"汤君赫惶急地打断他，"你以后都不会理我了是吗？"

"短信上说，我对你好，带你走，是为了报复……"杨煊垂下眼睛，深深地吸进一口气，又长长地呼出来，"报复你妈妈，汤小年。"

"不会的，"汤君赫语无伦次，"我不相信什么报复，我一个人待在这里会疯掉的，哥，你陪陪我，或者再带我走吧好不好……"

他话还没说完，汤小年推门进来了，被这句带着哀求意味的"你再带我走吧"兜头一击。

第18章

汤小年手中拎着的包直直地坠到地板上，发出一声沉重的闷响。

汤君赫闻声转过头，对上了汤小年睁大的眼睛，那眼神中的震惊和难以置信一丝不漏地撞到他的眼睛里，他的手臂缓缓地从杨煊身上抽了回来："妈……"

"你刚刚在说什么？啊？"汤小年朝他走过去，拉过他的手腕，一把将他拽到自己面前，随即胳膊高高地扬起来，"啪"的一声脆响，结结实实地抽了他一个耳光。

这个耳光劈头盖脸，用尽了汤小年所有的力气。汤君赫从小到大都没挨过打，一时被这突如其来的一巴掌打蒙了。他的左边脸登时肿了起来，左耳出现了一阵耳鸣，汤小年吼出来的话全都从他的右耳灌了进去："我问你刚刚说了什么！你说啊！"

"他亲口承认在利用你报复我，你还要他带你走？！"汤小年浑身发抖，用手指着杨煊，对汤君赫声色俱厉地吼，"你走上哪儿啊你？你还想不想认我这个妈了？！"

杨煊头疼欲裂，杨成川的怒吼声还没有在他脑中停歇下来，现在又掺进了汤小年的嘶喊，两道声音混杂到一起，让他一时什么也听不清。等到勉强听清汤小年在说什么，他清了清哑掉的嗓子，刚想开口，汤小年却冲着他哭了。

"杨煊，我没有对不起你吧？"汤小年走近他，用一根手指重重戳着自己的胸口，哭道，"我汤小年，没什么文化，说话也不好听，但我从来都没想过要对你一个孩子做什么啊！"

"杨煊，小煊，"她上前拉着杨煊的胳膊，眼泪汪汪地涌出来，语无伦次地求他，"你有什么事冲着我来好不好？你放过我儿子好不好？我替他向你道歉，他不该依赖你，他从小没什么朋友，这些都是我的错……杨煊，他就要高考了，他不像你还可以出国，他不读大学整个人就毁了，你可是他哥哥啊……"杨煊比她高太多了，她得费力地仰着脖子才能看着他说话，"你说话啊杨煊，你想让我怎么办啊？我给你跪下来好不好？"

接二连三的变故彻底熏哑了杨煊的嗓子，他无法自抑地咳嗽了一声，在他还没来得及出声的一瞬，汤小年的两个膝盖一打弯，已经重重地砸到了地板上，"咚"的一声闷响，她对着杨煊跪下了。

"妈，"汤君赫手足无措，试图走上前把她扶起来，但汤小年却不知哪来那么大的力气,狠狠地甩开了他的手,一把将他推搡开了,声嘶力竭地呵斥道,"滚一边儿去!去你的房间看书去!"吼完,她又回过头,拿手胡乱地抹掉眼泪,仰头看着杨煊,哽着声音几近哀求地看着他,"阿姨给你跪下了,杨煊啊,我就这么一个孩子,你可怜可怜我好不好?"她低下头,用手捂着眼睛,声音里全是悲戚,"我是不是上辈子欠你们的啊?你妈当年抢走了我丈夫,现在你又要抢走我儿子……"

杨煊蹙起眉,哑着声音打断她:"你说什么?"

连日来的崩溃、怨怼和无助齐齐涌上心头,汤小年声泪俱下地对着他哭诉:"君赫也欠了你啊,你抢了他爸爸还不够,难道现在还想毁了他吗……"

"你刚刚……"杨煊咳嗽一声才能从嗓子里艰涩地挤出声音,"说什么,什么当年?"

汤小年哀莫大于心死,冷笑道:"当年啊,当年……我跟杨成川在一块三年啊,你妈才认识他多久就跟他结了婚,生了你,杨成川是个人渣啊,"她说到一半,声音陡然高了起来,骂道,"你妈也不是什么好东西啊!"

杨煊觉得自己的太阳穴随时可能爆掉,全身的血液好像都集中了在这两处,让他无法镇静下来好好思考汤小年说的话。她到底在说什么?为什么这些事情和他知道的完全不一样?

汤君赫因为愧怍而一直低垂的头猛地抬起来,震惊地看向跪在地上狼狈哭泣的汤小年。打小时候起,人人就都说他妈妈是小三,他是小三的儿子,因为这件事他怨了汤小年十几年,可是现在汤小年说,她才是当年被欺骗的,最可怜的那个人。

"你们都不知道吗?"汤小年像是耗尽了全身的力气,语气哀沉地低下来,有气无力地笑,"也是啊,我从来都没跟别人说过。有什么用呢?除了可怜我,没人会替我讨公道啊……"

杨煊的喉咙里像是混进了沙,每发出一点声音就会将声带磨得生疼,他的嗓子哑得厉害:"你说的……都是真的?"

"你让我怎么证明啊?"汤小年疯了似的又哭又笑,鼻涕眼泪全涌了出来,"你妈入了土,杨成川也成了死人,我……我跟你发毒誓好不好啊?我汤小年,今天要是说了一句谎话,我出门被车撞死,"她说得咬牙切齿,末了又仰着头求他,"杨煊啊,够不够啊?你还想让我怎么办啊?你放过我,你也放过我儿子好不好?"

杨煊闭了闭眼睛,然后睁开来,那双微凹的双眼皮被轮番的打击和压力轧出了一道深深的褶,看上去疲惫极了,那副平直的肩膀用尽全身的力气强撑着才没有垮塌下去。

屋里只剩汤小年的嘶声痛哭,听来令人极度揪心,让他想起十年前的那天下午他妈妈的哭声,好像也是这样声嘶力竭。杨煊沉默良久,哑声道:"好。"

然后他弯下腰，将跪在地上的汤小年扶了起来，低头走出了这个家。

汤小年的腿软得站不稳，扶着墙才不至于滑倒在地上，她脸上挂着眼泪，冷眼看着汤君赫："你真行啊，我辛辛苦苦养大的儿子，你说我哪儿对不起你？"她逼近汤君赫，"你倒是说啊？！"

汤君赫的脸白得透明，他伸手扶着汤小年，杨煊的那声"好"彻底地给他判了死刑，犹如一把锋利的刀插在他的胸口，可是汤小年眼神里的哀戚又拽着他，不让他走出这个家门。

"我怎么养出你这么个白眼狼啊？！"汤小年扑上去捶打他，但没打几下她就失了力，软塌塌地跪坐在地上，抱着膝盖放声号哭起来。

汤君赫拿过茶几上的纸巾，放到汤小年旁边的地板上，然后在她身边蹲下来。

"是他逼你的是不是？"汤小年逼问道，眼睛紧盯着汤君赫，似乎只要汤君赫点一点头，她就能一股脑儿地将责任全部归咎到杨煊身上。

但汤君赫很慢很慢地摇了摇头。

汤小年先是怒极反笑，重重地推了一把汤君赫："你怎么那么贱啊，上赶着跟他走？！"随后又是一阵撕心裂肺的哭声。

汤君赫把脸埋到膝盖上，也许汤小年要的只是一句"保证不再和杨煊有来往"，可是他无论如何也说不出口。沉默半晌，他埋着头说："妈妈，对不起。"

汤小年头也没抬，又或许是哭得太大声，根本就没听见这声抱歉。

太阳穴疯了似的跳，头疼得像是下一秒要炸开，只要一闭眼，杨煊就能看见跪在他面前的汤小年厉声地朝他吼："你妈也不是什么好东西啊！"

雨停了，或许是阴天的缘故，天黑得格外早一些，路灯一瞬之间全亮了，接着就是路边各色小店的店号和霓虹灯被渐次点亮，华灯初上。

原来刚刚接二连三的破事儿都不是梦啊——杨成川真的死了，自己真的成了无父无母的孤儿了，当年"三儿"了他妈的汤小年跪下来说，你其实才是"三儿"的儿子。

这是什么狗血的八点档电视剧啊。

此刻他终于有精力去好好捋一捋这几天的变故，可是他突然什么都不想去想了。太累了。他想就这样蹲在路边，吹着风，好好地放空一会儿。

兜里的手机振动起来，杨煊仿若未闻，那振动声响了好一会儿，又安静下来。过了一会儿，振动声又执着地响起来，他还是没理。

他就这样放空地抽完了一支烟，正捏着烟蒂想要不要再抽一支时，手机又开始振动起来。杨煊叹了口气，站起来，将手里的烟蒂丢进旁边的垃圾桶，然后手插进兜里，摸出手机看了看来电显示，美国的号码，是他姥姥打来的。

那边哀叹着造孽命苦，他敷衍地应着，脸上的表情麻木，有些无动于衷。他实在是太累了。

杨煊有些走神,等到电话里叫了几遍"小煊",他才回过神:"我在听。"

"嗓子都哑成这样了,"老人心疼道,"事情办完就赶紧过来吧,要不要你姥爷去接你?"

杨煊没接话,只是说:"姥姥。"

"哎——"那边应着。

"我妈当年,为什么要结这个婚啊?"杨煊哑声问,顿了顿又说,"明明知道我爸是那样的人。"

"当年谁能知道啊!只看你那个爸一表人才,谁能想到他外面已经谈了一个女人啊,"老人叹了口气,"结婚好多年才发现这件事,真是作孽……唉,人都没了,不说这事了。"

汤小年说的也不全是对的,挂了电话后杨煊想,没有谁"三儿"了谁,都是一样的可怜,谁也不比谁好过一些。

但他还是有些茫然。他对汤小年的恨来势汹汹,此刻却落了空似的无处着力。

本以为一切的源头都是汤小年,他想过很多次要去报复她,后来选了她的致命软肋,她那个有些孤僻的、成绩很好的、又总是对自己莫名依赖的儿子,也是他同父异母的亲弟弟,汤君赫。

他继而又想到,在这场荒唐的事故中,谁都不是无辜的,杨成川不是,两个女人也不是,他自己更不是,只有汤君赫是。他无辜而可怜,而这种可怜在他出生的那一刻,就已经由他们联手造成了一部分,在过去的半年里,他又在他身上加剧了这种可怜。

一个无辜而可怜的人,在他面前却总是执着而炽热的,像一束摇曳的火光。杨煊本以为自己已经将这束火光攥到手心里了,可是他从来都没有想过,他的手心潮湿而黑暗,火光是会被捂熄的。

第 19 章

连着几天,汤君赫都没有再见到杨煊。他被汤小年送到了学校里,穿上春季校服,又开始了两点一线的高三生活。发试卷、做试卷、讲试卷……一切都在机械而有序地进行着,白花花的试卷由教室前排传至后排,哗啦啦的声音像极了不断拍打着海岸的潮汐,而潮汐是不会因谁而停止的。班里的座位重新调整了一遍,他仍跟尹淙坐同桌,但位置朝前移了两排,身后坐着的人也不再是杨煊了。

周围的同学都知道他翘课一周,又从新闻上得知了杨成川遇难的事情,他们小心翼翼地看他,目光里掺杂了探究、好奇以及怜悯,但没人敢上来和他搭话。连一向话多的尹淙也噤了声,生怕哪句话说得不对刺激到他的情绪。

汤君赫又变回了以往的冷漠模样,他的话很少,除了偶尔和尹淙交谈两句,他几乎不跟任何人说话,除了做题,还是做题。

杨成川下葬的那天是周末,陈兴将汤小年和汤君赫接到墓园的时候,杨煊已经到了。他们都穿了黑色的连帽卫衣,尽管身高有些差距,但乍一看还是惊人地相似。

对于这个巧合,汤小年并不高兴,她将汤君赫拉到自己身边,刻意地隔开他们。

杨成川生前的领导和同事来了一批又一批,他们就像接待宾客一样迎来送往,一声又一声地道谢——几乎全都是杨煊站在前面,和他们握手、道谢,他已经从几天前的打击中缓过劲儿了,也许是瘦了一些的缘故,他脸上的轮廓看上去更加锋利,身上已经有些成年人的影子了。

汤君赫就站在后面,看着他哥哥寡言却得体地跟那些大人们打交道。眼前的一切都是黑白色的,他想到他们在斯里兰卡的那七天,那多像一场梦啊,咸湿的海风,瓦蓝的海水,永不停歇的潮汐,还有浓墨重彩的火烧云……以及,他哥哥那双含着笑意的眼睛。他单调的人生前十六年好像陡然间充满了斑斓的色彩,变得壮阔而生动……难道往后的日子里,他又要一个人去过那种黑白色调的、枯燥而乏味的生活吗?

送走来客,葬礼就结束了,汤小年拉着汤君赫的胳膊回家,杨煊站在杨成川的墓碑前，盯着那张黑白照片看了一会儿，也转身低着头走了。墓园在市郊，不太容易打车，他住的酒店又离这里有些远，他走得不快，心里盘算着若是打不到车，就走到前面的公交站坐公交回去。

离公交站还有不到一百米的距离，他突然听到身后一阵急促追赶的脚步声。他没回头看，径自朝前走，那脚步声的主人很快追上来，拉着他的胳膊，气喘吁吁地看着他："哥。"

杨煊有些意外地看着他，十分钟前他目睹了汤小年拽着他上车的场景，汤小年的手握得很紧，生怕他又偷偷溜走似的，嘴上还不住地催促着让他快点儿。他有些好奇汤君赫是怎么摆脱汤小年跑过来的，但他什么都没问，只是停下来看着他。

"你要走了吗？"汤君赫微仰着下颌看着他，眼角有些发红。

杨煊知道他问的不是回酒店，而是出国："嗯，周三。"

"走了以后就不会再有联系了吗？"

杨煊沉默了片刻，还是说："嗯。"

"所以哥，你又要不理我了是吗？"见杨煊不说话，他有些急了，又开始哀求杨煊，"可我并没有不听话啊，哥，你怎么能说话不算话？"

一辆空的出租车驶过，朝他们询问式地按了一下喇叭，但杨煊却并没有转头看一眼，他只是沉默着，过了一会儿说："上次你妈妈说的话你听到了吧？"

"可那是他们的事情啊……和我们又有什么关系呢？"汤君赫的眼角红得愈发明显，"该对我妈妈愧疚的应该是我而不是你啊，是我处心积虑地接近你，不是吗？"他的手紧紧攥着杨煊的衣袖，生怕他突然丢下自己走掉，"哥，你别不理我好不好？我们就还是像以前一样……好不好？我妈妈不会知道的，我会有办法的，好不好啊哥？"

他满心等着杨煊说一声"好"，就像那天答应汤小年那样郑重。他的下眼睑连带着眼白都泛了红，那两颗黑玛瑙似的眼珠泛着水光，将杨煊明明白白地映到上面。杨煊抬眼看向远处，避开那双直视着自己的眼睛，他的两只手伸到兜里，微不可闻地叹了口气，声音沉而缓地说："我的确，有过报复你的想法。"

汤君赫愣住了，张了张口，却不知接下来该说什么。

"那支烟，你应该还记得吧？"杨煊接着说，"我的确想过要把它给你抽，它会毁了你，然后间接地毁掉你妈妈，让她就像当年的我妈妈那样痛不欲生，求死不得。"杨煊又长长地叹了一口气，"你绕了那么大的一个圈子去报复冯博，就是为了绕过我，"像是苦笑了一下，他接着说，"你应该知道我并不是一开始就想拦下那支烟的吧。"

"我知道啊，我都知道啊……"汤君赫几近绝望地说，"可你不是拦下了吗？哥，你帮过我，没有你我早就去坐牢了，就算你真的把我毁了也没关系……"

"真的把你毁了……"杨煊又苦笑一下，摇了摇头，继续说，"我带你去斯里兰卡，不是没有想过你妈妈的反应，相反，我特别期待她的反应。失去儿子跟失去母亲的痛苦应该是一样的，我也想让她尝一下……"

"别这样说，求你了哥，别把你对我的好都归为报复，别让我恨你，你不说我就什么都不知道……"

"可你现在不是知道了吗？好了，没有把你毁掉是因为你运气好，"杨煊的一只手从兜里抽出来，揉了揉他的头发，他又变成了那个称职的哥哥，用那种一贯平淡的语气说，"到此为止吧，好好上学，好好高考……"

"到此为止的意思就是再也不联系吗？"汤君赫退后两步，避开杨煊的手，强忍着即将溢出来的眼泪。

"不管怎么说我都是你哥哥，如果发生……"

"如果是这样的话，"汤君赫意识到他哥哥真的不要他了，一瞬间他被铺天盖地的恐惧吞没了，乞求不成，他无师自通地学会了威胁，色厉内荏地切齿道，"那我以后也不会再认你这个哥哥。"

"这不是认不认的问题。"

"就像我不认杨成川一样。"

他忘了他哥哥是软硬不吃的人，在杨煊转过身说"那样也好"的那一刻，他佯装出来的威胁和凶狠全都垮塌了，他慌里慌张地追过去握着杨煊的手，自尊和理智一并抛诸脑后，语无伦次地哀求他："哥，你别不理我好不好？你让我做什么都行，别不理我，求你了，你什么时候从国外回来？下个夏天你会回来的对不对？你答应过我的，求你了哥——"

杨煊将手从他的手心里抽出来，在他们指尖相触，两只手分开的刹那，汤君赫的乞求声弱了下去。

他脚下的步子停了，不再追了，他就站在原地，穷途末路地看着他哥哥走远了。

杨煊不知走了多久，才发现公交站已经走过了。

那天回去之后，汤君赫连续几天都发起了高烧，大病一场，一直过得有些恍惚。他上午去医院挂水，下午再回学校上课，混混沌沌的一天又一天就这样过去了。他总会忍不住回想他和杨煊之间相处的细节，试图确认杨煊那天说的那些全都是骗他的。

于他自己而言，这是一场全心全意的依赖，但当他试图站在杨煊的角度去看一切，又觉得从头至尾都像是一场掺杂了报复心理的不得已而为之。

而至于杨煊帮他赶走周林，半途后悔递给他那支烟，不过是因为他天性善良，就像他帮应苘打架那次一样。

他哥哥杨煊对别人总是善良的，对自己偶尔也会施以援手。

他们后来又见了一次面，是去公证处办理杨成川的遗产继承，三人都在场，杨煊突然提出想放弃继承遗产，却被告知未成年人放弃继承是无效的。这件事就这么轻描淡写地揭过了，他们全程也没对彼此说过一句话，甚至连眼神的交会都没有。

杨煊走的那天是周三，陈兴本来说要去送他的，但他临时有公务在身，需要陪领导去外地出差，只能打电话过来说抱歉。

"您忙您的吧，机场我很熟了，不用送。"杨煊说。

他一个人拖着行李箱去了机场，办登机手续，托运行李，虽然这些对他来说都轻车熟路了，但一个人做这些，对他而言却是第一次。以往杨成川都会来送他，若是实在公务缠身走不开，就会让陈兴过来，上一次有些不同，是他跟他弟弟一起走的。

办完托运，走出值机柜台的时候，他愣了一下——汤君赫来了。

汤君赫又翘课了，他穿着宽宽大大的校服，头发有些长了，半遮着眉眼，脸色苍白，看上去十分憔悴，只有那双眼睛看上去还是乌溜溜的。

他没哭也没闹，连一声"哥"也没叫，只是用那双乌溜溜的眼睛看着杨煊，嗓音微哑地说："我来送送你。"

事实上他长大以后就很少哭了，除了周林出事的那天傍晚，他从没在杨煊面前掉过一滴眼泪，他早就不是小时候的那个汤君赫了。

值机柜台离安检处不远，他们一起走了短短的一段距离。国际通道的安检区人很少，不需要排队，到了就可以接受安检。入口处立着"送行人员止步"的标识牌，汤君赫自觉地停住了脚步，他知道只能送到这里了。

杨煊也停下来，转过身面对汤君赫。机场一片亮堂，偶尔有人经过他们身旁，他们俩谁也没说话，就这样相顾无言了几秒钟。

汤君赫先低下了头，无法控制住涌出眼眶的眼泪。他用一只手盖住自己的眼睛，避免被别人看出他在掉眼泪——他还是不习惯在任何人面前哭。

他压抑着声音："如果那天你说的是真的，那我说的也是真的。"

杨煊记得他说的话——如果是这样的话，那我以后也不会再认你这个哥哥。

杨煊闭了闭眼睛，做了个深呼吸，然后脱下自己身上穿着的那件黑色的棉质外套，一扬手，把他们两个人都罩了进去，也把汤君赫的眼泪和他自己的脆弱罩了进去。

刺眼的日光被过滤在外面，小小的一方空间里黑黢黢的，谁也看不见谁。

眼睛无法适应黑暗时，其他感官就会变得极其敏感。汤君赫感觉到杨煊离他很近，鼻息扑到他的脸上，随即那只带着薄茧的手抬起来，摸索着覆上他的脸颊，把他的眼泪一下一下地用手背抹去。

　　黑色外套将他们安全地包裹起来。汤君赫还发着烧，那只微凉的手触碰到他，眼泪再也忍不住了，一瞬间唰地掉了下来，落在杨煊的手指上。

　　"记得那个生日愿望。"他听到杨煊用很低的声音说，再然后，覆在他脸颊上的那只手就拿开了，脚步声渐远。杨煊真的走了。

　　汤君赫蹲下来，裹着那件外套无声地哭了，他捂着脸，把脆弱全捂在手心里。可是两只手还是太小了，兜不住他的伤心，眼泪顺着指缝渗出来，顺着他的手腕和下巴掉下来，像断了线的珠子，全都洇进了黑色的布料里。

第20章

医院还是一往如常地熙攘繁忙，临近下班，人才少了一些。汤君赫今天下午做了三台择期手术，过程都很顺利，没出什么乱子。

昨天科室主任薛远山做了一台特级手术，汤君赫配合做一助，从头至尾在手术台边站了近十三个小时，耗得心力交瘁，到现在还没缓过劲儿来，正好今晚不是他当值，他打算早早回家补眠。

白大褂脱到一半，外面突然响起一阵由远及近的急促脚步声。

这是又来急诊了，汤君赫心道，手上放慢了动作。

果不其然，护士匆匆忙忙地推门而入："汤医生，来急诊了，薛主任叫您马上去会议室！"

"这就来。"汤君赫把白大褂穿回去，跟在护士身后跑出去。

从办公室到会议室的几十米距离，走在一旁的护士三言两语地把情况交代清楚了，说是城南闹市区发生枪袭事件，有人见义勇为中弹受伤了——枪是自制土枪，子弹也是自制的，目前病人右肺上叶残留弹片，并且造成大出血休克。

汤君赫点头应着，疾步走到会议室，握着门把手推门进入。

心胸外科薛主任急诊经验丰富，这时已经组织好各科室人员，手术室、麻醉科的几个医生都站在显示屏前，正紧急拟订手术方案。

见汤君赫进来，薛远山抬头看他一眼，继续说："目前弹片还没移位，一会儿做胸腔镜手术，我来主刀，还是君赫配合我做一助。"

心胸外科上下都知道，汤君赫是薛主任的得意门生，在他刚到普济医院时，一向疾言厉色的薛远山就曾在会议上公开夸过他，说他天生是做外科医生的料，不像有些人，书读了半辈子，割个阑尾都吓得手抖。

薛远山很少当众夸人，汤君赫的相貌又实在惹眼，所以打那天之后，全院的护士都议论开了，说心胸外科有个汤医生，刀口缝得跟他的人一样漂亮。

手术方案拟订得很利索，汤君赫洗了手进入层流手术室，护士走上来帮他穿无菌服,他的目光投向手术台上的那个人——那具身体看上去很年轻,但浑身上下都像是被血浸透了,打眼看上去触目惊心,暗红色的血液通过输液装置进入血管,正维持着迅速流逝的生命。

术前的开胸工作照例是由汤君赫来做,他在手术台边站稳了,冷静地朝器械护士伸出左手,与此同时下意识瞥了一眼手术台上那人。

冰凉的刀柄触到他的手心,还未得及握住,他的目光触到病床上那人的脸,那一瞬间,仿佛当头一道霹雳,他脸上的血色霎时褪尽,变得一片煞白,身上的血液像是刹那间凉透了,脚下险些站不稳。

"叮"的一声脆响,手术刀落在了地上,在各种仪器的运作声中听来令人心惊。

站在手术台边的医助一时都转头看他,薛远山也将目光从显示屏上收回来,皱眉看向他,厉声骂道:"手术刀都握不住了?!"

汤君赫没说话,定了定神,接过护士递来的另一把手术刀。他合上手指,握住了,做了个深呼吸,低头将刀尖对准血肉模糊的伤处。

因为刚刚那个意外,层流室的所有目光都汇聚在他手里的那把柳叶刀上,刀尖抖得厉害。薛远山看出他的反常,催道:"还嫌病人失血不够多是吧?"

汤君赫收了那只抖得厉害的左手,直起上半身,垂着眼,深吸一口气:"薛老师,这台手术我做不了,这个病人……"声线有些发颤,他咽了咽口水才能勉强说出话来,"……是我哥。"

薛远山闻言也愣了一下,但好在他阅历丰富,二十几年的手术台并不是白站的,他劈手夺过手术刀,亲自低头开胸,嘴上骂道:"那还逞什么能,出去把孙连琦叫过来!"

汤君赫推门出了手术室,眼前一阵眩晕,腿软得走不动路。他六神无主地随手抓了个经过的护士,伸手摘了口罩,竭力稳着声音说:"帮我叫一下胸外的孙副,三楼右拐第一间办公室,麻烦快一点儿。"

他脸色惨白,把护士吓了一跳,以为出了什么了不得的大事,赶忙应道:"我这就去!"说着护士抬腿就朝三楼跑。

不过一会儿,副主任医师孙连琦快步赶到,转头看向汤君赫问:"出什么事了?"走近了,他才看清汤君赫脸色煞白,嘴唇倒是有点儿血色,却是用牙齿生生咬破了渗出来的血珠,下唇上还带着齿痕,他转了话音,"身体不舒服?"

汤君赫无力地摇摇头,一句话也说不出来。往常难度再大的急诊手术孙连琦也没见汤君赫打怵过,他的神情中流露出些微诧异,但他来不及多问,匆匆换好衣服进了手术室。

汤君赫坐在手术室外的金属椅子上，额头上涔涔地冒着冷汗，脸埋到手心里，无法自控地想要干呕。

杨煊被推进来的那个瞬间在他脑子里不断回放——被血浸透了的身体，还有紧闭着的那双眼睛。

医不自医，打小汤君赫就听过这句话，到这时才真的有了切身体会。做了医生，到头来，想救的人却一个也救不了。

手术时间并不算多长，一个多小时后，薛远山拉开门，从手术室走出来。

汤君赫听到开门的声音，抬头看向他，想张口问手术情况，又被胸口吊着的那口气堵着，一时一个字也说不出。

"在关胸了，"薛远山朝手术室的方向偏了偏头，神色如常道，"没什么大碍。"

胸口吊着的那口气这才松了下来，汤君赫艰涩开口道："谢谢薛老师。"

"该谢的是他命大，这要是打穿了心肺，神仙也救不过来。"薛远山掏出烟盒，要出去抽烟醒神，走到汤君赫旁边的时候停了步子，问道，"你家里还有个哥？从来没听你说过。"

"同父异母，"汤君赫感觉自己的牙在打战，紧张感还没完全缓下来，得竭力稳着声音才能正常说话，"很多年没见面了。"

薛远山更诧异了，挑眉道："看你那么挂心，还以为你们兄弟俩关系很好。"

汤君赫勉强扯出一点笑来："说不上好，也说不上不好。"

薛远山抬眼看他，笑了一声说："那还连个开胸都做不了，多大点事儿，出息。"

待到手术完全结束，护士推着病床走出来，见汤君赫还站在外面，招呼道："汤医生还在等啊？"

"嗯，辛苦了。"汤君赫跟上去，帮忙推着病床。

"他是你哥啊？这也太巧了。"从手术台下来的护士放松了刚刚紧绷的神经，滔滔不绝地八卦道，"我们刚刚还在里面说呢，汤医生你家的基因可真是好，不但生出俩帅哥，还不带重样儿的……说来你俩长得还真是不太像，他是你亲哥吗？"

汤君赫并没直接回答，只是说："像的，眼睛最像。"

"是吗？闭着眼睛还真是看不太出来。"护士打趣道，"那等你哥睁眼了，我们再来看看。"

一旁叫来帮忙的孙副接话说："我说刚过来的时候小汤怎么脸色不对，吓我一大跳，以为出了什么大事！"

"要么都说医不自医呢，"护士打趣道，"我今天才知道，汤医生也有紧张打怵的时候。"

"来之前我正看那条新闻，"孙连琦说，"今天也多亏你哥，我看新闻上那个视频啊，要不是他，城南今天那么多人，不知道得有多少伤亡。哎哟，当时他直接冲上去把那人手里的枪踢飞了。我说小汤，你哥这身手可以啊，做什么工作的？"

汤君赫听完，眉头微不可察地微蹙着，目光投向病床上双眼紧闭的杨煊，低声道："我也不清楚，很多年没见面了。"

推着病床的两人同时意识到汤医生和他病床上的这个"哥哥"似乎关系并不佳，护士朝孙连琦吐了吐舌头，自觉地噤了声。

病床推进重症监护室之后，薛远山走进来跟 ICU 主任交流了几句病情，又叮嘱了后续的观察事项，其他人陆续走了，只有汤君赫还留在病房。

"汤医生，你留下来陪着啊？"护士临出门前回头问。

"我再待一会儿。"

"薛主任说没什么大碍了，你也早些休息啊。"

汤君赫"嗯"了一声，又道了谢。身后的脚步声渐远，他抬头看向病床上躺着的杨煊。

麻醉效果还得一阵子才能过去，杨煊一时半会儿醒不过来，汤君赫的目光便显得有些肆无忌惮，直直地盯着杨煊。

他已经很久没有见到杨煊了，十年了。

这十年里，他想过会再见到杨煊，也想过再也见不到杨煊，几乎预估了所有可能碰面的场景，本来以为对任何结果都可以心如止水了，没想到还是高估了自己。

杨煊已经不是当年桀骜的少年模样了，脸上多了几分成熟稳重的样子，头发剃得很短，衬得脸上的轮廓愈发锋利，就算是这样虚弱而苍白地躺在病床上，也像极了一把刚出鞘的利刃。

等待全麻苏醒的时间有些漫长，但比刚刚站在手术室外要好受得多。汤君赫起身走到门边，抬手关了病房的灯，到办公室拿了手机回来，倚着旁边的陪护床，摸黑看手机，屏幕上的白光投到他的脸上。

通知栏已经被各大新闻 App 刷了屏，关于城南枪袭的新闻成了当日的爆炸头条，路人拍摄的各个角度的现场视频被轮番转载——杨煊跨过护栏踢枪那一幕看起来让人心惊肉跳。

评论也是一水儿五花八门的后怕和惊叹声——

"和平年代哪儿来的枪啊？恐怖！今天下班还想去城南逛街来着，多亏临时有事！"

"警察反应这么迟钝？还要路人过来见义勇为？"

"中弹了？看上去这么年轻，别出事啊，揪心……"

"这身手，这哥儿们练过吧？！看上去比后面冲过来那几个警察利落靠谱多了！"

汤君赫点开了新闻下方的视频，监控拍下的视频里，闹事者持枪对着路人，周围的人面色惊慌，乱作一团，尽管视频是无声的，但隔着屏幕也能感受到现场的惊恐氛围。

杨煊是从闹事者的后面过来的，他两只手按着护栏，一条长腿跨过去——

汤君赫还没看到他踢枪的一幕，猛地一阵心悸，赶紧抖着手关了屏幕。他把手机放到陪护床上，低垂着头，闭上眼睛，仲手捏住眉心，过了好一会儿才松开手，然后长长地舒了口气。

半晌，他坐到病床旁边，借着窗外黯淡的路灯灯光，摸索着握住杨煊的手。杨煊手心里的茧还在,像是更厚了一些。这些年他去做了什么？汤君赫收紧手指，指尖在他的手心里摩挲了两下。然后他的指尖触碰到一处平滑的地方，圆圆的，位置靠近手腕。他心下一沉，这么多年了，被那支烟烫伤的疤痕还在。

汤君赫坐在病床旁边，倦意很浓，却又不敢闭眼，一合眼，眼前就会出现杨煊胸口中弹的那一幕，他后怕到出了一身又一身冷汗。

一直等到后半夜，汤君赫才半梦半醒地睡着了。梦里急诊室脚步杂乱，医生护士们十万火急地推着病床跑进来，他站在一楼的门口等待会诊病人，目光一转，一眼就看到病床上的杨煊。被推过来的杨煊浑身被血浸透了，已经停止了呼吸，他难以置信地走上前去摸他的手，手心冰凉——梦做到这里戛然而止，汤君赫猛地睁开眼，醒了，胸口急促起伏。

汤君赫趴在病床边，把杨煊的手握紧了一些，感觉到他的手心里是温热的，这才稍稍放了心。汤君赫庆幸——好在只是噩梦一场。

过了好一会儿，呼吸和心跳平复下来，汤君赫乏力地直起上身，转头看向杨煊。

隔着眼前的一团昏黑，汤君赫像是看到杨煊的睫毛颤动了一下，他心下悸动，尚未清醒的大脑还未来得及冒出想法，手上已经先一秒松开了杨煊的手，起身快步走出了病房。

第 21 章

第二天一大早,护士站就炸了锅,不知是谁先起了个头,说昨晚急诊来了个大帅哥,就是新闻上说的见义勇为的那个。一群二十几岁的姑娘顿时都凑过来八卦。

背身偷偷吃早饭的那个护士鼓着腮帮子,含混不清地说:"多帅啊?能有汤医生好看?"

另一个说:"我今早刚去了一趟 ICU,你别说,跟汤医生还真的有点儿像。"

吃早饭的那人咽下包子,抬头喝了口水,这才口齿清晰地叹道:"唉,好看的皮囊千篇一律,丑的皮囊可是各有各的丑法啊……"

早上薛远山带着手下的医生查房,几个病房依次查过去,几乎都是汤君赫走上前查看病人的术后恢复状况,薛远山则直着腰杆站在一旁,偶尔指点一两句。他用汤君赫用得顺手,自然有心提拔他。

临到要进 ICU 病房,汤君赫突然停了步子,走上前跟薛远山说,前面的病房有个医嘱忘下了,他得折回去交代一声。

"什么医嘱?"薛远山问。

"是 12 床的病人,赵医生交代给我的。"

心胸外科的赵临峰向来好大喜功,病历却总是写得一团糟,薛远山一向看不上他,这时冷哼一声:"他倒是很清闲。"这话说完,薛远山倒也没再说别的。

汤君赫见他默认,回身去了前面的病房。事实上赵林峰今早的确跟他说过,有个病人今天要办出院,让他帮忙接待一下,但事情远没有这样着急。他只是害怕看见杨煊,又或者说,是怕杨煊看到他。

给 12 床的病人下完医嘱,汤君赫回到办公室。几个查房的医生已经回来了,这时正低头写病程、开化验单,汤君赫绕到一个实习医生旁边,微微偏头看他手上正写着的那份病历。那是杨煊的病历,他一眼就可以看出来。

实习医生诚惶诚恐地抬头:"汤医生……"说着他就要站起来。

"你写你的,"汤君赫伸手按了下他的肩膀,示意他不用起身,"我就看看。"

因为有汤君赫在身后盯着,实习医生有些紧张,一句话得在脑子里过好几遍才敢落笔。汤君赫也不催,就那么偏着头看他一笔一画地写完,才开口道:"写好了?我看一下。"说完他捏着病历本拿起来看。

"哦，好……"实习医生站起身，把笔递给他，"汤老师，您顺便给补个签名。"

"嗯。"汤君赫接过笔，目光扫到薛远山刚刚写的那几行龙飞凤舞的医嘱，逐字看完了，握着笔边签名边问，"这个病人的状况怎么样？"

"薛主任说恢复得不错，今晚再在ICU监视一晚，没事的话明早就可以转普通病房了。"

汤君赫点点头，又将下面写好的几份病程大致看了看，签好名递给实习医生。去手术室的路上要经过ICU，ICU病房不设窗户，从走廊上看不到病房里面的情况，汤君赫低着头快步经过，径直走到手术室。

因为昨夜精神受到巨大冲击，再加上一夜未眠，汤君赫的精神状态有些不佳。上午强打精神主刀了两台择期手术，下手术台后，他明显有些精神不济。他换了衣服，摘下口罩，上七楼的肿瘤科去看望汤小年。

汤小年正吃着护工打来的午饭，精神看上去倒是不错，见汤君赫过来，她更是心情好了许多："刚下手术台啊？吃饭了没？"

"一会儿吃。"汤君赫走近了看她饭盒里的饭，"如果医院的饭吃够了，晚上让周阿姨去楼下餐厅买。"

"这饭挺好的，我可没你那么矜贵。"汤小年抬头看看他，"脸色这么差，又没睡好？"

"嗯，"汤君赫抬手揉了揉太阳穴，过了一会儿说，"妈，我想下午去请个年假。"

"这段时间累啊？"汤小年自知自己的病让汤君赫耗尽精力，自责道，"都是我这病闹的，把你拖累了。"

"跟这没关系，"汤君赫摇摇头，"是我自己想休息几天。"事实上他是怕看到杨煊，每天几次的查房总不能次次都逃过去。

汤小年只当他工作太累，点点头说："多休息几天也好。"

申请年假得先过薛远山这一关，再跟科室提交申请，汤君赫去年就没休过年假，本以为今年会顺利申请下来，没想到在第一关就碰了壁。

"不准休。"薛远山二话不说地驳回他的请求。

要是放在常，汤君赫从不为休假的事情争论半句，但这次他却罕见地有些坚持："薛老师，我最近精神状态不太好。"

薛远山皱眉道："那这两天就少做两台，把不打紧的择期手术往后推推，为什么非得休年假？"

汤君赫不松口。

"科里新老交替，病人又多，正是用人的时候，你现在休年假，这不是打我的脸吗？"薛远山面色不佳地说完，沉默了片刻又道，"你尽可以去休你的年假，我没什么异议,但回来之后我不会再带你上手术台。"

薛远山是汤君赫的博士生导师,汤君赫临床八年博士毕业,第一台手术就是跟着他做的。要不是薛远山的有心栽培,汤君赫自知他现在不可能有这么多独立主刀的机会,汤小年也不会得到医院的资源优待,他是不可能忽视这份知遇之恩的。

休年假这事儿就这么不了了之。薛远山虽然当时撂下狠话,事后倒并没有再提起,第二天就带着汤君赫上了一台双肺移植手术。

做完手术已是傍晚,汤君赫换了衣服,摘了口罩透气,两只手伸到白大褂的口袋里,独自朝办公室走。自打在手术台上看到杨煊的那晚起,他连续三天失眠,精力几乎耗到极限。

杨煊的身体状况恢复良好,已经被转到心胸外科的普通病房。病房外面站着几个人,肩上扛着单反和摄像机,正围着一个护士情绪激动地说着什么。

护士一闪眼就看到汤君赫,扭过头,苦着脸向他求救:"汤医生,他们非要采访病人……"

汤君赫还没来得及开口,几个记者很快转移了目标,凑过来将他围住,其中一个男记者抢先说:"医生,我们就采访几分钟,大家现在都很关注这件事……"

另一个人接话道:"对啊,我们就是想采访一下这位见义勇为的英雄。"

"这要求不过分吧?"

汤君赫被涌到耳边的声音闹得头疼,冷淡地打断几个人道:"如果病人不同意采访,那医院只能尊重病人的决定。"

几个人面面相觑,其中一人突然说:"那医生,既然是你们医院的病人,我们采访一下您总行吧?"

"我也不接受采访。"汤君赫说完,侧身挤了出去,转头看向一旁傻站着的小护士,"小宋,你跟我过来一下。"

汤君赫朝楼道的另一头走了几步,停下来抬眼看了看那几个记者,又垂眼看着矮他一头的护士问:"病人不接受采访?"

"嗯……按说接受采访也没什么的,其实我也挺想看看采访的……"护士撇嘴道。

"病人不接受采访就不要让他们进病房了。"

"我知道,他有朋友在里面看着的。"

"有朋友?"汤君赫有些意外,见护士点头,他想了想又说,"如果之后改变主意接受采访,你要注意采访时长,不要让病人过度疲惫。"

"知道了汤医生。"护士点头应着。

汤君赫叮嘱完，转身朝自己的办公室走。路过杨煊的病房时，那几个记者正举着相机对着窗户偷偷拍照。他忍不住顺着镜头的方向，朝窗户内看了一眼，果然，正如小宋所言，杨煊的病床边围着两个人，一男一女，想来是特意过来照顾他的。

汤君赫的目光移到病床上，想看一眼杨煊，没想到恰在此时，杨煊也转头瞥过来，两道目光隔着玻璃撞上，汤君赫微怔一下，随即移开目光，低下头匆匆离开。

认出来了吗？走了几步，汤君赫把口罩拿出来戴在脸上，抄在白大褂口袋里的手不自觉地攥起来。只是一眼，应该认不出来吧，毕竟已经过了十年，人的相貌是会发生改变的，而记忆也是会随着时间淡化的，更何况前面还站着那几个记者，或许挡住了自己也说不准，他自欺欺人地想。

第22章

当晚轮到汤君赫二线听班,一晚上来了三台急诊,一线值班的住院医生应付不过来,打电话把他从床上叫了起来,他穿上衣服就朝医院赶。

薛远山看人的眼光的确老辣,纵使汤君赫再怎么精神不济,只要一站到手术台边,他就能有条不紊地把手术做完。除了几天前遇到杨煊的那一次。

这一晚的急诊没出什么岔子,但没想到第二天上午,汤君赫自己却差点儿一头栽倒在手术台边。

当时病床上躺着一位早期肺癌患者,汤君赫主刀,薛远山站在一旁做一助和手术指导。在普济医院,肺段切除术这样的大手术,一般只有具备副主任医师以上资格的医生才可以主刀,若不是薛远山钦点,汤君赫根本就不会有机会站到主刀位置。两个多小时的手术过程需要保持全神贯注,丝毫分不得神。

摘除病叶后,汤君赫松了一口气,正要将支气管的残端缝合,眼前突然黑了一下,随即身体一晃,耳边闪过器械护士的一声惊呼:"汤医生!"然后他就意识全无了,等到再睁眼,已经躺在了心电图室的病床上。

做心电图的医生是心内科的师妹,结果出来后,她绕到病床边给汤君赫撤导联线,见他睁眼,又惊又喜道:"汤医生你醒啦!"

"没什么异常吧?"汤君赫撑着病床坐起来。

"心电图很正常,一会儿你再去做个脑电图吧,怎么会突然晕倒?最近休息得不好?"

"嗯,有点儿失眠。"汤君赫说,然后又想,其实应该算严重失眠。

"最近这几天心胸外科的急诊是有点儿多,注意身体啊。"师妹绕到病床的另一头,正要帮他取下脚踝处的吸球,突然睁大眼睛惊讶道,"汤医生,你还有文身啊!"

汤君赫只说:"嗯。"

小师妹又好奇地问:"这是文的什么,树?"

"白杨。"

"但没有叶子,"小师妹看着那个文身说,"挺特别的。什么时候文的?"

"有十年了吧。"

"哇,十年,那时候你是不是还没上大学啊?汤医生,你可以啊,没想到你还有这么叛逆的时候。"

汤君赫的目光也落在那处文身上,当年那个文身师的技术上佳,已经过去十年了,皮肉生长,细胞更替,但墨青色的文身依旧清晰如初,像是印刻了骨血里。

他没再说话,伸手将挽到小腿的裤脚放下去,下了病床。

脑电图和心电图都正常,汤君赫拿着诊断结果回了办公室。他自己就是医生,尽管专攻心胸外科,但毕竟学了八年医学,对于其他大大小小的病症都大致有些了解。他自知这次晕厥是因为连续几天的失眠导致大脑供血供氧不足,只要能睡足一觉就没大碍了。

经过心胸外科的护士站时,昨天被记者围住的护士小宋跑过来问:"汤医生你没事吧?"

"没事。"汤君赫说。

"吓死我了,你千万不能出事啊,你可是我每天上班的动力!"

她神情夸张,汤君赫配合地微哂:"不会出事。"

"对了汤医生,还没来得及跟你说,"小宋压低了声音,神神秘秘地卖关子,"23床那个大帅哥昨天傍晚问起你来着。"

23床的病人是杨煊,昨天傍晚正是他们对视的时候。汤君赫一怔,面上若不经意地问:"问我什么?"

"就问,你们科有没有个姓汤的医生。汤医生,她们都说他是你哥哥,到底是不是呀?"

汤君赫没正面回答,只是问:"那你怎么说?"

"我当然实话实说啊!"

小宋的确是实话实说,她说了全院上下流传甚广的那一句——"汤医生的刀口缝合得跟他的人一样漂亮"。

当时23床的那个帅哥没说话,倒是旁边过来照顾他的那个女人笑得有些夸张,边笑边说:"队长,有没有人说过你们长得有点儿像?"

因为上午差点儿在手术台边一头栽倒,薛远山总算给汤君赫批了半天假。

汤君赫回家咽下两片安眠药,困意浮上来,倒头就睡。没有急诊电话打过来,他总算睡了个昏天黑地,连晚饭都不记得醒过来吃。

等到第二天起床上班,有同事拿着手机过来打听他跟杨煊的关系,他才知道自己上了新闻。

新闻配图是杨煊倚在病床上的侧脸,汤君赫立即回忆起前天病房外的那几个记者,想来应该是他们偷拍的。不仅如此,新闻上还写了他们之间的兄弟关系——不知是医院里的哪个人透露给记者的。所以那篇新闻的第二张配图便是汤君赫的照片——贴在心胸外科员工栏的那张,穿着白大褂的员工照。

"汤医生,你们兄弟俩这下可是出名了,下面好多迷妹说要组团来看你们。"同事划着下面的评论给他看。

汤君赫蹙眉道:"这是泄露病人隐私。"

那人一愣,笑呵呵地说:"放心,新闻没提到咱们医院的名字。"见汤君赫还是眉头紧锁、神情冷峻,他又劝,"我说小汤,你有点儿年轻人的样子好不好,上了新闻应该高兴点儿嘛,这是好事情。"

汤君赫没应声,待同事走后,他转身坐到自己的电脑前,打开员工系统,跟行政部门反映了这件事,直说有人泄露病人隐私,并且搜索出相关的新闻链接附了上去。

等他敲完字点击发送,正要去手术室时,小宋突然跑过来,手里拿着单子问:"汤医生,23床的帅哥申请转到特需病房,给不给批啊? 是不是要薛主任签字?"

汤君赫接过单子低头看:"理由是什么?"

"就是那条新闻啊,好多记者过来了,估计嫌太吵吧。"

"他自己要转?"

"他那个女朋友来跟我说的。"

汤君赫的目光突然从单子移到小宋脸上,定定地看着她。

小宋莫名其妙道:"汤医生你怎么突然这样看我?"

汤君赫垂下眼帘说:"没事,先转吧,一会儿我跟薛老师说。"

中午做完手术,汤君赫摘了口罩跟薛远山打申请——其实是先斩后奏:"薛老师,23床的病人申请转特需病房。"

特需病房是单间,条件跟价格都堪比五星级酒店,住院费用不能报销医保,虽说是病人自掏腰包,但由于床位太少,医院处理申请时还是慎之又慎。

"23床病人?"薛远山皱眉回忆。

"来采访的记者太多了。"汤君赫提醒道。

"你哥啊,"薛远山记起来,"那转吧。"

汤君赫拿过单子让他签字,薛远山边签边说:"明天银州有个肿瘤大会要我参加,我那几床的病人就交代给你了。"

汤君赫没有立即应下来,反倒愣了一下,薛远山把签好的单子递给他:"愣什么,现在还想挑活了?"

汤君赫还没来得及说话,薛远山已经转身走了。他派下来的活,容不得汤君赫自己选择要不要接。薛远山的办事风格一向如此，给出手的时候有多大方，要回来的时候就有多严苛。所以全科上下，他对汤君赫最上心，也对汤君赫最苛刻。

第二天早上，薛远山不在，他带的那几个医生都跟在汤君赫身后查房。汤君赫一间一间病房查过去，对每个术后的病人都询问得很细致，还上前俯身查看创口的愈合情况，然后根据不同的情况修改当天的医嘱。

查房的速度并不快，但这一层的普通病房还是很快就查完了，接下来就是12层的特需病房了。四五个人跟着汤君赫，乘电梯上楼，汤君赫站在电梯一层，拿着单板夹看薛远山前几天给杨煊下的医嘱。

走出电梯间，他伸手将口罩拉高了一些。只露出眼睛，应该不太容易被认出来吧。到底他还是有些心存侥幸。

身后跟着进修医生和新进医院的实习医生，汤君赫走在最前面。特需病房需要打卡进入，他拿着胸口的员工牌贴近打卡器，"嘀"的一声，锁开了。他握着门把手，朝下压着转动，推开门走进去。

病房里面，照顾杨煊的还是天的一男一女，那个女人正在跟他说话："已经在花钱找人删了，就等——"听到推门声，她转头看过来，"医生来查房了。"

陌生的脸，没见过的人。汤君赫想。

照例汤君赫是要走上前查看创口的愈合情况，那两个人很配合地起身给他让位置。汤君赫的目光垂下来，走上前靠近了，身子俯下去，伸手揭开杨煊胸前的敷料，查看刀口缝合处。他们离得很近，汤君赫可以透过医院浓重的消毒水味，闻到杨煊身上若有若无的烟草味。

他不看杨煊，却能感觉到杨煊在看自己。杨煊的目光一直落在他脸上，他这才知道，原来目光会这样重。以前的目光也这样重吗？还是目光也会随着年龄的增长而增加重量？

他竭力地集中精神看创口，原本只是扫一眼的事情，突然得打起十二分精神才能看出愈合情况。

他松开敷料，刚想起身退后两步下医嘱，杨煊突然在他头顶开口了，声音压得有些沉："好久不见。"

第 23 章

特需病房很安静，这声"好久不见"显得意味深长，跟在汤君赫身后的实习医生们一时都抬头看过来，视线在他们身上来回打转。

汤君赫微微恍神，心脏像是快停跳，自知再躲不过，他直起身，伸手摘下口罩露出整张脸，竭力镇定地抬眼看杨煊，但目光一接触，又很快垂下眼："嗯，十年了。"

病房里安静了片刻，汤君赫微不可闻地深深吸气，将气氛拉回正轨："术后愈合得不错，半月内不要吸烟了，会影响创口愈合。"

杨煊靠在病床上看着他："好。"

汤君赫继续说："饮食还是要清淡，明天就可以撤引流管了。"

杨煊配合地应道："嗯。"

一切都像是医生和病人间进行的普通对话，甚至还要更简洁些。汤君赫顿了顿，侧过脸对特需病房的护士说："薛主任的医嘱没什么要改的，今天还是按照昨天的来。"

"好的汤医生。"护士点头道。

出了病房，汤君赫抬手戴上口罩，长长地呼出一口气。跟在他身后的实习医生们面面相觑，其中一个大着胆子走上去，小心翼翼地问："汤老师，刚刚那个病人的病程我来写？"

汤君赫只顾着低头朝前走："不用，一会儿我来，你们先回去吧。"

跟在身后的人都散了，汤君赫拐进洗手间，用冷水洗了脸，站在洗手台前，等心跳稍稍平复下来才转身去手术室。

电梯间的实习医生们瞬间八卦开了："他们到底是不是兄弟啊？好像是有点儿像啊！"

"但气氛怪怪的，我刚刚气儿都不敢喘。"

"如果是兄弟为什么会好久不见啊……"

"我刚刚就站在后面，汤医生明明握着钢笔，但是一个字儿都没往纸上写……"

因为那则新闻和早上特需病房里发生的一幕，汤君赫和杨煊的关系一时成了医院上下众说纷纭的热门八卦话题。

下午汤君赫跟孙连琦上手术台，手术进行得顺利，孙连琦又一向喜欢开玩笑，进行关胸时，层流室的氛围活跃起来。进来观摩学习的进修医生好奇地凑上前打听："汤医生，那天急诊送来的那个帅哥真是你哥？亲哥？"

汤君赫低着头，专注地缝合关胸，过了好一会儿才道："同父异母。"

他神色如常，语气间又透着一贯的冷淡，进修的实习医生不好意思再继续多问。

"剩下的你来缝合，"汤君赫转过脸看她，"过来。"

"啊？哦……"实习医生站过来，接过汤君赫手里的丝线，战战兢兢地小心缝合。

孙连琦站在一旁笑道："缝得好看点儿啊，不要跟你们汤老师对比太明显。"

一台手术做完，汤君赫换了衣服，进旁边的休息室喝水，泌尿外科的师兄李渊正站在窗边点烟，见他进来，招呼道："手术做完了？"李渊又晃了晃手里的烟盒，"要不要来一支？"

本来他只是象征性地一问，连烟都没打算拿出来，没想到汤君赫真的接过烟盒，自己抽了一支出来，又将烟盒还给他，看向他手里的打火机："师兄，借个火。"

李师兄一愣，把打火机扔给他，有些意外道："小汤，你会抽烟啊？"

"会一点儿。"汤君赫点燃烟，深深吸了一口。

"以前没见你抽过啊。"

"几年前就戒了，"汤君赫把打火机还给他，"本科时抽得多。"

"嚯，那你这是复吸啊，"李师兄开玩笑地拍他的肩，"小心前功尽弃。"

也许已经前功尽弃了，汤君赫心道。

"对了，我刚刚做了一台手术，那个病人的膀胱长得特好看，我觉得都能给教材投稿了，"师兄从兜里掏出手机要翻照片，"我拍了一张照片，找给你看看啊……"

照片还没翻出来，一个护士探头进来："汤医生，12层特需病房的病人创口——"话没说完，护士就看到了汤君赫手指间夹的那支烟，惊讶道，"汤医生你还吸烟啊？"

汤君赫看向她："创口怎么了？"

"哦……有点渗血，你去看看？"

"好。"汤君赫说完，弯腰在茶几的烟灰缸里捻熄了烟，拿起旁边的白大褂一边穿一边朝外走。

电梯上升，护士还没缓过来："汤医生，以前从来没见过你抽烟哎。"

汤君赫看着电梯屏显上跳动的数字说:"偶尔会抽。"

他打卡进入特需病房,早上那一男一女现在只剩下那个女人。弯腰查看创口的时候他瞥见旁边的桌子上放了一束花,新鲜的,白色的百合花。

创口的确有些渗血,渗出的血浸到敷料上,汤君赫仔细看了看,盯着创口问:"下床活动了?"

杨煊没说话,只是看着汤君赫。等汤君赫不得不抬眼看他,他才道:"半小时前。"

汤君赫点点头,又垂下眼:"拉扯到创口了?"

"没太注意。"

汤君赫将听诊器的传感头放在杨煊的胸口,沉稳的心跳一下又一下清晰地敲在他的耳膜上,听不到什么杂音,他直起身道:"伤口还没有完全愈合,这两天最好减少活动,没什么大碍,我给你换一下敷料。"

护士拿来新的敷料,他俯下身给杨煊更换,动作熟练。

也许是因为身上的烟味儿还没来得及散干净,换到一半,杨煊忽然开口:"病人不许吸烟,医生不需要做好示范吗?"

汤君赫手上的动作一顿,沉默片刻后才说:"没有这个规定。"

尽管没有直视杨煊,汤君赫的余光也可以扫到他的一边嘴角轻微扯动,像是笑了一下。

换好敷料,汤君赫直起身,又跟一旁的特需病房护士交代几句。他感觉到站在旁边的那个女人的目光落到自己身上,像是在打量他。

那花是她送的吗?倒是挺好看的。

"汤医生,再过几天才可以出院?"她说话了。

"三天,"汤君赫看向她,人也是好看的,"如果没有特殊情况的话。"

那女人点点头,笑着说:"谢谢汤医生费心了。"

"应该的。"汤君赫说完,收了医用器材,转身走出了病房。

门一合上,尤欣坐到一旁的陪护床上,笑着开起玩笑:"队长,这真是你弟弟?怎么好像不认你啊?"

杨煊不搭腔,合上眼皮:"走的时候把花也带走。"

"逐客令要不要这么明显啊……这是我们组长专门让带过来的,我走的时候还被刑侦科的老吴看见了,说不准他明天要亲自上门带玫瑰花过来呢。"

杨煊先是没说话,过了一会儿才道:"上门送礼也要看看喜好吧?"

"你理解一下老男人急于示好的笨拙手段好不好?队长,你就来我们重案组呗。老徐说了,病假给你准仨月的,什么手续都不用你自己操心,他全派人给你

105

办好，三个月之后，你就只管人过来就行，再说了，你照顾一下我们昔日的深厚战友情好不啦？"

"知道了。"杨煊说。

"知道了是什么意思啊？答应还是不答应？"

"就是知道了的意思。"

"算了算了，我这个说客说不动你，之后让老徐自己跟老吴battle（指较量）吧……"尤欣仰头叹口气，肩膀塌下来，过了一会儿直起身，又看向杨煊道，"对了队长，我昨天走的时候听一个护士说，汤医生的妈妈也在这家医院里。"

薄薄的眼皮下，眼球像是动了一下，杨煊睁开眼看向她。

"呃……好像是得了胰腺癌，晚期了，你应该见过他妈妈吧？……队长？"杨煊有些愣怔，听她又叫了一声"队长"才回神道："见过。"

那则新闻的传播势头太猛，尽管到了傍晚，网络上的相关新闻已经删掉大半，但医院里关于这件事的讨论却丝毫没有降温，甚至传到了汤小年的耳朵里。

隔壁床位的家属看完新闻向他打听："您还有一个儿子呢？"

汤小年神色微变："谁说的？"

"新闻上都报道了，哥哥是枪袭事件中见义勇为的路人，正好被送到弟弟的医院救治，看这个弟弟的照片可不就是汤医生吗？这也太巧了，您家两个儿子可真是都有大出息。"

汤小年接过她递来的手机，手指朝下滑动着翻看，然后停到杨煊那张侧面照上不动了。

汤君赫夜晚值班，从食堂打了晚饭陪汤小年一起吃。

汤小年上午刚做完化疗，食欲不佳，汤君赫便专门给她打了粥。几次化疗下来，汤小年的头发掉得厉害，整个人变得骨瘦如柴，打眼一看，她瘦得有些可怕，精气神儿也不复往日，但仔细端量，还是能从眼角眉梢看出她年轻时是个美人。

"今天做了几台手术？"汤小年喝下一口粥问。

"三台。"

"那不太忙。"

"下午去了门诊。"

"这几天急诊很多？"汤小年开始旁敲侧击。

"前两天多，这两天还好。"

汤小年点点头，没说什么。过了一会儿，她瞥了瞥旁边病床躺着的老太太，老太太和前来照顾她的家属正吃晚饭，闲聊着家常。汤小年见他们没注意这边，压低了声音对汤君赫说："我前几天说的肿瘤科那个新来的医生，你考虑了没？"

"没注意。"汤君赫吃完饭，将餐盒收拾到一起。

被检查出患了胰腺癌之后,汤小年开始隔三岔五地给汤君赫踅摸相亲对象。这个"肿瘤科新来的医生",汤小年两周前就跟他提过,今晚她又提起来:"怎么会没注意?就是经常来给我扎针的那个,上次你们不是还说过话?我觉得人还不错。"

汤君赫不感兴趣:"妈,这不是人好不好的问题,你还是赶紧喝粥吧。"

"你要是也觉得不错,我找机会帮你打听打听。"汤小年观察着他的神色,又低头继续喝了一口粥,"人家那么喜欢跟你搭话,我又不是看不出来。"

汤君赫的目光落到电视屏幕上,半晌没应声,等汤小年又催了句"听到没",他才说道:"你就不要操心这些了,安心养病吧。"

汤小年不再说话,过了一会儿才语气不佳道:"要不是我快死了,我才不想管这些事,难不成我死了以后,你永远一个人啊?连个互相照应的人都没有,万一有个小病小灾的,谁照顾你?"

她情绪激动,一时忘记放低声音,一旁的老太太听进了半截话,转过头笑笑地说:"汤医生条件这么好还愁找不到女朋友啊?是不是眼光太高了?"

汤小年说:"不知道他在想什么。"

汤君赫站起来,拎起装着餐盒的垃圾袋,低头看着她说:"只要你安心养病,我就不会是一个人。"

第24章

薛远山去外地开会的那几天，杨煊病房的查房工作全都由汤君赫负责。

本以为面对杨煊的这几天会很难熬，但汤君赫发现，只要迈过了最初那道坎，剩下的几天反而没有想象中那么难捱。

只有一次例外，就是杨煊转到特需病房的第二天，早上查房时汤君赫俯身查看引流液的状况，正伸手想要握住引流管时，杨煊也恰好抬手去接尤欣递来的一杯水，一时两只手在半空触碰到一起，汤君赫条件反射似的缩了回来。杨煊的手也顿了顿，原本舒展的手指微微握起来，垂下来落到身侧，他转头看着尤欣："先放桌上吧。"

意识到自己反应过激之后，汤君赫定了定神，继续刚刚想要查看引流管的动作。

出了病房，他不自觉地用拇指摩挲着刚刚指尖相触的位置，那里被烧伤似的灼灼发烫，连带着五根手指和整片手心都开始发热。

十几年前他们曾做过那么亲密的兄弟，但现在只是手指微触，都让汤君赫觉得有些畏惧。

下午拔除引流管的过程则更荒唐。上过数不清的手术台，只是拔管这样的基础操作，汤君赫居然会感到紧张。拔管前他抬眼看着杨煊："可能会有点儿疼。"这话他以前只跟十岁以下的小朋友说过，话说出口，才意识到着实有些多余，毕竟胸部中弹的疼都受过了，拔管这点儿微不足道的疼又算得了什么。

杨煊则看着他说："没事，我不怕疼。"声音低沉，听来甚至给人一种温柔的错觉，再善解人意的病人也没这么好说话。

拔下引流管后，汤君赫用纱布压住引流切口，手指下面是紧实的肌肉，少年时只是初具规模，现在已经可以用精悍来形容了。

回办公室的路上，汤君赫有些恍惚，他对过去十年的杨煊一无所知，他们是兄弟，但现在却变成了十年未见的陌生人。

"队长，这么多年了，你可从来没跟我们这么说过话！"门一合上，尤欣开始抗议，还拉过一旁的郑锐做外援，"锐哥你说说，他是不是从没跟我们用过这种语气？"

郑锐配合地摇着头，斩钉截铁道："没用过！"

"那会儿你第一次出任务的时候，腿上中了一枪，队长怎么说来着？"

郑锐戏精上身，模仿着杨煊当时冷峻的神色，沉着脸，皱着眉，连语气都还原得入木三分："别出声，忍着。"

尤欣叹一口气："唉，弟弟的待遇就是不一样啊……"

杨煊瞥一眼正频频点头的郑锐，说："那次任务做完，是谁背你回去的？"

这下郑锐没词儿了，挠了挠头，讨好地笑："是队长你。"

杨煊轻笑了一下："没良心。"

杨煊在三天后出院，尤欣过来找薛远山办理出院手续，没找到薛远山，她便走进一旁的办公室，屈起手指敲了敲门。

正低头写病历的汤君赫回头看过来，认出尤欣，用眼神询问她有什么事。

尤欣探身进去问："汤医生，薛主任不在啊？"

"出去开会了。"

尤欣歪头道："那找你办出院手续也可以吧？"

汤君赫微忖片刻，点头道："可以。"说完他放下手中的病历和笔，起身叫上心胸外科的护士小宋，跟着尤欣坐电梯去12层。

下了电梯，他们朝特需病房的方向走过去。

距离病房还差几步路，汤君赫看见杨煊正倚着门框，侧过头跟一旁的男人说着什么，他身上的病号服也换下了，此刻穿着烟灰色的衬衫和黑色的长裤，衬得整个人身量修长，打眼望去，完全看不出是个在医院里躺了近十天的病人。

汤君赫走近了，杨煊将目光转到他身上，停止了刚刚的谈话。

汤君赫的手指捏着单板夹，这么多年过去了，他还是要微仰着下颌才能看向杨煊的眼睛。他的目光落在杨煊挺直的鼻梁上："一周之后过来拆线，这几天注意不要剧烈运动。"提完了常规的医嘱，汤君赫又多嘱咐了几句忌口的话。

他们一起乘电梯去4层的心胸外科室取药。医院上下电梯的人多，等电梯下来的时候，尤欣看着汤君赫说："汤医生平时工作很忙吧？"

汤君赫看着电梯屏显上半晌也不动的数字："还好。"

"您这么年轻，真看不出会是主刀大夫。"

站在汤君赫身侧的小宋说："汤医生很厉害的。"

尤欣笑了笑，看着神色冷淡的汤君赫问："汤医生也快下班了吧，一会儿我们顺路送你啊？"

汤君赫转头看向她："怎么知道顺路的？"

尤欣笑道："不顺路的话，绕路也可以嘛，这几天太麻烦您了。"

"不用了，"汤君赫说，"我今晚值夜班。"

一直站在旁边不作声的杨煊忽然开口问："拆线前如果有什么问题要找谁？"

汤君赫抬眼看他，睫毛颤了一下，又垂下来："可以找薛主任……也可以找我。"

"那留个电话？"杨煊看着他问。

汤君赫没作声，也没动作。

杨煊拿出手机，拇指在屏幕上触了几下，调出通讯录的界面，捏着手机下端递到他眼前。他意图明显，周围的人也都不说话，小宋大气不敢喘地缩在后面。

汤君赫不伸手接，杨煊也不收回手，两人僵持了几秒。电梯停在5层，有病人上来，汤君赫这才伸手接过手机，输了自己的号码，又敲了"汤君赫"三个字上去，然后将手机还给杨煊。

病人有正当需求，医生自当满足，但只有汤君赫自己清楚，以往他留给其他病人的都是办公室里的号码，唯独留给杨煊的是他的私人号码。

在护士站取药时，汤君赫靠着柜台站在一旁，看着护士向杨煊说明服药事项，这些事情本应由护士独自完成，但他到底还是放心不下。

护士说话间，汤君赫正欲起身回办公室，一转头，看到汤小年站在不远处。

汤小年的病房在7层，平日里她不常下楼，因为怕打扰汤君赫工作。

她不知在这里一声不吭地站了多久，汤君赫额角一跳，走过去扶着她："你怎么乱跑？找我有事？"

汤小年远远地看着杨煊，杨煊显然也注意到了她，抬眼看过来。汤小年收回目光："病房太闷，我下来走一走。"

"这里人太多了，傍晚我陪你到楼下花园走。"汤君赫抬手扶着汤小年的肩膀，触及的是一把病弱的骨头，汤小年形销骨立。汤君赫说完，没看杨煊，扶着汤小年朝楼道一侧的电梯走。

"那就是汤医生的妈妈？"尤欣顺着杨煊的视线看过去。

"嗯，"杨煊收回目光，"可以走了？"

"哦，可以了，本来还想开车把你弟弟送回去呢。"尤欣说着，观察着杨煊脸上的神色，几天下来，她已经看出杨煊和汤君赫似乎并不是寻常的兄弟。

但杨煊面沉似水的神情让她找不到头绪，却又不敢直接开口发问。

杨煊走楼梯下楼，走到大厅时，门口忽然迅速闪过一道人影，长期的职业敏感性让他敏锐地察觉到，那人并不是因为单纯的匆忙才飞快闪过，而是在刻意躲避他。杨煊加快脚步，疾步走出去，朝刚刚的人影的方向看过去，但视线里一无所获——人已经走了，或者已经藏了起来。

尤欣跑着跟过来，看了看周围，又转头看向杨煊，见他面色不对，不明所以地问道:"队长,怎么了?"

杨煊皱眉道:"有人在躲我。"

"谁啊?"尤欣讶异道,"你刚回来,没结什么仇吧?"

杨煊若有所思地摇摇头:"先走吧。"

将汤小年送回病房,汤君赫心不在焉地走回办公室。

杨煊在的时候,他总是为接下来的查房感到忐忑,如今杨煊出院了,他又觉得心里空了很大一块。

还会再见面吗?汤君赫一边用一次性纸杯接了水来喝,一边想,或许不见也好,毕竟十年都这样过去了。如果再回到杨煊刚走时的那种状态,他是无论如何也没办法再撑过一次的。

汤君赫坐到自己的办公桌前,将水杯放到桌子上,拉开抽屉,想拿出病历继续写病程,但抽屉一拉开,赫然看到了放在抽屉外侧的一个小纸箱。令人心惊的不是纸箱本身,而是上面暗红色的字迹,"汤君赫"三个字像是用血写上去的,干涸后呈现一种铁锈似的红色。

他把那个纸盒拿出来放到办公桌上,打开盒盖,乳白色的海绵上躺着一截断指,截面渗出的血浸到下面铺着的那层海绵上。

汤君赫是做外科医生的,再血腥的场面也见过,他站起来取了个镊子,夹起那截断指,拿起来镇定地看了看。

"汤医生,17床病人——"推门而入的护士话没说完,目光落到那截血呼呼的断指上,顿时倒抽了一口冷气。

汤君赫抬眼看向她,把断指放到海绵上,语气平常地问:"17床病人怎么了?"

护士还没从惊恐中回过神:"我的天,那是什么啊汤医生?手指吗?"

汤君赫微微蹙眉:"嗯。"

"哪儿来的啊……"

"不知道是谁放到我办公桌的抽屉里,你有见到陌生人进这间办公室吗?"

"我刚刚不在这边,没注意……"

汤君赫点点头:"我一会儿去查监控吧,17床病人怎么了?"

护士这才惊魂甫定地将目光从那截断指上收回来:"哦,17床病人问手术可不可以提前两天做……汤医生,不需要报警吗?"

"先看病人吧。"汤君赫将纸盒盖好,放到原本的位置上,然后合上抽屉。

第25章

接到报警后,两名警察很快赶过来,对着汤君赫的办公桌拍照取证,又拿走了那截断指的物证。

汤君赫跟着警察一起查看了医院的监控,令人意外的是,捧着纸盒进入办公室的,是一个看似平常的十岁左右的小男孩。

"可能是雇人放进来的也说不准,"其中一个警察看着监控说,"嫌疑人自己不敢露面。"

"会不会是医闹啊?"另一个警察看着汤君赫问,"你能不能想到这方面的经历?"

汤君赫想了想,摇头道:"我今年3月才开始做主刀医生,主刀的手术也都不是什么大手术,没有闹出过人命。之前我一直是跟着薛主任做一助,正常来说,就算出了事情,病人家属也会闹到主刀医生的身上,很少有人去找一助的麻烦。"

"这么说倒是挺蹊跷的……"警察思索道,"这样吧,你回忆一下有没有可疑的地方,想到线索随时打电话告诉我,我们这边也同步调查。"

另一个警察说:"你们这医院进进出出的人也挺杂的,最近吃饭啊喝水啊,都小心一点儿。"

汤君赫点头道:"这我知道。"

警察走后,汤君赫坐在办公桌前将手上的病历写完,去食堂吃完晚饭,然后到肿瘤科病房扶着汤小年去了楼下花园。4月中旬的花园呈现盎然的春意,傍晚天气稍凉,但仍有不少家属陪着病人在长廊中散心。

汤小年走了几百米就觉得累了,坐在花园的长廊上休息,气喘匀了才问:"杨煊什么时候回来的?"

汤君赫说:"不知道。"

"他不是一直待在国外?这次回来做什么?"

汤君赫又说了一句"不知道"。他是真的不知道,过去的十年杨煊做了些什么,这次又为什么要回来,这些他都一无所知,他只知道汤小年仍旧反对他跟杨煊之间扯上任何关系。

112

过了一会儿，天色暗下来，汤君赫扶着汤小年回了病房。

刚扶着汤小年躺下，病房外面就有人探进头来："汤汤。"

汤君赫还没来得及回头，汤小年先出声了："麦泽过来了。"

麦泽笑着走进来，叫了声"阿姨"。

"上次我在电视上看到你了。"汤小年说着，侧身起来拿水果，她对汤君赫的大学同学一向态度热情，而麦泽又做了汤君赫八年的室友。

麦泽的经历堪称传奇，上大学时就在校外组乐队，临床读了八年，博士学位到手了，临毕业就签了一家唱片公司，转行做歌手，跟医学从此陌路。

麦泽接过一个橘子："别提了阿姨，那次是假唱。"

汤小年还要说什么，医生过来查房了，后面跟着的那个实习医生正是她几天前提过的那个"肿瘤科新来的医生"。

汤小年有意看向汤君赫，汤君赫却装作视而不见："值班时间到了，我去办公室了。"

实习医生倒是很有礼貌，对着他叫了声"汤医生"，汤君赫点了一下头当作回应。

出了病房，麦泽跟上来："你妈刚刚的眼神怪怪的。"

"她要给我介绍相亲对象，"汤君赫低头朝办公室走，"就是刚刚跟我打招呼那个。"

麦泽稍作回想，随即哈哈大笑道："不会吧？一看就降不住你啊！"

汤君赫看他一眼："什么样的能降住我？"

"这个……不好说啊，总之这个看上去不太成，你等着，回头我给你找个好的。"

"别瞎掺和了。"汤君赫进了办公室，整理着手上的资料说："你今天怎么来医院？"

"上周上了个综艺要下水，不小心搞成中耳炎了，过来看看……对了，顺便过来告诉你，你那个高中同学，应茴，跟丁黎成了，前天丁黎求婚成功，说要明天请大家一块喝酒，你能去吧？应茴可是专门点名要你去的。"

汤君赫点头道："我明天休息，可以去。"

从医院出来之后，杨煊一直在想医院门口躲闪的那个身影。这些年他手上的确沾了不少血，当时拒绝接受媒体采访，很大程度也是为了防止有人按图索骥摸过来报复。

没想到那个偷拍的记者为了制造噱头，不仅曝光了他的照片，还将汤君赫的照片以及他们之间的兄弟关系一并曝光。如果那人的目标只在他自己身上倒也好说，若是牵涉汤君赫……

因为隐约觉得不安，当天晚上，杨煊便给尤欣打了个电话，托她查一下医院周围的监控系统。

第二天晚上，杨煊刚安顿好新住处，尤欣便回过电话说，片区警察报上来一起刑事案件，报案人正是他弟弟汤君赫。

"收到了一截断指，就在办公桌的抽屉里，"尤欣在电话里敏锐地问，"队长，会不会跟你昨天看到的那个人有关啊？"

"有点儿可疑，"杨煊皱眉道："监控调出来了没？"

"白天调出来看了一下，是有一个看上去挺可疑的人，但是那人特别警惕，监控基本没照到正脸。队长，你要不要过来看一下啊？"

"我马上过去。"杨煊拿起车钥匙，从沙发上起身，朝公安局赶过去。

车是郑锐留给他的，房子则是尤欣提前帮他找好的，尽管对燕城尚且有些陌生，但因为有这两个多年的战友帮忙操持，杨煊很快就能适应这里的环境。

这次杨煊回来得仓促，连燕城公安局还没来得及去上一次。他开了手机导航，大致扫了一眼地图上的方位，就发动车子上路了，他的记路能力一向惊人，打小就是这样。

正值下班车多的时候，一路走走停停，十公里的路愣是走了近四十分钟。一个红绿灯过了三趟车，才勉强能瞥见斑马线的影子。杨煊有些后悔开车出来了，十公里的路，跑也能跑到了，眼下这种情况，又不能直接将车扔到路边不管。

杨煊用左手在兜里摸了一圈，想抽根烟醒神，没摸到，这才想起出门太急忘带上了。他伸手拉开车前的储物盒——郑锐果然挺上道的，在里面放了两盒烟和一个打火机。

他拿出烟盒，打开后抽出一支烟，刚想点火，忽然想到那句"半个月内不要吸烟了"——汤医生叮嘱过的。

"汤医生。"杨煊看着前面停滞的车辆，低声说了这三个字，似有所思，片刻后他将打火机扔回储物盒，又伸手从唇间抽出烟，也一并扔了进去，合上储物盒，倚着座椅靠背叹了口气。

十分钟后才到达公安局，尤欣带着杨煊去看了监控。那人果然很警惕，戴了一顶压得很低的棒球帽，缩着背，有意避开周围的监控，看来是提前做好工作的。

"队长，你有印象吗？"尤欣扭头问。

杨煊微微俯身，用手撑着桌子，仔细地看着监控画面，过了一会儿才说："往后退一下。"

"这儿？"尤欣将画面拉回一点儿。

"再退。"

"这里？"

"嗯，放大。"杨煊用手指隔空点了点屏幕，"不是脸，这里，看到没？脖子下面有点儿反光。"

"真的哎，是脖子上戴了东西吗？但其他帧画面好像看不到啊……"尤欣又拉了几下监控画面下方的进度条，"假设是首饰的话，一般来说，这种藏头藏尾的嫌疑人都会避免戴这种有识别性的东西啊，所以这玩意儿对他来说可能挺重要的。"

"嗯，"杨煊点头道，"这人大概率是奔着我来的。"

"完全没有头绪啊……我明天申请查一下我们以前队里的资料吧，但我觉得上面不一定会给我们。"

"试试吧。"杨煊说着，背过身靠着桌沿，拿出手机给汤君赫拨了个电话，那边没接，他皱了一下眉。

"怎么了？"尤欣仰头看他。

"这边你多留心吧，我先走了。"杨煊将手机放回兜里，拿着车钥匙离开办公室。

酒吧里灯光闪烁，幽蓝色的，明明灭灭，人待在这样的环境里会生出一种莫名的安全感，因为谁也看不清谁，谁也不想被谁看清。

视野前方，话筒前坐着的丁黎正在唱《灰姑娘》，是麦泽刚刚提议的。

丁黎跟麦泽搞了好几年乐队，一直都是乐队鼓手，临到要跟唱片公司签约时，到底还是放不下学了八年的医学，转而投靠一家医药公司，如今做科研也做得风生水起。

汤君赫再跟应茴见面，是学医的第五年，舍友丁黎有一天突然回来说，他在实习的医院里见到了自己多年以来的梦中情人，并且发誓说什么也要追到手。

总之过程是曲折的，前景是光明的，半年后丁黎请宿舍其他三人吃饭，汤君赫这才知道，原来丁黎每天在宿舍里念叨的那个人是应茴。

汤君赫有些恍惚，十年前杨煊也唱过这首歌，那时的灯光似乎也是幽蓝色的。他看向应茴，应茴正站起来给周围的人拿酒，一圈人围着她起哄，她有些脸红，但举止依然得体。如今应茴从事口译工作，已经工作几年，周旋于各种国际会议之中，尽管身上少了当年的少女娇俏，但却多了几分温婉和知性。

临到给汤君赫拿酒，她将那杯鸡尾酒放到他面前，然后在他旁边坐下来，看着台上深情凝视她的丁黎，忽然转过头看着他："杨煊回来了，是吗？"

她化了妆，眼睛显得有些无辜，眼尾处亮闪闪的。

汤君赫端起酒杯喝了一口，过了一会儿才说："嗯。"短促的声音湮没在音乐声里，不知有没有落到应苘的耳朵里。

"我看到那个新闻了，十年了，真的有点儿感慨，不过……不得不说，当年我的眼光还真是不错，"应苘朝汤君赫眨眨眼，那种少女的娇俏似乎又回来了，见汤君赫不作声，她又看向台上的丁黎，莞尔道，"当然现在也很好。"

一首《灰姑娘》结束了，丁黎从台上走下来，一片起哄声中，应苘直起身，大方地挽着走过来的丁黎，与他十指相扣。

一群人喝过酒，又吵着嚷着要转场去KTV唱歌："在这儿只能看麦泽干嚎，去个大家都能嚎的地方吧。"

麦泽站起来摆手说："我不去嚎了，明天还有商演呢。"说着他扭头找汤君赫，"你还去吗？你一个外科医生有什么资格去啊，明天还得站手术台吧？"

汤君赫把酒杯放下，仰头看他："我也不去。"

"眼神怎么突然这么纯真？你是不是喝高了？"麦泽走过来看到汤君赫面前只剩小半瓶的威士忌，"全是你喝的？"他说着，喊丁黎过来看热闹，"丁黎，你过来看，你带出来的徒弟能出师了！"

丁黎拉着应苘过来，晃了晃酒瓶："哎哟，我们汤医生可以啊，"他竖起一根食指在汤君赫眼前晃，"这是几？"

汤君赫眉间显出些倦意，拉下他的手："别闹了，没高。"

"绝对高了，"丁黎直起身断定道，伸手拍麦泽的肩膀，"送人的工作交给你了啊。"然后他跟应苘一起，将汤君赫扶到麦泽的车后座上。

汤君赫的确是喝醉了，他读书时总是被麦泽和丁黎拖出去喝酒，酒量被练得还算可以，但今晚的确喝得有点儿多了。

他喝多了倒是不撒酒疯，看上去一切正常，以至于不相熟的旁人根本判别不出他到底是醉了还是没醉。但也会有一些变化，譬如眼神，平日里的冷淡褪去，这时他显得有些乖顺，看上去像个小孩子。

车子驶至汤君赫的住处，麦泽多问了一句："不用回医院吧？"

没想到汤君赫说："要回去取篇论文。"

麦泽哭笑不得："不是吧，你都喝成这样了，还取什么论文啊！"

"明早要给薛老师的。"汤君赫说。

"我的天，本来我还有点儿可惜中途转行，"麦泽说着打了一把方向盘，转到医院的方向，"但现在看到你这样啊，我真的是感到庆幸。"

车停至医院门口，麦泽解了安全带跳下去，扭头问后座的汤君赫："在哪儿啊？我帮你上去拿，你别下去了。"

"在……"汤君赫努力集中精力回忆，奈何酒精让他的大脑反应十分迟钝，最终只能放弃，"想不起来了，我和你一起上楼吧。"

"……就你现在这记性晚上还要继续写论文？"麦泽说着，开了车门下车。

后座的汤君赫也迈腿下来，身体晃了晃。麦泽走上前扶住他："您老可留心点儿。"

车门"砰"地合上，汤君赫忽然叫了声"哥"。

麦泽只当他喝高了瞎叫，应了声："哎，别跟哥客气。"

没想到汤君赫不作声了，站在原地一动也不动，眼神怔怔地看着前面某个方向。

"走啊！"麦泽说着，顺着他的眼神看过去，然后看到前面不远处，站着一个很高的男人，正朝他们走过来。

"什么情况，不会惹上麻烦了吧……"麦泽低声道。

话音刚落，杨煊已经走到他们身前，低头看着汤君赫。

"哎哥，不好意思啊，"麦泽看出他不太好惹，赔着笑，"我朋友喝高了，瞎叫呢……"说着他扭头看汤君赫，"以前没发现你喝高了喜欢认哥哥啊！"

"我送他回家吧。"杨煊开口道。

麦泽愣了一下："啊？"

杨煊并不多话，伸手接过汤君赫，看着他的眼睛问："走吗？"

"哎，不是，哥们儿，你是谁啊……"麦泽试图拦下来。

杨煊看他一眼，眉宇间有些淡漠，语调也是冷的："刚刚他不是告诉你了吗？"

他的神情令麦泽觉得有些眼熟，似乎真的跟汤君赫有些像……麦泽猛地记起几天前的那则新闻，原来那不是杜撰的……但他从来也没听说他同屋八年的室友还有个哥啊！

"你等等，我对对新闻上的照片……"麦泽伸手去摸手机出来。

"已经被删了。"杨煊说着，低头看向汤君赫，"你自己说，我是不是你哥？"

117

第 26 章

麦泽转头看汤君赫的反应。但汤君赫却只是有些滞愣地看着杨煊,眼睛一眨也不眨,半晌才道:"我还有论文要取。"

麦泽顿时破功,扑哧笑出声:"喂,他到底是不是你哥?"

汤君赫不作声,只是微仰着下颌看杨煊。

杨煊则平静地问:"论文在哪儿?"

"在办公室。"

"我陪你取。"杨煊用手指扣住汤君赫的手腕,拉着他朝电梯走。

"哎——"麦泽短促地拦了一声,身后忽然传来一道又惊又喜的声音,"你是麦泽吗?!"

他转头一看,是一个女孩——从过于激动的表情来看,应该是"粉丝"。

"真没想到会在这里遇见你,"女孩抬手捂住嘴,"太开心了吧,能给我签个名吗?"

"哦,可以。"麦泽说着,扭头看向汤君赫的方向——他们已经拐到了电梯门前的那个过道。

"我可喜欢你们乐队的歌了,尤其是《鲸落》那张专辑,每一首都喜欢……"女孩低头翻着包里的纸和笔。

电梯门合到一半时,一个护士匆匆踏进来,看到汤君赫,有些怯地打招呼:"汤医生。"

汤君赫点了一下头,醉酒后有些站不稳,他朝后挪了挪,后背贴着电梯墙壁。

也许因为汤君赫不穿医生服的样子实在少见,小护士频频看向他,又偷偷地瞄向旁边的杨煊——汤医生和那天送来急诊的帅哥是同父异母的兄弟,关系不佳,多年未见,这是普济医院上下皆知的八卦。

电梯停到 3 层,护士走出去,逼仄的电梯间里只剩下杨煊和汤君赫两个人,谁也没说话。汤君赫有些出神地盯着对面光洁的电梯墙壁。

他由着杨煊拉自己走下电梯,走到办公室。已经很晚了,黑漆漆的办公室里空无一人,杨煊抬手摸索着墙上的顶灯开关。

开关并不在门边,要靠里面一些,汤君赫朝前走了一步,他的手腕被杨煊握着，只能用另一只手去摸开关。在他侧过身，面对杨煊的时候，他的身体摇晃了一下，刚想伸手撑着靠门的那张办公桌，杨煊抬手揽了他一下，扶住他，手掌落在他的脑后，在他耳边微微叹息道："长高了……"

汤君赫抬起的手又落了下去，他微抬着下颌看杨煊，隔着浓重的夜色和他对视。

变的何止是身高？他想再叫他一声"哥"，可是那个字在喉咙里滚上来又落下去，到底还是没有勇气说出口。年少的勇气似乎都在十年前分别的那一刻，顺着眼泪流光了。

汤君赫有些无力地垂下头，额头抵在杨煊的肩上。门外突然响起一阵脚步声，楼道工作人员的声音随即响起来："这间怎么没关门啊……"随即阿姨快步走过来，探进身来看，"有人吗？"

汤君赫莫名有些惊慌——像是又回到了十年前杨煊的房间里，他偷偷地去找杨煊，然后被汤小年发现。他下意识在脑中搜寻理由，说取作业还是拿课本？

"来取东西，一会儿锁门。"杨煊镇静的声音让他回过神来——原来已经不是十年前了啊。理智稍稍复位，汤君赫下意识挣开杨煊的手，朝后退了一步，拉开他们之间的距离。

"怎么不开灯啊？"阿姨仍不走开。

汤君赫勉强清醒过来，抬手按开了墙上的开关："阿姨，是我。"

"哦……汤医生啊，"阿姨这才放下警惕，"我还以为门没关，外面的人进来了。"

阿姨走后，汤君赫低头走到自己的办公桌前，拉开抽屉翻找论文，找了好一会儿才想到早上并没有把论文塞到抽屉里，而是放到了桌面的资料夹里。

他把论文从资料夹里拿出来，杨煊问："找到了？"

"嗯。"汤君赫说。他有些不太敢看杨煊，少年时代的杨煊是个很怕麻烦的人，眉目间总是隐约流露出不耐的神情。他有意避开看杨煊，害怕在如今的杨煊的脸上再次看到那种神情。虽然在他翻找的过程中，杨煊并没有开口催过他，只是一直看着他。

麦泽戴了口罩坐在大厅的金属椅上等着，见他们走出来，拉下口罩走上前问杨煊："你送他回家？"

杨煊说："嗯。"

"好吧。"麦泽有些无奈地应道。他跟汤君赫同屋八年，知道他一向为人戒备，以往就算喝醉了，也不喜欢跟陌生人搭话，今天实在有些反常。他看着杨煊说，"你知道他家在哪儿吧？沿着门口这条路直行，第一个红绿灯右转，很近的，就是这个小区，我找给你看……"他低头在手机上搜出导航给杨煊看。

杨煊将屏幕上的地图放大看了看，把手机还给他："知道了，谢了。"

麦泽还是有些不放心，看着汤君赫叮嘱道："到家记得打电话报平安啊。"

汤君赫点点头。

"真不知道有没有醉傻。"麦泽低声嘀咕。

杨煊开了车门，将汤君赫扶上副驾驶座，然后自己从另一侧车门上车。

汤君赫的手伸到后面去摸安全带，拉到肩膀时，杨煊坐稳了，侧过身，伸手帮他将安全带拉过来。一直默不作声汤君赫突然开口了："那人是谁？"

杨煊正低头帮他把拉过来安全带扣上，随口问道："哪个？"

"那个照顾你的女人。"

杨煊的动作稍顿，抬头看着他。汤君赫正定定地看着杨煊。汤君赫这双眼睛前些天一直低垂着，有意避开杨煊，这时却一眨不眨地盯着他看，乌溜溜的，看上去跟十年前没什么分别。

"战友。"杨煊直视他的眼睛说，然后抬手揉了揉他的头发。

汤君赫睫毛微颤，眨了一下眼，转头看向窗外。

杨煊收了手，靠回驾驶座，发动车子上路。

威士忌后劲足，汤君赫坐在车上，街边的霓虹灯逐渐晕成一团，被摇晃的树权搅动成一片混沌。

汤君赫突然觉得像是在做梦——燕城的深夜，他哥哥杨煊开车载着他回家。他做梦也没有这样异想天开过。

第27章

车子驶进小区，杨煊打着方向盘问："几号楼？"
汤君赫这才回过神："6号。"
小区有些绕，楼号排列得并不明晰，杨煊绕着小路往前开："租的房子？"
"嗯。"
"不介意我上去看看吧？"
他问得直接，以至于汤君赫一时有些反应不及。汤君赫的头倚在座椅靠背上，盯着前方看了半晌，直到车子停至6号楼前，他低头解了安全带说："没什么介意的。"

汤君赫开门下车，酒精麻痹了大脑，走起路来脚下不稳。杨煊从另一侧车门下来，走过来扶住他。
他们进了电梯，杨煊没收回胳膊，仍旧搭在汤君赫的肩膀上。汤君赫的后背靠着电梯，侧过脸定定地抬眼看向杨煊。
汤君赫醉酒后的眼神让杨煊觉得有些熟悉，当年青涩的少年似乎熟透了，变成了游刃有余的汤医生。
"谁教你喝酒的？"杨煊看着他，声音压得很低，听起来有些哑。
"好多人教我，"汤君赫看着他，很慢地说，"麦泽、丁黎、蒋正朔……"
全都是陌生的名字，杨煊眉头微皱："这些都是谁？"
汤君赫扯出一点儿笑："你猜啊。"他看着杨煊的眼睛，想从里面找出一丁点儿十年来在乎的痕迹，可是杨煊却在此时转过了头，落在他肩头的那只手抬起来，揉了揉他的头发。
他看着杨煊，可是十年后的杨煊仍旧要比他高一些，当杨煊转过脸时，他就看不到他眼底的情绪了。

下了电梯，汤君赫走在前面开了门锁，拉开门进去，伸手开灯，一居室的开间，四十几平方米，一个人住刚刚好。
窝在沙发上的猫轻巧地跳下来，迈开爪子朝汤君赫走过来，但在看到他身后跟着一个不速之客时，它顿时停下脚步，警惕地盯着杨煊。
"你先坐，我去洗把脸。"汤君赫说完，将论文放到茶几上，走进洗手间关了门。小猫试图跟在他后面进去，却被堵在了门外，它抬起爪子挠了挠门，没等到开门，只好掉头往回走。

杨煊低头看着那只猫——看上去只是普通的橘猫，很小一只，有些怕生，右后腿似乎有些跛。小猫走到墙角，低头用爪子扒拉着空了的食盆。

汤君赫拧开水龙头，俯下身用凉水泼了几下脸，眩晕感这才稍稍减轻了一些。他直起身，后背靠到一侧的墙上，冰凉的瓷片透过衣服的布料贴到他的脊背上。

他有些失神地看着卫生间明亮的顶灯，想到杨煊就在门外，他的心脏就止不住地在胸腔里用力撞击。

他忍不住想起十年前发生的种种。他总是避免去想这些事，可是关于它们的记忆却丝毫没有减退。当年的杨煊说得没错，有时候记性太好也不是一件好事。

醉酒后的想念极难克制，它们像是混了酒精里，跟随着血液进入心脏，然后渗入四肢百骸，**蠢蠢欲动**地翻涌着。

汤君赫抬起胳膊胡乱擦了脸上的水，刚想伸手拉开门，手机响了。他拿出来看了看，是麦泽。

汤君赫接起来，听到那边问："到家了没？"

"到了。"汤君赫说。

"那真是你哥啊？"麦泽挺感兴趣地问。

"嗯。"汤君赫又靠回墙上。

"没听说过你有个哥啊！对了，你哥看上去还挺酷的，下次给我们几个介绍介绍，一起吃个饭呗，要不还真不太敢搭话。"

"下次再说吧。"汤君赫低着头说。

门外的客厅里，杨煊走到小猫面前，半蹲下来看着它，然后伸手摸了摸它毛茸茸的脑袋。小猫立刻如临大敌地弓起了背，畏惧地朝墙角缩了缩，圆圆的眼睛紧盯着他。

杨煊屈起手指一下又一下抚过它的头顶，小猫却丝毫没有放松下来。

卫生间里传来一阵手机铃声，随即是汤君赫说话的声音，杨煊听着门内传来的声音，有些分神，手上的动作也慢下来。

一直绷紧脊背的小猫这时瞅准了时机，伸出爪子，迅速在他的手背上挠了一下。

杨煊这才回神，垂眼看了眼自己的手背——被挠出了两道血印子。

他抬眼看向小猫，小猫朝后缩了缩爪子。

汤君赫打完电话，从卫生间走出来。杨煊正半蹲着背对他，小猫在墙角畏缩着。

听到脚步声,杨煊站起来,不动声色地将那只被挠伤的手抄到兜里。

小猫这才敢离开墙角,走到汤君赫的脚边缩成一团。

"它有点儿怕生。"汤君赫俯下身,将小猫抱起来。

"多大了?"杨煊问。

"不知道,楼下捡到的,四五个月吧。"

"叫什么?"

"十三。"

"十三,"杨煊重复了一遍,又问,"怎么会叫这个?"

"十三号那天捡到的,就叫十三了。"汤君赫垂眼看着猫。

"跟你挺有缘的。"小猫在汤君赫怀里老实下来,杨煊伸手在它脑袋上摸了两下,然后说,"那我走了,你早点儿休息吧。"

汤君赫抬眼看着他。

杨煊用那只摸过猫的手揉了揉汤君赫的头发,然后收回手,走到门口,推开门走了出去。

汤君赫站在客厅,看着门合上,在原地站了一会儿。怀里的猫小声地叫了一声,他俯下身将猫放到地面上,看着它跑走了。他坐到沙发上,头后仰靠着椅背,看着雪白的天花板愣神。

第 28 章

醉酒后本应倒头就睡,但汤君赫躺在床上,却辗转反侧地失眠了。十三倒是睡得很香,雪白的肚皮翻到一侧,随着呼吸一起一伏。

躺到半夜,汤君赫从床上起身,把枕着他胳膊熟睡的十三抱到一边,趿着拖鞋去药箱里翻出安眠药吃了,又拿出其中一个药盒,翻过来看背面的说明——是很久之前吃过的抗焦虑药,已经过期了。

他把过期药扔到一旁的垃圾桶里,躺回床上继续睡下,在安眠药的作用下,睡意很快浮上来。

这一觉睡得很不安稳,他梦到了很久以前的一些人和事,周林被车撞死的那声急厉的刹车声,等在校门口做交易的小混混,杨成川临死前盯着他的空茫的眼神,它们就像在水中沉寂许久的海藻,被杨煊的到来一搅动,又全都幽幽地浮了上来,紧紧地缠绕着他,让他无论如何也挣脱不开。

次日清晨,汤君赫被闹钟叫醒,坐起来,脑袋疼得像是要炸掉。他全身很乏,走到卫生间的镜子前,只见镜子里的人脸色苍白,眼底泛着乌青,宿醉的痕迹一览无余。

他捧着水朝脸上泼,忽地记起昨晚自己也是这样俯下身洗脸,而杨煊就在门外。清醒之后再想起昨晚发生的事情,他愈发觉得像一场梦。

临出门前,汤君赫蹲在地上给十三喂食,麦泽又打来电话,调侃着问他昨晚的论文写了没有。

"只是薛老师要改几处细节而已。"汤君赫侧着头,把手机夹在耳朵和肩膀之间,摸了摸十三的脑袋,然后一只手拿过手机贴着耳朵,站起身来朝外走。

"喝成那样了还不忘改论文,薛老师平时是有多周扒皮啊!"

"你回来试试不就知道了。"汤君赫出了门,反手落锁。

"那可不成,他已经把我逐出师门了。"麦泽听到锁门的声音,问,"这就去上班?"

汤君赫"嗯"了一声。

"你哥昨晚没在你那儿住啊?"

"没。"

"哈,感觉你们跟普通的兄弟真是有点儿不一样,是你亲哥吗?"

"同父异母,"汤君赫说完,顿了顿又问,"我昨晚叫他'哥'了吗?"

"叫了啊,"麦泽有些莫名其妙,随即笑道,"一开始我还以为你叫我呢,还想着你怎么突然这么懂事。"

没想到汤君赫没理这句玩笑话,反而沉默下来。

"怎么了?"麦泽问。

"他听到了吗?"汤君赫又问。

"这谁知道啊,当时隔得不远不近的。怎么了?"

"没什么。"

出门有些晚,汤君赫从路边打了辆车去医院。平时如果正常出门,他通常走路过去,不到四公里的路,走得快的话,半小时就到了。外科医生平时忙,没什么多余的时间锻炼身体,上下班这段时间步行,就当作当天的锻炼份额了。

汤君赫到了医院第一件事便是去看汤小年。

汤小年洗漱完,正要吃周阿姨买来的早饭,见汤君赫过来,她抬头问:"又走路过来的?"

"打车来的,出门晚了点儿。"汤君赫低头翻看着汤小年的病历本。

"去年就让你买车,你怎么还不买?上班多不方便。"

汤君赫盯着病历本上不太乐观的指标看,漫不经心道:"挺方便的,住得又不远。"

"又不是没钱,润城那个房子你回头卖了去,以后你也不回去住,留在那儿也没用。"汤小年把早饭拎起来递给汤君赫,"这个你拿去吃。"

汤君赫不爱听她有一搭没一搭地交代后事,抬起头,看着她道:"卖了你回去住天桥下面?"说完,他拿着病历本往外走。

汤小年赶紧示意周阿姨把饭送出去。

周阿姨提着早饭跑着紧追了两步:"汤医生,早饭你拿着吃,现在还不晚,我再去买一份。"

汤小年坐在病床上叹了口气,自顾自地低声道:"得了这毛病,我哪还回得去啊……"

尤欣把资料找齐,从网络上传给杨煊,敲过来一行字:"队长,只要来了一小部分资料,剩下那些属于密级,上面不给。"

杨煊回过几个字:"嗯,我先看看。"

尤欣发过来语音消息:"那截断指暂时还没查出受害者是谁,但是血检结果出来了,受害者死前一个月内吸过毒,我觉得嫌疑人很可能跟毒贩有关系。"

"知道了。"

"我跟郑锐回忆了一下咱们接触过的毒贩,也整理了一份资料,但现在还没锁定目标,队长你也看一下吧。"尤欣说完,又传给杨煊一份文件。

杨煊接收了,回了个单字"好"。

跟毒贩有关的话……杨煊陷入沉思,回想起自己几年前的那段卧底经历。

汤君赫下午没做手术,去了门诊部坐诊。临到下班,前来看病的病人少下来,他便低头在办公桌上写病程。

写着写着他忽然开始想,杨煊昨晚为什么会出现在医院门口?

没到拆线的日期,显然他不是过来看病的,那为什么会来医院,还恰好遇到醉酒晚归的自己?

汤君赫正想着,又走进来一个病人,他回过神,制止自己继续多想下去。

从医院出来,天已经黑透了,汤君赫一向下班很晚,如果不是几个月前在楼下捡了只猫,他每晚几乎要在医院待到10点之后才会回家。

写病程、看手术案例、修改医嘱、发论文……做医生就是有这点儿好处,如果不想闲下来,那就永远都会有做不完的事情。汤君赫也不想让自己闲下来,他需要把自己的生活填满,越满越好,直到没有一丝空隙。只有这样他才无暇焦虑。

从大楼出来,还差十几米到医院门口时,汤君赫忽然停下脚步,转过身看向身后的方向。除了刚下班的医生护士,视线里再无其他人。

"汤医生又这么晚下班啊,"一个护士恰好走过来,顺着他的视线朝后看了一眼,"看什么呢?"

"好像有人跟踪我。"汤君赫看向停车场的方向。那里路灯明亮,但车与车的空隙间却是黑黢黢的,正适合藏污纳垢。

护士吃了一惊:"啊?谁在跟踪你?"

汤君赫摇了摇头:"也可能是错觉吧。"但只有他自己知道,他的感觉应该不会出错。年少时他曾被周林断断续续跟踪了六年,对于这种被跟踪的感觉再熟悉不过。

"对了汤医生,昨天断指的事情有结果了吗?"

"还没有。"汤君赫收回视线,转过身继续朝前走,一眨眼,看到了不远处的杨煊。

杨煊正倚着车门,似乎也在看向那个方向,下一秒他收回目光,直起身朝汤君赫走过来。

"汤医生,你哥来接你哎。"护士看向杨煊的目光充满好奇。

汤君赫很低地"嗯"了一声,站在原地看着杨煊。如果说昨晚是巧合的话,那今晚总不会又这样巧。

杨煊走过来，看着他说："这么晚才下班。"

"汤医生总是走得最晚的，今天还算早的呢。"护士接话说。

汤君赫问："你怎么过来了？"

"来接你回去。"

一来一回间，两人都神色如常，护士一时间并没有看出什么不和，在一旁笑道："汤医生，你哥对你可真好。"

汤君赫垂下眼帘，密密的睫毛盖住眼底的情绪："那走吧。"他看到杨煊手里捏着一支烟，完好的，没有被点燃过。是没来得及点燃还是根本没想点燃？汤君赫想到自己那天早上下过的医嘱。

一旦旁边站着旁人，两人就都表现得克制而平静，谁也没想把当年只存在于他们之间的秘密泄露出去。

走到门口的那段路，护士很好奇地问："汤医生的哥哥是做什么工作的？"

这话是问汤君赫的，但汤君赫并不清楚杨煊的过往，有些悲哀的是，他对杨煊过去的十年知之甚少，无异于一个完全陌生的人。

"之前在部队。"杨煊的回答替他解了围。

"啊，"护士恍然大悟道，"怪不得身手会那么好。"

车子临时停在医院门口，护士过了马路，汤君赫站到车边，借着昏暗的路灯看向杨煊："你也看到了刚刚那个人吧。"

"嗯，"杨煊眉头微皱，"如果没猜错的话，那人是因为我，才冲着你来的。"

汤君赫并没有表现出吃惊，继续平静地问："为什么会是因为你？"

杨煊看着他的眼睛，那支烟在他修长的手指间灵活地转了一圈："上了车告诉你。"

汤君赫垂眼想了想，没多言，转身走到车身的另一侧，拉开车门坐了上去。

车子平稳起动，微凉的夜风顺着半开的车窗吹进来。驶至主路，杨煊开口了："因为那个人在躲我。"

汤君赫过了一会儿才说："你知道我不止是问这个。"

他说得不甚明晰，但杨煊却听懂了："我以前在部队出任务的时候，沾过几条人命，也做过卧底。"他开着车，语速稍慢，"上次那篇报道附了照片，很有可能是有人认出我，然后过来寻仇。"

眼见不远处的红灯过不去了，杨煊把车速降下来，继续说："而寻仇最常见的方式，第一种是报复到本人身上，第二种就是找最亲近的人下手。"

汤君赫沉默了片刻，说："就像当年你想报复汤小年那样？"

——红灯。杨煊脚下踩了刹车，车停稳了，原本闲适地搭在方向盘上的手陡然握紧了，指节泛白，小臂上的青筋凸出来。

红绿灯旁的数字渐次减少，几秒钟后，杨煊说："对，就是那样。"

第29章

这话说完，一时两人都沉默下来，直到要转弯时，杨煊才又开口："发生过的事情没办法改变，如果对你来说这是一道坎……"

他话还没说完，汤君赫转过脸看向车窗外，声音很低地打断他道："对我来说，这不是一道坎，是一扇门。"坎是会迈过去的，而门却是他自己亲手锁死的。

半晌，杨煊微不可闻地叹了口气，小臂上暴起的青筋过了好一阵才悉数隐下去。

还差一公里到小区门口，手机铃声响起来。因为连接着车内的音响，铃声在逼仄的车厢里显得格外突兀。

杨煊扫了一眼手机屏幕，电话是尤欣打来的。车子驶进小区，杨煊放慢车速，接起电话："我在开车，没有要紧事一会儿再打过来。"

"哎队长，先别挂，跟案子有关的！"

"说吧。"

"监控这次拍到了一点儿侧脸，刑侦科根据嫌疑人的面部特征做了一个模拟肖像，想让你来辨认一下。"

"我一会儿到。"杨煊把车停在汤君赫的住处楼下。

"等等——队长，汤医生在你旁边吗？"

见杨煊在打电话，汤君赫解了安全带，拉开车门，刚想起身下车，杨煊忽然伸出一只手，握住他的手腕。汤君赫的动作停下来，回过头看他。

杨煊抬眼和汤君赫对视："先等等。"他对着电话说，"在，你有什么事？"

"要不你让他一起过来认一下？毕竟医院白天人来人往，嫌疑人在医院里出没过也说不定。"

杨煊看向汤君赫，话却是对着手机说的："你自己跟他说吧。"说完杨煊将手机递给汤君赫，另一只手松开了他的手腕。

汤君赫先是垂眼看了看手机屏幕，又抬眼看着杨煊。

"关于案子的。"杨煊平静地提醒他。

汤君赫这才伸手接过手机，那边说了什么，他一直垂眸应着，最后说了句"好"，然后等那边把电话挂了，他将手机还给杨煊。

杨煊接过手机，看着他问："现在走？"

"我想先上楼一下，猫还没喂，"汤君赫说完，又补充一句，"如果你急的话……"

杨煊打断他:"要多久?"

汤君赫想了想说:"十分钟。"

"我在楼下等你。"杨煊说。

看着汤君赫走进楼道,杨煊的后背离开座椅靠背,探过上半身,伸手拉开副驾驶座位前的储物盒,拿出烟盒和打火机,也拉开车门下了车。

一支烟刚抽完,汤君赫从楼道里现了身。他根本没用十分钟。

杨煊将烟掐灭,把烟蒂丢进垃圾桶,朝着车的方向走过来。

他们几乎是同时拉开车门,坐进车里的一瞬间,汤君赫闻到了杨煊身上传来的烟味。而当杨煊倾身过来,将烟盒和打火机扔回储物盒中时,烟味则毫不掩饰地扑面而来。

车子发出轻微的起动声响,汤君赫看着前方说:"拆线前要戒烟戒酒,我以为医嘱说得已经很清楚了。"医嘱是他下的,杨煊办理出院那天,这一点他特意叮嘱过。

杨煊淡淡道:"你不是已经下班了吗?"

汤君赫不明所以地等着他的下一句。

"汤医生,你对你的每一个病人都这么尽职尽责,会很累的。"

汤君赫的太阳穴一跳,但随即他咽了咽口水,很快恢复情绪道:"这是我的工作。"

杨煊低低地笑了一声,重复道:"工作。"

一瞬间,汤君赫觉得自己在杨煊面前无处遁形,也许他哥哥已经看出了他不受控制的感情,只是顾及他的自尊不说破而已。

他当然不是对每一个病人都这样尽职尽责的,外科医生需要做的工作就是做好手术、下对医嘱,至于病人遵不遵循医嘱,那并不在他的职责范围之内。

杨煊说得没错,对每一个病人都这样尽职尽责,会很累的。

十几分钟后,车子开到队里,尤欣把模拟的嫌疑人肖像演示给两人看:"有没有印象?"

汤君赫摇头道:"我没见过这个人。"

"是这样的汤医生,"尤欣坐在电脑椅上解释,"这只是模拟的肖像,现实中嫌疑人不会长这样,你重点看身高、下颌、鼻子这些特征……"

"我知道,"汤君赫说,"如果我见过,我不会完全没印象。"

"啊对,"尤欣笑道,"忘了你可是考过全市第一的人……"

汤君赫有些意外地看着她,他和尤欣只在医院见过几面,仅有的几句交流也都是围绕着杨煊的病情,全市第一这种发生在过去的事情,只有可能是她从杨煊那里听来的。

杨煊怎么会提到这件事？汤君赫脑中这种想法刚冒出头，就被尤欣的下一句话吸引注意力。

尤欣抬头看着眉头渐锁的杨煊，赶忙欠起上身问道："队长，你有印象？"

"那截断指的切痕有没有线索？"

"有，上次忘了跟你说，从切痕判断，罪犯应该是个左撇子，"尤欣说完，又补了一句，"跟你一样。"

杨煊没理这句玩笑，皱眉道："蒋宇良的资料需要调一下。"

"当年你去做卧底的那个毒枭？跟他有关系？"

"还不确定，去查查吧，这人当时存在感并不强，我只见过一两面。"

"哦，好，我一会儿就查……"尤欣应着，话没说完，身后传来一道沉稳的中年男声，"哟？这不是那位见义勇为的英雄吗？"

杨煊回头看过去，直起身子叫了声："吴处长。"

"几年不见啊杨煊，"吴处从门口走进来，伸手拍了拍杨煊的后背，"身板可以嘛，比当年结实多了。"

杨煊笑了一下："您当年见我的时候，我才入伍两年。"

"两年？"吴处挑了挑眉道，"那还说得过去。怎么样，该传的话我都让尤欣传了，什么时候过来我这儿报到？"

"我听说有三个月病假。"

吴处哈哈大笑："行，给你时间，先不催你，是该歇歇了……"紧接着，吴处看到了一旁的生面孔汤君赫，问道，"这位是？"

"吴处，您记性太差了吧，报纸上……"尤欣在一旁提醒。

那篇报道在重案组曾经引起过热烈讨论，尤欣稍微一提醒，吴处便记起来："哦，杨煊的弟弟。"

尤欣介绍道："也是煊哥的主刀医生之一，汤医生。"

"年轻有为啊。"吴处对汤君赫伸出手。

汤君赫和他握了一下手，澄清道："您误会了，我不是主刀，主刀是我师父，薛老师。"

"薛远山嘛，我认识，我十年前的手术就是他做的。老薛这个老东西可不好对付啊。"吴处说着，抬手放到杨煊的后背上，"正好上一个案子刚结，今晚要带着C组的大家出去吃顿好的，杨煊，你们哥俩可是赶上了，一块去吧，提前认识认识。"

尤欣一听，响应道："那敢情好啊，队长，你跟汤医生都去呗，你们俩可是我们重案组现在的红人。"

"都去都去，尤欣去楼上叫他们现在出发，我先去外面开车，你们一会儿分三个人去我车上坐。"

"好嘞领导。"尤欣说着,手脚麻利地关了电脑,出了屋子上锁,边走边回头说,"队长,你跟汤医生在这里等等,我叫完人马上就过来。"

吴处和尤欣都走了,只剩下杨煊和汤君赫站在门口。

杨煊倚着窗台,过了一会儿看着汤君赫说:"要是不想去,我先把你送回去。"

汤君赫的确不太想去,他素来不喜交际,尤其是一下子跟这么多不认识的人同桌吃饭,还要面对杨煊以后的顶头上司,更是从心底有些抵触。

"不想去就能不去吗?"汤君赫抬起睫毛,看着他问。

"不想去为什么要去?"杨煊说得理所当然,似乎并不担心被拂面子。

尤欣这时从楼上下来,见两人间的气氛有些怪异,挺关心地问汤君赫:"汤医生是不是还有什么事情啊?"

汤君赫摇摇头说:"没事,走吧。"

"那队长,我蹭你们的车坐了啊,顺便给你们指路。"

围坐在桌边的是重案组的十几个警察,脱去制服,看上去倒并没有什么特殊的,只是似乎酒量格外厉害一些。

吴处没什么领导架子,开门见山地给一桌人介绍:"这就是尤欣经常提起的杨煊。"

尤欣在一边补充:"我队长。"

"这是杨煊的弟弟,汤医生是吧?"

"汤君赫。"汤君赫说。

一桌人目光灼灼地看着这两人——前些日子在网络上引起好大一波热议,红人啊!

郑锐是B组的人,因为曾经跟杨煊和尤欣是战友,也被拉过来一起吃饭,这时打趣道:"小尤当年刚到部队那会儿,可是发誓要把队长追到手的。"

"去去去,你怎么又提这茬儿。"尤欣瞪他一眼,但轮到她自己提起这段时却并不忸怩,挺大方地说,"后来队长救过我的命,我就不敢打他的主意了,怕遭天谴啊……"

这件事一提,桌上的氛围顿时活跃起来。酒量最好的杜冲站起来给杨煊敬酒:"小尤可是咱们重案组万绿丛中一点红,不容易啊,我们得谢谢煊哥。"

"你得了吧,"尤欣说,"枪伤还没拆线呢,喝不了。"

"医生都没说话,你倒护着你们队长。"

尤欣转头看汤君赫:"就是汤医生给下的医嘱,汤医生你说是不是?"

汤君赫看了她一眼,音量不高不低:"拆线前是要禁烟禁酒。"

"那敬汤医生好了,"杜冲从善如流地换了目标,"谢谢汤医生前些日子照顾煊哥。"

汤君赫握住酒杯，刚要端起来，杨煊伸手捏住杯子底部，看着杜冲说："他不会喝，这次的先记着，下次等我伤好一并喝了。"

桌上的几个酒鬼顿时来了精神，相互使了眼色，另一人说："那我们今晚可得好好敬汤医生了。"

"谁说我不会喝酒？"汤君赫说完，手上使了些力气，将酒杯从杨煊手里抽出来，眼睛一眨也不眨地将一杯酒喝得见了底。

"煊哥，你骗我们啊，"杜冲拿起酒瓶，给汤君赫满上酒，"还是汤医生干脆，说喝就喝。"

"你们一群拿枪的人联手灌一个医生，出不出息？！"尤欣瞥一眼下一个打算敬酒的人。

那人乐了："我们拿枪，汤医生拿刀，一个适合远斗一个适合近搏，小尤你别看不起人好不好？"

好在汤君赫毕竟算外人，虽然嘴上说着要灌酒，但实际上几个人对于汤君赫还是有些分寸。

饭吃到一半，汤君赫起身去卫生间。回来时他觉得有些头晕，便在走廊的窗边站着吹了一会儿风。正想转身进包间，尤欣朝他走过来了："汤医生喝多了？"

"还好。"汤君赫说。

"汤医生，"尤欣看上去有些欲言又止，"我也不清楚你跟队长之间有什么矛盾，但队长一向是说得少做得多，这一点您肯定比我更清楚吧？"

汤君赫看着她："你想说什么？"

尤欣似乎在心底做了一番挣扎，过了一会儿才说出口："跟您说一件事，我们当时出任务的时候，都要提前留遗……"

她话说到一半，汤君赫的手机响了。他拿起来，是周阿姨打来的——应该是跟汤小年的病情有关。他说了声抱歉，接起来，听到周阿姨语带惊慌地说："汤医生，你妈妈的心跳刚刚突然停止了。"

汤君赫神情一沉，问："现在情况怎么样？"

"你先别急，刚刚送去急诊室了，现在心跳恢复过来了，但还在抢救。"

"我这就回去。"汤君赫说。

第30章

挂了电话,汤君赫眉头紧锁,顾不上跟尤欣多说一句,抬腿就朝走廊一侧走,见电梯停在一层,转身走到楼梯间。尤欣见他面色有异,追到楼梯口问:"汤医生,发生什么事了?"

汤君赫急匆匆地下楼,头也来不及回,仓促地应道:"我有急事要先回去,拜托你帮我说声抱歉。"

"让你哥送你回吧。"话音未落,汤君赫已经下到了第二层楼梯,尤欣隐约感觉到大事不好,赶紧跑回包间,"队长,你弟弟好像遇到了什么急事,接了个电话就走了!"

杨煊立刻抬眼看她:"什么急事?"

"不知道啊!"

汤君赫拉开一层大厅的门,打算在路边拦下一辆出租车,但晚上八九点正是附近互联网公司下班的高峰时间,路过的出租车几乎都载了客,一辆辆飞驰而去。他拿出手机,打算用叫车软件叫一辆车,等待的时间一秒一秒过去,车却迟迟未能叫到。

也许只能拜托杨煊帮忙了,汤君赫慌乱之下打开拨号界面,在上面输了几个数字后,忽然大梦方醒般地意识到杨煊在十年前已经不用这个号码了,而那个熟稔于心的号码或许早已易主。他来不及多想,转身朝餐厅门口走,走得太急,差点和迎面出来的杨煊撞上。

汤君赫刹住脚步,一个踉跄,杨煊伸手将他扶稳:"在这等着,我去开车。"杨煊说完就侧身从他身旁走过去。

汤君赫坐到车上,才感觉到一阵手脚发软,安全带拽到身侧,愣是慌得对不准插孔,杨煊伸手帮他把安全带系好了。

车子起动,汤君赫的手肘撑在腿上,垂着头,手心贴着额头,竭力让自己冷静下来。过了好一会儿他才勉强恢复神志,忽然想到自己忘记和杨煊说明目的地,抬起头,却发现车子行驶的方向的的确确是朝着医院的。杨煊猜到了。

汤君赫拿出手机,又给周阿姨打了电话过去,问情况怎么样了。

"还在手术室呢。"

"颅内出血检查了没？"

"查了，没有出血。"

汤君赫这才稍稍松一口气，看来情况还没有想象中的那么糟，一切都还有希望。

车子停到医院楼下，杨煊转头看着他说："你先上去，我停车。"

这种时候已经顾不得在意其他事情，汤君赫解开安全带推门下车，电梯恰好停在1层，他乘电梯上到7层。

抢救室红灯闪烁，周阿姨着急忙慌地迎上来："汤医生，你可来了，刚刚吓死我了！"

"里面什么情况？"汤君赫勉强定下神问。

"不知道，大夫一直没出来。"

"我进去看看。"汤君赫说完，走到更衣室换无菌服。他是外科医生，有进手术室的特权。

层流室里，医生正紧张有序地进行抢救工作，见他进来，站在手术台旁的医生护士并没有表现出讶异。以往汤小年做手术时他也常在一旁看着，虽然外科医生都见惯生死，但为人子女的感受没人不懂。

汤君赫站在离手术台稍远的地方，一言不发地看着病床上的汤小年，耳边是各种仪器的运作声响。

汤小年就快走了，三个月前他就已经意识到这个事实。那时的汤小年还在润城，若不是有一次他放假回家，恰好赶上她腹痛发作，或许直到汤小年死在家里他也不会知道。

那次他把汤小年送到润城市区的医院，医生诊断出她患了胰腺癌，恶性，晚期，还有不到三个月的活头。

拿到诊断结果的当天，汤君赫就为汤小年买好了通往燕城的车票，把她送到了自己所在的普济医院。他从实习起就在这里，待了很多年，他的老师薛远山是远远闻名的心胸外科专家，在医学界颇有威望，只有在这里，他才能尽可能地给汤小年提供最好的医疗资源。

可是那又有什么用呢？他学医八年，手术台站了无数，不可能意识不到，就算把全国最好的胰腺癌专家请过来，也不过是把不到三个月的活头延长到四个月、五个月，至多不过半年。

——那可是被称作"癌中之王"的胰腺癌啊，再高明的医术在死神阴影的笼罩下都无能为力。

抢救一直持续了两个小时，汤小年从抢救室被推到ICU，汤君赫从手术室出来时，看到了坐在外面的杨煊。杨煊正面无表情地垂着眼睛，像是在沉思。

主刀的郑主任抬手拍了拍他的肩膀："小汤，你过来一下。"

汤君赫跟着郑主任走到窗边："郑主任。"

杨煊听到这边的动静，也从座位上起身，走到他旁边站定。郑主任有些意外地看了他一眼。

"这是我哥，"汤君赫不带什么感情地说，"您说吧。"

"哦，"郑主任点点头，"小汤，你也是干外科的，那些宽慰人的废话，对你说了也是白说，我就跟你直说了吧，你妈妈这个情况，发展到现在已经很不乐观了。"

汤君赫压着情绪点头："我知道。"

"今晚心脏突然停跳，主要是癌细胞转移扩散，导致器官衰竭，这次能救过来算是意料之中的事情，但是再有一次……真的说不好。"

明明是早就知道的事实，但这话经由郑主任说出口，汤君赫内心仅存的一丝侥幸彻底破灭了，他有些控制不住自己的情绪，偏过脸，忍着不让自己哭出来。郑主任说得不对，相比这些直白的字眼，他更想听那些宽慰人的废话。

"你啊，这些日子，多陪陪她，那些择期手术，能往后推就往后推吧，手术总是做不完的。"

汤君赫的眼角红了一片，点头道："嗯，谢谢郑主任。"

郑主任走后，汤君赫站在原地呆立片刻，侧过脸问杨煊："有没有烟？"

杨煊低头看着他："没带。"

汤君赫点点头说："别带了，抽烟对身体不好。"顿了顿他又说，"我进去陪她一会儿，你早些回家吧，谢谢你送我过来。"说完，他转身走到ICU病房前，推门进去。

杨煊看着关严的病房门，低头思忖片刻，也转身走了。

一直等到凌晨，汤小年才睁了眼。汤君赫接了一杯热水递给她，她身体虚弱，说起话来有气无力，像是咝咝地漏着气，汤君赫得贴近了才能听清楚她说了什么。

"是不是喝酒了？"汤小年问。

"只喝了一点儿，不多。"汤君赫说。

"跟谁啊？"

"麦泽他们。"

说话对于汤小年来说太累了，她眼神空洞地盯着眼前的空气，过了好一会儿才又说："回去，睡觉吧。"

"你快睡吧，你睡着了我就回去。"汤君赫伸手帮她掖了掖被角。

"明天，还得上手术台，"汤小年一句话说得气若游丝，"你不睡好……"

"别说话了，快睡吧，手术可以往后调。"

"那哪是说调……就能调的。"也许是太累了，汤小年话说着说着就合上眼睡了。

汤君赫看着心电图机屏幕上的数据，看到血压和心跳的数字逐渐稳定下来，浑浑噩噩的情绪才后知后觉地缓过来。

"汤医生，你回去吧，我在这儿守着。"周阿姨小声地劝他。

"我再坐一会儿。"汤君赫说完这话，又在病床边坐了半个小时，才起身拉开门走出病房。

情绪松懈下来，但心悸却一直无法缓解，心跳得很快，焦虑又发作了。今晚又要失眠了，汤君赫心道，吃安眠药吧，两片不够就三片，总能睡着的。

走出医院大楼的时候，因为这几天被跟踪，他本能地朝停车场看了一眼，然后在零星停着的几辆车之中，看到了杨煊今晚开来的那辆 SUV。

他一向记性很好，几乎过目不忘，但还是有些拿不准，毕竟开同一型号车子的大有人在。

他朝前走了几步，借着路灯的光看清了车牌号，这才确定那的确是杨煊开来的那辆车。脚下的步子停下来，隔着几米的距离，他定定地看着那辆车。杨煊为什么还在这里？是为了补偿吗？补偿十年前那场有始无终的报复。

他走近那辆车，俯下身，隔着车窗看向杨煊。杨煊闭着眼睛，头靠在座椅靠背上，像是睡着了。正当他打算抬手敲车窗时，杨煊睁开了眼睛，转过脸看着他。

那目光太过锐利，以至于汤君赫的心脏似乎停跳了一瞬。

在看清来人后，杨煊眼神中的锐利减弱了，伸手按下车窗，依旧是没有多余的话："上车吧。"

汤君赫走到另一侧车门外，打开门坐进去后，在杨煊起动车子的同时，他伸手给自己系上安全带。杨煊松了手刹，挂挡，将车子开出医院，说："烟在你前面的盒子里。"

汤君赫微微怔了一下，过了几分钟，他伸手拉开储物盒，低头把烟盒和打火机找了出来，捏在手里。片刻后，他从烟盒里抽了一支烟出来，含在嘴里，用打火机点燃了。

他把车窗开到最大，脸偏向窗外，很慢地，一口一口地抽着烟。

不知是因为尼古丁的作用，还是因为杨煊坐在身边，焦虑躁动的神经居然很快被安抚下来，心悸的症状也渐渐消失了，一支烟抽到一半儿，困意就泛了上来。

汤君赫合上眼睛，享受这片刻的困意，这种放松、困顿的状态，对他来说太不容易了，如果能一直持续到楼上，持续到床上就好了，或许今晚不需要吃安眠药就能入眠……

汤君赫觉得像是又回到了斯里兰卡，高耸、翠绿的椰树发出沙沙的声响，窗外有海浪的声音，柔和而缓慢地拍打着细软的沙滩，还有沿着海天一线蔓延开来的，无边无际的火烧云……杨煊低沉的声音在他耳边响起来："潮汐……是海水的呼吸。"

想到杨煊，汤君赫不想醒过来了——只有在梦里才能回到斯里兰卡。他很快意识到自己在做梦。别醒过来，求你，让我再多做一会儿梦……他的大脑在梦中喃喃自语，带着哀求的意味。

然而在意识到自己在做梦的一刹那，他就无法自控地醒过来了。他不情愿地睁开眼，看到眼前灰蒙蒙的天色和笔直林立的楼盘。

汤君赫一瞬间清醒过来，意识到这不是在家里，是在车里。他居然在杨煊的车上睡着了，身上盖着杨煊的外套。

他缓慢地转动脖子，看向驾驶位的杨煊。杨煊也闭着眼睛，靠着座椅睡着了。

他的手指缩紧，抓着盖在身上的那件外套，回忆着睡着之前的事情——那支烟抽完了吗？似乎只抽了一半，可是本来夹在手指间的烟却不见了。

他稍稍欠身，想低头去找那半截烟。好在没有酿成火灾事故，但若是把地毯烧坏也很糟糕。

汤君赫刚一偏脸，目光却停在挡位附近的烟灰缸不动了——烟灰缸的盖子是开着的，那里面有一支烟蒂，周围散落着些许烟灰。如果没有记错的话，在他睡着之前，烟灰缸里一直都是干净的。

第31章

汤君赫转过脸看着车窗外烟灰色的天,天色将明未明,太阳还未露头。

身上披着的外套若有若无地散发着杨煊的味道,似乎跟十年前有些许不同。

人与人之间的相处总是讲究一个安全距离,而汤君赫在成年之后的某一天意识到,他一直抗拒与其他人过于亲密的接触,原因之一就是他对人身上的气味过于敏感,体味、烟味或是香水味,吸入这些味道让他觉得不自在。

只有拉开距离,直到这些属于人身上的味道被空气冲淡了,才是让他感觉到舒适的安全距离。

然而对于杨煊,他却总是忍不住主动靠近。他想到自己第一次产生想要靠近杨煊的想法,似乎在某种程度上,就是受到了这种气味的蛊惑。抑或,他对杨煊的依赖就是从喜欢他身上的气味开始的。

难道因为是兄弟吗?汤君赫闭上眼睛想,那种根植于骨血的基因是没办法改变的,就算各自分开成长的时间远多于并手比足的日子,他们身上却总有一部分是相似的。

然而即便是这样,他也不曾看透过杨煊。年少时他从这种若即若离的态度中看到的是希望,并且可以为之奋不顾身,然而现在他已经27岁了,曾经的一腔热情与冲动恰恰是如今他最畏惧的。

汤君赫睁开眼睛,伸手合上敞开的烟灰缸盖子,"咔嗒"一声轻响,杨煊随之睁开眼睛——职业原因,十年来他始终保持着对于任何细微声响的警觉。

杨煊看向发出声音的烟灰缸,以及汤君赫扣上盒盖的手指,他并没有表露出任何情绪波动,只是抬眼看着汤君赫,嗓音微哑地问:"醒了?"

"嗯,"汤君赫从座位上直起身,将身上的外套拿下来握在手里,垂眼看着那件外套说,"其实你可以叫醒我。"

"能叫醒么?"杨煊伸手将他那一侧的车窗打开到最大,晨间的凉气随之灌进来,"醒了就回去睡吧。"

汤君赫将外套递给他,他们的手指触碰了一下,随即很快分开。"你也早点回去睡吧,好好养伤。"他说完,推开车门迈了出去。

就在他朝楼道口走了几步时,身后传来又一声车门合上的声音。他的脚步不自觉地放慢，克制住回头的冲动，但过了几秒便意识到，杨煊下车的目的似乎并不是要叫住他，只是下来透气。

汤君赫快步走到楼道里，凌晨5点的楼道空无一人，他上了电梯，看着门侧的按键微微出神。

想到杨煊的那句"能叫醒吗"，又忍不住想到在斯里兰卡的那段时光。那时候他总是趴在杨煊的肩膀上睡着，杨煊过一会儿就会把他叫醒。

其实很多时候他已经清醒过来，但就是不想睁眼，大抵是因为杨煊叫他起床的时候，实在称得上温柔。他打小孤独，没经历过几分温柔，一遇上便格外贪恋。

想来当年为了骗取这片刻的温柔，他也算是费尽心思。

只是后来报应全回来了，那时候佯装睡不醒，后来却真的睡不着。

再躺回到床上，汤君赫又睡不着了，十三也醒得早，跳到床上偎着他的脖子缩成一团。汤君赫索性起身穿好衣服，下床喂了猫，早早去了医院。

因为几天前的那起断指事件，医院在住院楼门口安排了两个保安站岗。他径直坐电梯到肿瘤科，早接班的护士看到他，打招呼道："汤医生今天这么早就过来了。"

汤君赫应一声"嗯"。

年轻的护士偷偷地打量他，过了几秒又试图搭话道："对了汤医生，有一件事情忘了和你说。"

汤君赫正在想事情，听她这样说，只是漫不经心地问："嗯？"

"其实也不是什么重要的事情……就是，前天下午我去给汤阿姨换药，看到她正在偷偷地涂口红。"

汤小年向来是不化妆的，汤君赫闻言看向护士。

"我一进去，汤阿姨好像还有些不好意思，很快就擦掉了……说起来从来也没见她化过妆呢，汤阿姨年轻的时候很漂亮吧？"

护士问完，却没有立即得到回答。汤君赫似乎怔住了。

电梯这时到了7层，发出"叮"的一声脆响，汤君赫这才回神："你刚刚说……"刚问出口他又想起了她的问题，点了一下头道，"嗯，是很漂亮。"

汤君赫走进汤小年的病房，坐在陪护椅上看着她。骨瘦如柴的汤小年再也没有当年咄咄逼人的力气了，好像又变回了他小时候的那个汤小年。

汤君赫忽然记起他小时候是很喜欢和他妈妈待在一起的，在他三四岁的时候，只要汤小年离开他的视野一会儿，他就忍不住大哭着找她。

只是后来汤小年的控制欲变本加厉，待在那样密不透风的关心下让他觉得喘不过气来，所以他才产生了逃离的想法。

然而现在他忽然意识到，汤小年未曾想过他想要的是什么，他又何曾试着去理解过汤小年？他们看似是最为亲密的母子，却恰恰因为这层关系，中间隔着巨大的鸿沟，谁也跨不过去。

汤君赫站起身，拉开病床旁的抽屉，看到了藏在最里面的那支口红。外壳看上去已经不新了，但打开盖子，却发现膏体似乎只用了几次的样子。

他将口红底部转过来，仔细地辨认上面模糊的字迹，却发现日期已经看不清了。应该是过期了吧，他把那支口红轻轻地放回原来的位置。

尤欣一早就通过电脑传来蒋宇良的资料，杨煊坐在沙发上，皱眉看着搁在大腿上的笔记本电脑。这人当年在云南和缅甸的交界一带活跃，是曾经煊赫一时的大毒枭。

当年他们联合国际刑警组织，耗时两年才摸清他的底细，在最后的大半年里，杨煊还被派去做了卧底，最终里应外合才将其击毙。

蒋宇良这个人很"独"，也善用人，所以他手下的人都很服他，但却没有一个能获得他全部的信任。只有一个人例外，那人是个大学生，看上去眉目清秀，有些唯唯诺诺。

在杨煊的记忆中，那大半年里，这人一共来过两次，大多数时候待在蒋宇良的房间里。之所以说蒋宇良信任他，是因为蒋宇良惜命得很，从不允许外人进入他的房间。

后来听人说，这人是蒋宇良资助的一个学生，从6岁开始，被蒋宇良资助了十几年，一路被供成了大学生。蒋宇良对于这人的事情也一向谨慎，从未让手下插过手，一直都是亲力亲为，所以直到他被击毙，也没人知道那个大学生叫什么名字，在哪里读书——蒋宇良没跟其他人提起过这件事。

看完尤欣发来的资料，杨煊倏地又记起一个细节。击毙蒋宇良那晚的阵仗搞得很大，由于前期工作做得到位，当晚主力头目基本全被捉拿归案，杨煊从提前谋划好的路线撤退时，忽然听到有人躲在一边低声抽泣。

当时杨煊握着枪指过去，发现是那个大学生，那人也听到了脚步声，抬起头惊恐地看着他。撤退和会合工作十分紧急，电光石火之间，杨煊来不及多想，收了枪，放了他一马。

杨煊事后再想起来，当时放了他的真正原因，并不是这人不在主力头目的抓捕名单上，也不是心软地考虑到他并无威胁，只是那双哭过的眼睛跟记忆中的某一瞬间像极了。

现在细究起来，那时一念之间做出的选择，应该算作渎职。

杨煊的手指在电脑上敲了几下,然后拿起倒扣在桌上的手机,拨了尤欣的号码,那边接通了,他问:"你记不记得当时我做卧底的时候,曾经让你们查过一个人?"

"啊……那个,叫什么来着,张……"

"张楷。"

"啊对!当时查过之后不是说没问题吗?只是个普通的大学生,后来就没再管他啊。"

"当时没问题,不代表后来也没问题。"

"也是。这个案子跟他有关系?"

"不确定,但直觉应该是,那人的身高和走路的姿势,有点儿像监控拍到的这个人。"杨煊将笔记本电脑拿起来放到一旁,后背靠到沙发椅背上,"当时查的资料还能找到吗?"

"那可说不准……都这么多年了,他又不算那时候的重点关注对象。不过知道叫张楷就好办了,在系统里可以搜出资料。"

"嗯。"杨煊说。

第32章

那支过了期的口红让汤君赫内心产生了极大的波动,当天中午他吃过午饭,去了附近的商场专柜。柜台小姐热情地给他推荐最新流行的口红色号,他也不做比较,全都买了下来,之后又买了一整套化妆品,拎去汤小年的病房。

汤小年已经醒了过来,但却吃不进任何东西,只能靠输营养液维持身体的各项机能。

"买了什么?"汤小年看向他手中的纸袋问。

汤君赫扶着汤小年的后背,让她倚着枕头坐起来,然后把那个纸袋放到她怀里。

汤小年低着头,用那只插满了针的枯瘦的右手伸进袋子里,打开最大的那个盒子,看到了竖着插在那上面的几支口红。

她愣了一下,随即神情不自然道:"买这个做什么?"

"现在不都化妆吗?"汤君赫低头看病历本,不动声色地说,"化了妆,气色会显得好一点儿。"

他语气平淡,听来理所当然,汤小年便没再说什么,抱着那袋化妆品,像是陷入了某种回忆之中,过了一会儿才有些出神地说:"我二十岁那年去逛商场,柜台的小姐给我化了个淡妆,我那时候没钱,什么也没买就出来了。走到街上,有个三十多岁的男人朝我走过来,说他是星探,问我想不想去演戏。"

十年前汤小年说过很多遍这件事,汤君赫也听过很多遍,但以往他从没有给过回应,这次却问:"那时候你说什么?"

"我啊……"汤小年干瘦的脸上露出些笑意,"我拍了拍肚子说,我得生小孩呀。你那时候才两个月呢,谁也看不出我怀孕了。"

汤君赫放下手中的病历本,难得附和道:"你要是不生下我,说不定就能做明星了。"

"对啊……不过,那也说不准,"汤小年说,"谁知道那个人是不是骗子。"

护士这时进来给汤小年换药,汤小年又躺下来,垂着眼皮看汤君赫:"昨晚怎么又喝酒了?"

汤君赫站起来,目光落在汤小年遍布针孔的手背上:"跟朋友聚会,大家都喝了。"

"麦泽昨晚怎么没跟你一起过来?不是他送你过来?"

143

汤君赫眼睛也不眨一下地撒谎："他今天还有演出，昨晚早早回家了。"

"丁黎呢？好久没见他过来了。"

"丁黎跟女朋友快结婚了。"

"蒋正朔也大半年没见了。"汤小年把他大学寝室的室友们问了个遍。

汤君赫淡淡道："他也天天做手术，哪有时间经常过来。"

汤小年眼睛无神地看着眼前的空气，半晌叹了口气，闭上眼睛说："你看丁黎多好啊，有女朋友陪着，晚上回去还能说个话。"

"这种事情都要看缘分的。"汤君赫说。

护士扎好针，直起身，带着笑意说："原来汤医生也会被催婚啊。阿姨，汤医生不是有哥哥吗？汤医生的哥哥最近经常过来接他下班呢，家里有个兄弟姐妹，可是比恋人靠谱多了。"

汤小年随之睁开眼睛，看向汤君赫。

汤君赫的睫毛颤了一下，偏过脸，避开她的眼神说："没有经常，只是偶尔过来拿药，恰好碰见而已。"

听他这样说，护士有些意外地扭头看过来，似乎有些欲言又止，最终还是没说什么。

自打那晚抢救过来之后，汤小年的身体每况愈下。跟所有的癌症患者一样，一旦器官出现衰竭的预兆，病人的生命就会如同一根缀着重物、颤颤巍巍的细线，等待着压倒骆驼的最后一根稻草。

杨煊还是每晚开车到医院楼下，汤君赫不知道他是几点过来的，等了多久。医院到小区的路程不远，如若恰好遇到绿灯，整段车程不过几分钟而已，有时候他们连一句话都没说上，汤君赫就下车了。

汤小年又一次做化疗的那一晚，汤君赫坐到车上，等红灯的时候开口道："其实你不用每天过来接我。"

杨煊先是没说话，重新开动车子的时候才说："这也是我的工作。"

哦，工作。汤君赫想起杨煊几天前低笑的那一声。

事实上他有百般辩驳的语言可以说，譬如你还没有正式入职，这时候来接我算什么工作？再譬如这点儿稀松平常的护送工作，也需要你一个堂堂的昔日队长来做？

但话到嘴边汤君赫却说不出口，说到底，他还是怕杨煊真的不来了。

随着汤小年的病情继续恶化，汤君赫的焦虑症状也开始加重，某一天晚上，在服下三片安眠药却只进入了不到三小时的浅睡眠后，他意识到自己的精神问题可能又有复发的趋势。再这样下去，他根本就无法进行日常的手术工作。

第二天下午他请了假，去看了心理医生，还是几年前看过的那一位。三十几岁的外国女医生，治疗过程很专业，他们用英语交流，这让汤君赫有种难得的安全感。有些话他没办法用中文说出口。

"大概是因为半个月前他回来了吧，我发现自己还是没办法不理他。失眠的时候，我可能一整夜都在想我们之间发生过的事情。"

心理医生在病历本上飞快地写字，然后抬起头说："我以朋友的身份给你一点儿建议吧，要么让他成为你的解药，要么干脆一点儿，不要让他打扰你的生活。你现在这种患得患失的状态，是最危险的一种情况。"

回医院的路上，汤君赫一直在回想这句话。

他有些心不在焉地走上住院楼大门前的楼梯，在他走进大门的时候，忽然有人急匆匆地冲出来，重重地撞了他一下。

医院随处可见这样匆忙的身影，毕竟在生命面前没人可以冷静。汤君赫没太在意，继续走回到自己的办公室。但在他脱下外套，正打算换白大褂的时候，忽然发现自己左边的衣袖被划破了。

从整齐的切口来看，应该是用很锋利的刀刃划破的，汤君赫立即联想到刚刚撞到自己的那个人。

没完没了了吗？看着那个切口，汤君赫觉得有些烦躁。既然已经手持刀具，为什么刚刚不干脆捅死自己算了？他脑中闪过这个想法。

他皱着眉，给上次来的那个警官拨去电话，讲明了情况，临到要挂电话，他又问："没有什么办法尽快解决这件事吗？"

那边说，他们正在讨论抓捕方案。

"如果用我做诱饵的话，会不会更快一点儿？"

"这个，如果不是万不得已……"

"你可以跟你的上司提出这个想法，就说是我提议的，"汤君赫穿着白大褂，站在办公桌前说，"相比保证我的安全，我更希望这件事情尽快解决掉。"

也许是因为做诱饵的计划的确可行，当晚，杨煊就接到了尤欣的电话。电话里尤欣说，汤君赫自己提出可以做诱饵，而C组又整体商量了一下，制订了一套可行的方案。

"队长，22这几天你就不要去接汤医生了吧……"尤欣话说到一半，就听杨煊冷声道，"谁定的方案？C组组长是谁？吴卓？"

"是吴卓……"

"吴卓电话是多少，发给我。"

"哦……"尤欣在他手下待了几年，已经摸清了他说一不二的性子，这时只能应下来。

收到尤欣发来的号码，杨煊立刻将电话拨了过去，开门见山道："吴组长，关于那个诱饵的计划，我想详细了解一下。提出做诱饵的人是我弟弟，嫌疑人又跟我有关，我想我应该有这个权利。"

吴卓一听便笑了："杨煊，杨队长，你一上来就这么严肃，这个诱饵计划怕是实行不了啊……"

"上面已经同意了？"

"没有没有，计划刚讨论出来，还没完全确定，因为考虑到你们兄弟俩跟这个案子关系密切，所以让小尤先向你探个底，你果然不同意啊。"

"你们这是要把他往火坑里推，不用想也知道我不同意吧？"

"不不不，是他自己先提出想往火坑里跳的。罪犯身上现在背着一条人命，家属已经报案了，如果是为了将罪犯捉拿归案的话，用你弟弟做诱饵，的确是目前最可行的方案。再说了，也不算什么火坑，首先你弟弟的人身安全肯定是要保证的，计划会订得相当完善保险，不会让他冒那么大的险……"

"要么让他成为你的解药，要么干脆一点儿，不要让他打扰你的生活。"一晚上，汤君赫脑中都在循环播放这句话。

其实他自己又何尝不知道？只不过这话经由心理医生之口说出来，会逼迫他尽快做出选择而已。是时候做出选择了。

汤君赫按照往常下班的时间走出医院，杨煊的车果然停在以往的位置。汤君赫径直走过去，拉开门坐进去。

正当他打算直截了当地说出那句"之后不要再来接我了"时，杨煊却先说话了："这是——"

"之后"和"这是"撞了个正着。

汤君赫觉得有些荒唐，有那么几晚，他们都坐在车里，自始至终也没有谁说过一句话。然而到了今晚，当他想开口时，杨煊却恰好也有要说的话。

"你先说吧。"汤君赫做出让步。

杨煊并不打算跟他推让，将手机递过来，继续刚刚的话道："这是重案组C组组长吴卓的电话，你拨过去，就说你考虑清楚了，拒绝做这个诱饵。"

汤君赫低头看向屏幕，逼仄的车厢里，屏幕泛着明亮的白光，那上面是通讯录的界面，只需要他手指一点，就能拨过去电话。

"这个计划是我提出来的。"汤君赫看着屏幕说。

"所以你也是最有权利去拒绝的那个人。"

汤君赫抬起头，看向车窗外说："我不会拒绝的。"

杨煊蹙起眉，缓了缓语气道："这是涉及人身安全的事情，你不要胡闹。"

"可这也是最快解决问题的一个方案不是吗？把罪犯捉拿归案，你就可以结束你的工作了。"

这话说完,杨煊沉默了片刻,说:"这并不只是工作,我以为这一点不用明说。"

闻言,汤君赫沉默下来。

半晌,车子发出轻微的起动声响,然后平缓地滑了出去,汇入夜色下的车流中。

没有人再说话,汤君赫看着路边倒退的树,原来已经到暮春了,夏天快来了啊。

一路上,他们都没再交谈,杨煊一直把他送到楼下。

汤君赫解开安全带,到了该说出那句话的时候了,再晚一点儿,今晚就没有机会了,但事到临头,他忽然又不想说了。说出口的话,会不会就是杨煊最后一次送自己回家了?

不然算了,有念想总比没念想好。汤君赫伸手要推车门,杨煊却忽然问:"上车的时候你要说什么?"

还是说吧,汤君赫又想,这种无望的念想留着也是一种折磨。他们之间有太多迈不过去的坎儿,当年有始无终的报复,十年间互无音信的分别,以及如今病入膏肓的汤小年,这些缠在一起,打成了一个死结,解也解不开。

汤君赫深深吸一口气,闭了闭眼睛,过了几秒后睁开眼睛,说:"我听人说,特种部队的人都是会拿枪的。你在部队里待过那么多年,还做了队长,那你……有没有杀过人?"

他忽然问起这个,杨煊有些不知所以然,顿了顿道:"杀过。"

汤君赫又问:"多少?"

杨煊简短道:"很多。"

汤君赫点了点头,看着昏暗的前方。树影映到车前窗上,摇摇晃晃,不远的街道上,车辆飞驰的声音清晰可闻。片刻后,汤君赫声音很轻地说:"你杀过很多人,那现在能不能放过我啊?"

汤君赫感觉到杨煊转头朝他看过来,但他不敢看向杨煊了,他可以想到杨煊的样子,皱着眉,目光锐利,让他无处遁形。

他的脸偏向一侧车窗,垂着眼,语速很慢地说:"我现在……过得挺好的,可以独立做主刀,有个对我很好的老师,薛主任,你也看到了。我也有朋友了,偶尔会来看我,医院的同事也对我很好,比当年的同学对我好多了。只有一点不太好,汤小年得了很重的病,快要死了。"汤君赫觉得有些喘不过气,又深深地吸了一口气才能继续说下去,"十年前发生的事情,我已经放下了,你不必觉得对我愧疚。我……我现在过得很好,没有必要给自己找其他的不痛快。"

汤君赫觉得自己一辈子也没说过这么长的话,全部的话说完,他却并没有感觉到轻松多少,反而胸口被什么堵住了,让他呼吸不畅。

过了好一会儿,杨煊说:"你是希望我不要再来打扰你的生活。"

一针见血。汤君赫想,他绕了那么大的弯子,只希望能留下一丁点儿回旋的余地,可是杨煊一开口,就把路堵死了。

汤君赫说不出话,费了很大的力气才点了点头。

一阵沉默后,杨煊说:"我知道了。"

第 33 章

凌晨3点，汤君赫在黑夜中睁开眼睛，直直地盯着眼前的一团黑暗看了半晌。

他的身体内部犹如一根绷紧的弦，被两头的力量拉扯着，似乎绷得更紧一些，这根弦就会彻底崩断，可是他却不知道如何让自己放松下来。

也许烟会有些作用。毕竟上次在车上，一支烟还没抽完，他就已经睡着了。他下了床，从储物柜里翻出半包烟，点着了，坐在窗台边抽起来。

窗外的马路上静悄悄的，间或有一两辆车疾驰而过。一支烟抽完了，他却还是毫无困意。

汤君赫捻灭了烟，把手里的那半包烟扔回茶几上。他又怎么会不知道那晚在杨煊的车里睡着，其实跟尼古丁并无关系？

也许应该换个环境，汤君赫看着窗外想，可是汤小年病重如此，他又能逃到哪儿去？

真是退无可退，完全无解。

之后的一天，汤君赫夜晚当值，傍晚时急诊送来一名患者，因车祸被路边施工的铁杆穿透右胸，当下各科室紧急联动，经过三小时的手术终于有惊无险地将病人抢救过来。

下了手术台已近晚上9点，汤君赫到旁边的休息室接了一杯水，喝了几口后，捏着杯柄走到窗边，眼睛不自觉地看向医院大门的位置。

以往杨煊会将车暂时停在大门旁边，但今晚却并没有车停在那里。

或许杨煊知道自己今晚值班，汤君赫想，毕竟几天前杨煊到医院拆线时，他曾经跟杨煊说过晚上要值班。

第二天晚上，汤君赫做完医院的事情，按照以往的时间下了班，快要走到大门口时，看到往常的那个位置上，停放着一辆轿车，不是杨煊常开的那辆SUV。

在经过那辆车时，他忍不住朝敞开的车窗看了一眼，那里面坐着一个中年男人，并不是杨煊。

那一刻涌上心头的失落感让汤君赫觉得自己有些可笑。那些话是他一个字一个字说出口的，说话的目的也很明确，如今目的达到了，为什么还要抱着隐隐的期待？

也许就这样了。燕城这样大,承载着上千万人口,医院和公安局又隔得这样远,如果不是刻意想要见面的话,谁也偶遇不了谁。

人来人往,潮来潮去,下一个十年很快就会过去了。最难捱的十年已经过去了不是吗?

公安局的人打电话过来,让他这几天晚上小心一些:"如果出医院时有遇到可疑情况,一定要及时联系我们。"

"抓捕行动快开始了吗?"汤君赫问。

"已经开始了,我们在医院和你住的小区内都布置了警力,下一次他再露面,不出意外就会被捉拿归案了。"

"那需要我做什么吗?"

"你只需要警惕一点儿,再小心一点儿就够了,尤其是在医院和小区内,抓捕过程很可能在这两个地方进行,环境越封闭,成功率就会越高。"

"我知道了。"汤君赫说。挂了电话后,他给这个电话号码设置了快捷按键,又将手机设置成静音模式,然后收起手机,带着两个实习医生去病房区查房。

因为杨煊的档案还没有正式转入燕城公安局,C组只能向上面申请了一个顾问的名额,让杨煊参与这起抓捕行动。

"张楷那天进入医院很大概率是想实施犯罪行为,出来时碰见汤医生是个意外,情急之下拿出了随身带着的刀,但因为当时旁边站着保安,只能临时改变主意。"进行案情分析的尤欣说,"罪犯之前有些失去耐心了,有进入医院实施犯罪的打算,不过这两天,计划好像又变回去了。毕竟医院里面人太多,选择这样的环境进行犯罪,失败的概率太大。"

"所以,我们现在隐在暗处是对的,一旦张楷开始警惕从而改变计划,那后果不堪设想。就像那天下午,如果不是汤医生恰好不在,谁也不能保证会发生什么,"尤欣说完,转过脸看着杨煊,"这样非但不能保护他,反而会将他置于更危险的境地。"

杨煊并不看她,眼睛落在屏幕的资料图上:"看我干什么?我已经答应过方案实施之前不会去接他,这种搅乱方案实施的事情,你觉我会做?"

尤欣耸了耸肩:"毕竟是您亲弟弟,关心则乱嘛。"

"你们不是提醒过他要小心一点儿?"

"是啊,"旁边的钱磊接话道,"汤医生不愧是做医生的,心理素质'杠杠的',我跟他说什么,他都一副不吃惊的样子。煊哥,你家是不是祖传胆儿大的基因啊?"

杨煊笑了一下,敲了敲屏幕:"继续讨论案子吧,这个地方对于楼道口是盲区,到时候可以安排一个人。"他的手握上桌面中间的无线鼠标,在小区的某个拐角处画了个叉。

"对，目前的情况是医院安排了八个人，小区这边安排了五个人，还有三个机动人员以防万一。如果罪犯中途出现，不到万不得已的情况，暂且不会行动。毕竟在马路上进行抓捕，不仅会引起恐慌，还容易引发交通事故，罪犯逃脱的概率也比较大。小区这边安排的人比较少，主要是考虑到环境比较密闭，而且已经跟安保人员进行了沟通。煊哥，你的伤怎么样了？我们打算让你在小区这边守着。"

"可以，"杨煊点了一下头说，"没什么大碍。"

在杨煊来医院的那几晚，一直躲在暗处跟踪的那人似乎消失了。而在杨煊消失几天后，那人又出现了。

那晚汤君赫步行回家，进入小区时需要刷门禁卡，他走到门口时，恰好有人在他前面刷卡，他便跟在后面进入。小区的安保大多时候形同虚设，尾随进入的情况比比皆是。

他靠着路边走，身后传来低声的交谈，一男一女，从亲昵的语气听来，大概是情侣。十几米后，那对年轻的情侣拐到了另一条小路上，交谈声渐远。与此同时，汤君赫忽然意识到有人跟在自己身后。

明明刚刚身后还没有人。三公里的路，如果一直有人跟踪的话，他不可能察觉不出来，汤君赫伸在口袋里的那只手握住手机，拇指在其中一个按键上按了三下，给那天设置成快捷拨号的号码拨电话，几秒钟后，估摸着那边铃声响起来，他又摸索着按了挂断键。

靠近楼道口的拐角处灯光较暗，还差几米的距离时，他加快了脚步，然而就在经过那处拐角时，他的肩膀猛地被身后的一只手捏住，紧跟着靠上来一个人，那人伸手捂着他的嘴，将他朝灯照不到的幽暗处推搡。

汤君赫看到那人手上拿着一把刀，刀片泛着锋利的白光，隔着薄薄的一层布料，抵在他的腰间。不出意外的话，只要他稍加反抗，这把刀就会毫不留情地捅下去。

并不是致命的位置，汤君赫脑中出现这个想法，他熟知人体结构，有把握在反抗的同时，让这人手上的刀都捅在他身上不致命的位置，可是他脑中却闪现出一瞬间的犹豫——如果就这样死了，临死前还能不能见到杨煊？如果可以的话，那杨煊又肯不肯骗骗自己？

这个想法刚一露头，在他斜侧方迅速伸出一只手，果断地扣住那人拿刀的手腕，与此同时，汤君赫的另一侧肩膀被抓住，他被朝后拉了一下。下一秒，藏在暗处的杨煊上前一步，抓过那人的肩膀，膝盖朝他的脾脏位置猛力一顶，既狠又准。

刀随之掉落到地面上，发出尖锐的碰撞声。那人第一反应便是逃走，手腕却被牢牢地钳制住，情急之下他整个人朝着停在一旁的重机车撞过去，那辆重机车在这股力量的冲击下，立即朝汤君赫倒过去，杨煊抬腿抵住机车的重量，力量集中在腿上，手上便有些失力，那人立刻甩脱手腕的钳制，逃了出去。

杨煊伸手将汤君赫拉离机车倒下的位置，抬腿将那辆重机车用力踢开，闪身跟了出去。

机车重重地倒在墙上，发出一声沉重的声响，从那人出现到逃走，前后不过十几秒。汤君赫被杨煊拉着朝后踉跄一步，站稳后随即绕过机车跟出去，北门的方向已经一片大亮，几个穿着便服的人正从其他方向包抄过来。

那人逃无可逃，走投无路之际跑进一处居民楼，不过几分钟的时间便佝偻着背，被两名警察押着出了楼道。杨煊跟在后面，落后几步走出来，似乎正拿着对讲机低头说什么。

汤君赫站在原地，朝他的方向看过去。

就这样结束了吗？他有些出神地想，那今晚之后，杨煊的工作也结束了。

汤君赫退后几步，后背靠着楼体的墙壁，对着北门的方向愣了一会儿神，然后呼出一口气，直起身，转身朝他的租处所在的那栋楼走。在路过刚刚那处拐角时，他看到掉落在地上那把刀正闪着轻微的亮光，蓦地想起自己十六岁的时候也曾经拿起过一把刀，那把刀改变了他和杨煊的命运，如果没有那个黄昏，现在的他和杨煊又会是什么样子的？

汤君赫心不在焉地上楼，在沙发上坐了一会儿才想起要给猫喂食。他走到墙角，蹲下来打开一盒猫罐头，以往这个时候，十三都会迫不及待地跑过来，偶尔还会碰翻屋子里的摆设，但今天屋里却反常地安静。

他拿着猫罐头站起来，目光在屋里梭巡一圈，目光所及的地方并没有十三的身影。

"十三。"他出声叫它的名字，绕着屋子走了一圈，床底和衣柜都找了一遍，就是找不到十三。

他开始有些慌神了。一只陪了他几个月的猫丢了并不是什么大不了的事情，但也许是因为最近发生的事情实在太多了，他忽然又犯起了心悸。

屋子里有只活物总归是不一样的，自从捡到十三之后，偶尔他会和它说说话。也许跟一只猫说话看上去有些傻，但某些话他只能对猫说出口。

杨煊不再过来了，汤小年也要走了，难道连十三都不会陪着自己了吗？他竭力让自己平静下来，冷静下来分析十三到底是什么时候走出去的——应该不是早上，他走得很早，那时十三还窝在床上睡觉。

那就只可能是刚刚了，他开门时正在想事情，并没有注意到十三有没有跑出去。想到这里，他匆忙地走到门口，拉开门走出去。

楼梯间的感应灯伴随着他的脚步声亮起来，他从十四楼一路走下去，目光绕过每一处楼梯拐角，每下一层，焦虑就更添几分。

　　会去哪儿呢？他走到一楼，拉开楼道口的大门，有些焦躁地一路小跑着寻找。十三是他在楼下的一处废置的排风口里发现的，当时它的腿被卡住了出不来，他那晚二线听班，半夜急诊回来时已经凌晨3点，在经过那处时，他听到很细微的猫叫声，那时他停下来，俯身朝里面看了一眼，然后看到了可怜兮兮的十三。

　　他费了很大劲才把小猫救出来，发现它的一只后腿已经被夹折了，关节处的毛发被血浸得粘在一起。

　　那晚他对它的伤处简单做了处理，天亮之后又抱着它去了宠物医院，做过手术，又悉心喂养了几个月，这才把那条骨折的后腿治好，现在它只是看上去稍稍有一些跛。

　　刚刚的抓捕行动似乎结束了，北门处，几个警察正将罪犯朝警车里押。

　　汤君赫瞥了一眼那个方向，杨煊似乎并不在那几人中间，也许已经回去了。他收回目光，快步走到那处废弃的排风口，半蹲下来朝里看了一眼，顿时松了一口气。

　　也许是因为从小窝居在这里，这会儿十三又跑进了这处脏兮兮的洞穴。

　　"十三，出来。"汤君赫朝排风口里低喊一句。

　　也许因为刚刚受到了惊吓，十三钻得很深，一双圆溜溜的眼睛看向外面，就是不肯挪窝。汤君赫将手伸到排风口里，试图将它抱出来，但十三随之朝里缩了缩，任凭汤君赫怎么朝外引，它都不肯出来，只是偶尔极轻地叫一声。

　　汤君赫没办法，收回手想了想，打算去楼上把猫粮拿下来，将十三引出来。为了防止它跑到别的地方，他从一旁搬来了一块石头堵在洞口处，然后起身朝回走。

　　刚一起身，汤君赫就看到杨煊站在离他几步远的地方，正低头看着他。

　　他愣了一下，一时忘记迈步子。

　　"猫丢了？"杨煊背着光站在晦暗不明的墙角，看着他问。

　　汤君赫回过神说："十三跑到了里面，我上去拿猫粮引。"说完他不再看杨煊，转身朝回走。

　　杨煊怎么会站在自己身后的？他在那里站了多久？他是过来找自己的吗？汤君赫克制不住地想这些问题。

　　汤君赫进了门，匆匆拿了那盒拆封的猫罐头下楼。

　　再下楼时，杨煊还会在吗？电梯太慢了，他紧盯着小屏幕上跳动的数字看。

　　他走出电梯，拉开楼道口的大门，仓促地朝那处废弃的排风口走。离那里几步远时,他的脚步慢下来,直至顿住——杨煊还在那里。

杨煊站在楼角处,怀里抱着他的猫,见他走过来,抬眼看向他。

小猫在他臂弯里瑟缩着,对着汤君赫"喵"了一声,像是有些怕。

在暖黄的路灯下,那双微凹的眼睛看上去黑沉沉的,眼神的深处似乎藏着一抹难以察觉的情绪。

第34章

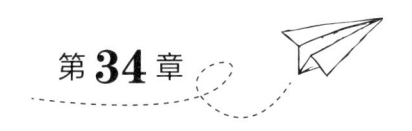

汤君赫走近了，目光落在杨煊抱着猫的手上，那上面有几道长且深的抓痕，朝外渗着暗红色的血珠。

刚刚把十三弄出来着实花了好一番工夫，杨煊只要一将手伸进那排风口，十三就会抬起爪子在他手上狠狠地挠一下。挠到第三下时，杨煊迅速反手抓住它的前爪，放轻动作将它朝外拖。

"你被挠伤了。"汤君赫看着那几处血印子，微微蹙眉，伸手想将十三抱过来，害怕他再次挠伤杨煊。

"你的猫挺凶的，"杨煊说，并不松手，"我来抱吧，它的情绪还不稳定。"

"去医院吧，伤口需要包扎，疫苗也要尽快打。"汤君赫说着，一只手从兜里拿出手机，要用叫车软件打车。还没点开软件，杨煊腾出一只抱猫的手，伸过来按住他的手腕阻止他。汤君赫抬眼看他。

"你不就是医生？你帮我处理一下就好了。"杨煊看着他说。

"我可以处理伤口，但疫苗还是要去医院打。"汤君赫坚持道。

"半个月前打过了，"杨煊也坚持，"所以只需要处理伤口。"

汤君赫垂眼想了想，沉默片刻说："那上楼吧。"

电梯上升的过程中，窝在杨煊怀里的十三对着汤君赫手里的猫罐头叫了一声。汤君赫看它一眼，不为所动地拿着猫罐头，并不打算喂它。

猫是不能惯的，做错了事情就要惩罚，汤君赫打算接下来的两天内喂它最不喜欢吃的那种猫粮，让它认识到偷跑出去这件事是不对的，乱挠人也是不对的。

但杨煊却伸出手，握住那盒猫罐头，汤君赫只能松开手。

杨煊将那盒猫罐头放到十三面前，低头看着它，色厉内荏的十三顿时服了软，乖乖地凑上前吃猫粮。

进了家门，汤君赫走到药箱前，蹲下来将绷带和药水找出来。刚捡到十三那会儿，他几乎天天都会被挠伤，从来都是自己处理伤口。

杨煊俯身将十三和猫粮放到地上，朝他走过来。

"坐吧。"汤君赫将工具和药水放到茶几上，示意他坐在沙发上，自己半蹲在旁边，用镊子夹着棉球蘸饱了药水，在杨煊手上的那几道血印子上轻轻按压。

灯光下，杨煊的手显得很好看，指节分明，手指修长，肤色比汤君赫要深一些。因为遗传自杨成川，杨煊的肤色从来都属于偏白的那一类。汤君赫记得在高中时，因为打篮球而出汗的杨煊，在球场上的所有队员中几乎白得发光。也许是十年来在外面风吹日晒，现在的杨煊肤色更接近于麦色。

汤君赫看到他的手背上两条暗色的印子，时间不长，看上去也像挠伤的。半个月前……是自己喝醉那次？

汤君赫动作娴熟，将棉球丢到垃圾桶里，两只手配合着用绷带包扎杨煊的手背，然后手指按在绷带上，说："这样按住，我去取剪刀。"

杨煊却没有反应。

汤君赫抬眼看向杨煊，杨煊的目光落在下面，汤君赫顺着他低头的方向看过去。由于蹲在地上，汤君赫的裤腿有些缩上去，露出半截脚踝和印在皮肤下面的杨树刺青。

他们的目光都落在那个刺青上。杨煊上半身俯下去，手臂伸长了，在手指即将触碰到刺青的那一瞬，汤君赫本能地朝后退了一下，手上一抖，绷带掉在地上，顺着地面滚远了，滚到正在进食的十三旁边，将它吓得朝一旁跳过去。

汤君赫站起身，背过身从药箱里拿剪刀时，竭力平定心神，然后转过身将地上的绷带卷起来拿在手里，又走上前，俯身将杨煊手背上的绷带剪断。

在他重新蹲下来，用医用胶布固定绷带时，杨煊忽然伸出手，动作很轻地拨开他额前的头发。

汤君赫手上的动作微顿，随即继续包扎。

杨煊的拇指指腹带着薄茧，触到汤君赫光洁的额头，用低沉的嗓音道："它还在。"

汤君赫知道他说的是那块疤。已经十年了，还是能看出浅淡的印子。有那么几年，他生怕它淡下去，连涂面霜都刻意避开它。他害怕有一天它真的消失了，那他可能也会怀疑杨煊到底有没有存在过，或许在这个世界上他根本就没有一个同父异母的哥哥，一切都只是自己的臆想。

汤君赫的睫毛颤了颤："也许是好不了了。"

杨煊将他的头发拨回去，遮住额角那块疤，看着他问："上次你喝醉了，送你回医院的那个人是谁？"

"一个摇滚歌手，叫麦泽。"

"我是问你和他的关系。"

房间里一片寂静，只有剪刀剪断胶布的细微咔嚓声，半晌汤君赫才说："大学室友。"说完他起身，将茶几上的东西收好，放回药箱里。

"如果没有别的事情的话，我该去医院给我妈陪床了。"他自知不能给自己太多的念想，直起身说。

"如果还有别的事情呢？"杨煊也站起来，注视着他说。

汤君赫避开他的眼神："那也再说吧。"

他走到门边拉开门，跟在杨煊后面走出去。

汤小年的情况很不好，他在家里睡不踏实，这几夜索性每晚都在夜里去陪她。他害怕她哪天晚上趁他睡着，自己偷偷地走了。

尽管对于汤小年来说，早早地走要比死撑着跟癌症抗争要好受得多，但他还是希望她能活着。活着就说明一切都还没结束。

几天前汤小年又经历了一次血压骤降的情况，那天汤君赫刚下一台深夜急诊手术。等他赶到急诊手术室时，郑主任正眉头紧锁地进行抢救工作，站在一旁的一助不停地给他擦汗。等到抢救结束时，他跟郑主任同时松了一口气。

第二天中午汤小年醒过来了，勉强喝了一点儿粥，问起汤君赫的第一个问题竟是："当年你跟杨煊去的那个地方，是哪儿来着？"

"斯里兰卡。"汤君赫愣了一下说。

"哦……"汤小年若有所思，"挺远的吧。"

"嗯。"汤君赫说。

"我这辈子，还没出过国呢。"汤小年倚着枕头，衰败的脸上露出有些惋惜的神情，"我二十岁的时候，杨成川也说要带我出国，还没出呢，他就跟别人结婚了。"

汤小年近来总喜欢回忆年轻时候的事情，汤君赫就默不作声地在一旁听着。

"等过几天我请了假，就买两张机票带你出去。"汤君赫说，尽管他知道汤小年可能连过几天都熬不到了。

汤小年只是笑，没应声，继续说起以前的事："你们两个孩子，那时候胆子也真大，跟谁也不说，就自己跑到了国外。"她的声音很细很轻，像是随时有可能戛然而止，但她还是气若游丝地不停说着，"杨煊也就罢了，你啊，从小到大哪儿都没去过，也敢跟着他，也不怕他把你卖了。"

"我啊……我当时恨死他了，恨得牙根痒，抢走我的儿子，不安好心。"汤小年说到这里，又有气无力地笑了，"你说你怎么就那么听他的，他对你真那么好啊？比我对你还好？"

汤君赫怕她体力消耗过多，接了水给她喝："妈，别说太多话了。"

汤小年接过杯子，没喝水，目光看向别的地方，声音很低地说："真是……你怎么就那么死心眼呢？"

汤君赫把杯子抵到她的唇边，看着她喝了水，然后扶着她躺下："以后不会了。"他知道汤小年一向反对他接触杨煊，十年前杨煊走的那一天，当他从机场回来时，汤小年发了疯似的骂他，说他白眼狼，没良心，跟当年的杨成川一模一样。

"这几天，你把杨煊叫过来吧，我有事要跟他说。"汤小年躺下来，垂眼看着他。

"好,"汤君赫嘴上答应着,却并没打算这样做,"等你病好一点儿。"

"就明天吧,啊?明天不是周六吗?我时间也不多了。"

"妈,我答应你的事一定会做到的,"汤君赫看着汤小年说,"说了不和他联系,就不会再和他联系,你不要自己瞎想了。"

"你把他带过来吧,"汤小年转头看着窗外说,"我走前就这么一个要求。"

汤小年时日无多,这几个月来汤君赫几乎对她有求必应,可是她提出这个要求,却让他有些头疼。

也许汤小年是想让他们在她眼前发誓,说他们永远也不会再联系——除此之外,他想不到她为什么忽然要见杨煊。

几天前他刚对杨煊提出不要再来打扰自己的生活,现在却为了汤小年反过来去打扰他的生活,实在是有些难以开口。

只是……汤小年要走了,有些事情他不得不做,否则余生都将活在后悔之中。

跟杨煊走到小区门口,汤君赫开口了:"我妈说,她想见一见你。"

他说完,没等杨煊说话,又补充了一句:"你知道,她得了癌症,病得很严重。她的时间不多了,最近病情恶化,可能这几天就……"

"什么时候?"杨煊问。

"明天可以吗?明天中午,中午她的精神会好一些。"

杨煊说:"好。"

汤君赫没想到杨煊这样轻易就答应下来,毕竟当年杨煊厌恶汤小年的程度,比他想象中还要深重。否则以杨煊的性格,不会想到利用自己来报复汤小年。

"还有……她的精神状态不太好,如果提出什么过分的要求,可以的话,拜托你不要跟她计较,"汤君赫知道自己有些得寸进尺了,但这些话他不得不说,"如果有可能的话,尽量顺着她来,我知道这个要求有些过分……"

杨煊打断他道:"我答应你。"

第35章

次日中午，汤君赫刚吃过午饭，正站在办公桌前低头整理资料，小宋走到门边，抬手敲了敲门，语气俏皮道："汤医生，你看谁来了？"

汤君赫一转头，看到了站在她身侧的杨煊，他把手上的资料放下，朝门口走过去，看着杨煊问："那我们现在去？"

杨煊也看着他："嗯。"

两人一转身，护士站的几个小护士都伸长了脖子看过来，眼睛放光。小宋一回去，就被拉着胳膊问东问西："汤医生的哥哥是做什么的啊？"

"不是说关系不太好吗？看着也不像啊。"

另一个问得直切要害："有女朋友了没？"

小宋伸手打开拉着自己胳膊的几只手，笑道："你们问我？我还想知道呢！"

汤君赫走在前面，推开汤小年病房的门。周阿姨听到推门声，转身站起来："汤医生过来了。"随即看到了站在他身后，高他半头的杨煊，"汤医生的哥哥也过来啦。"

汤君赫走到汤小年病床边："周阿姨，我妈妈今天怎么样？"

"你早上过来的时候她就没醒，现在还一次也没醒过呢。"

汤小年苍白的脸上毫无血色，眼睛紧闭着，身上插满了管子。汤君赫俯下身，小声地叫："妈。"

汤小年没反应，他拉着她干瘦的手，又叫了一声。几声过后，汤小年的眼皮才微微抬起，半遮着无神的双眼，看向汤君赫。

汤君赫侧了侧身，让她看到站在一旁的杨煊。

汤小年的手指在汤君赫的手心里动了动，眼神似乎亮了一下，但只是微弱的一下，很快又黯淡下去，紧接着她闭上了眼睛。

汤君赫知道汤小年神志不清，连睁眼和说话这样再简单不过的事都有心无力。

周阿姨摇了摇头，叹气道："今天状态又不好。"

汤君赫直起身，垂眼静立了片刻，侧过脸对杨煊说："我们出去说吧。"

杨煊的目光从汤小年身上移开，点了点头，跟在他后面走出去。

汤君赫站在病房外的窗边，面对着杨煊，有些愧意地说："对不起，前几天每天中午她都会醒一会儿的，但今天身体状态不太好，可能要让你白跑一趟了。"

这话说完，过了几秒却没等来杨煊的反应，汤君赫这才抬起眼皮，看向杨煊。

杨煊的面色很沉，见他看向自己，才开口道："你跟我说话，一定要用这么客套的语气吗？"

汤君赫的眼神微微闪烁，情绪在眼底剧烈地波动了一瞬，然后竭力平静道："不然呢？"

杨煊微低着头看他，目光近乎逼视："我问你几个问题。"

汤君赫偏过脸看向窗外，当着杨煊的面，他的心悸又犯了，心跳得很快，藏在白大褂口袋里的指尖有些发颤。

杨煊问："你为什么叫我来这里？"

汤君赫过了几秒才回答："不是我叫你来的，是我妈……"

"好，"他还没说完便被杨煊打断，杨煊继续问，"那我再问你，你妈为什么叫我过来？"

汤君赫艰涩开口："我不知道。"

"是不知道还是不想说？"

"也许是因为曾经……"汤君赫声音很轻地说。距离太近了，他感觉到杨煊的气息包裹着自己，无孔不入地渗进他的身体里。他一向很喜欢杨煊身上的味道，可是现在却有些呼吸不畅。

"因为曾经什么？"杨煊的头更低了一些，偏过脸看着他，"曾经的事情，你打算就这么逃避过去？"他几乎是有些咄咄逼人地凑在汤君赫耳边低声说，"汤医生，你过得真的好吗？"

汤君赫看到杨煊说话时上下滚动的喉结，他想到那晚在杨煊面前缩到墙角的十三，或许现在的自己跟十三没什么两样，只是强撑着一副冷漠的皮囊罢了。

他刚想开口，病房门从里面被拉开了，周阿姨探出头，看到他们挨得很近的姿势，明显愣了一下，但很快便回过神说："汤医生，你哥哥还没走啊，太好了，你妈妈刚刚醒了，你们快进来吧！"

见有人出来，杨煊直起上身，与汤君赫拉开刚刚过于亲密的距离。

"哦，好。"汤君赫应着，"那您先去休息吧。"

周阿姨走后，汤君赫整理好自己的情绪，推门前侧过脸跟杨煊说："记得你昨晚答应过我的。"

杨煊则放低声音道："我什么时候说话不算话过？"

汤君赫伸手推开门，先一步走进去，杨煊则跟在后面，进去后反手带上门。

汤小年被周阿姨扶着坐了起来，上半身倚在床头上，汤君赫拿起一个枕头垫在她的腰后问："饿不饿？"

汤小年没回答,头靠在竖起来的枕头上,目光扫过搁在一旁柜子上的水果:"小煊还带了水果过来啊,你肯过来,我就已经很意外了。"

杨煊则平静地说:"看望长辈是应该的。"

汤小年抬了抬那只插满针管的手:"你坐啊,你这么高,阿姨抬头看着你太累了。"

汤君赫把椅子拿过来,杨煊伸手接过,在汤小年病床旁坐下来。汤君赫则倚着一旁的陪护床。

"什么时候回来的?"汤小年看着杨煊问。

"一个月前。"

"这次回来,还走吗?"

"不走了。"

汤小年点点头,又问:"小煊这些年在做什么工作?"

"以前在部队,现在要转业到公安系统。"

"你姥姥和姥爷的身体都还好吧?"

"都还好。"

她问得事无巨细,杨煊也一一答了。他的语气显得客气而疏离,像面对着一个素无恩怨的陌生人。上一辈的纠葛经过了十年的离散,似乎已经烟消云散了。

"我看着你啊,就想起你妈妈来,"汤小年又陷入了回忆中,"我刚怀孕的时候,知道杨成川结婚了,气得我……我拿着那张化验结果就去了他家里,我那时候就想,我过得不好,也不能让他们过得好……"汤小年说到一半停了下来,缓了几口气才继续说下去,"那天下午,我到了你家门口,刚想敲门来着,门就突然开了,里面走出来一个女人,怀里抱着一个婴儿。

"当时她看到我站在门口,问我要找谁,我现在都记得那个语气,说着普通话,那么温柔,跟我以前接触过的人全都不一样,她怀里抱着的婴儿也看着我,眼睛黑溜溜的,看得我的心都化了。

"我当时啊,准备了一肚子难听的骂人话,一个字都蹦不出来了,最后撒谎说我是来做保洁的。你妈妈热心啊,问我是不是找错地方了,又问我找哪户人家,我胡乱编了一通,她也信了。我去逗你,你也不哭,就躲在你妈妈怀里笑,我当时就想,其实把我肚子里的孩子生下来也挺好,还能有个伴儿。

"那天我本来打算把你妈骂一通,然后就去医院把孩子打了,可是人没骂成,回去之后,躺在医院的病床上,想起你妈妈抱着的你,我又坐起来了,说什么也不打了。医生在背后骂我,我就擦着眼泪逃了,再后来……就把君赫生下来了。

"我给君赫起名字,也是因为你,我就想啊,我比不过你妈妈,我儿子可是得争口气,不能比你差……我这辈子,什么也没做成,活得一塌糊涂,爱情也一塌糊涂。唉,跟你们这些小孩子说这些做什么……"汤小年说到这里,叹了口气,对着空气愣神。

"他从来也不比我差。"杨煊开口道。

汤小年回过神,有气无力地笑了笑说:"是啊,我活了一辈子,也就这个儿子能拿出手。"

汤君赫这时起身,看着明显体力不支的汤小年,想要扶她躺下:"说得差不多就先休息吧,下次再说。"

"一会儿再休息,你也拿张椅子坐在这儿。"汤小年看着他说。

她语气坚持,汤君赫这些日子又都顺着她,便从病床另一侧拿过一张椅子,坐到杨煊旁边。

汤小年看着杨煊问:"小煊,有没有成家?"

杨煊说:"没有。"

汤小年点点头,絮絮叨叨地说:"君赫也没有,我前几年总催他找,他就是不找。上班对着病人,下班守着那间租的房子,多孤独啊,生了病也没人知道。我这病啊,要不是君赫发现得早,还熬不到现在呢。"

汤小年说完,又愣了一会儿。也许是怕自己走后君赫无人可依,也许是人之将死其言也善,汤小年伸出那只枯瘦的插满针管的手,摸索着去握住杨煊的手,杨煊也没躲,就那么任她握着。

"小煊,你是个好孩子,以前是阿姨对不起你,不该把怨气撒到你妈妈头上,也不该跟你一个孩子置气。你要是愿意,就当是被狗咬了一口,别放在心上,啊?好不好?"

杨煊眉头微蹙,微垂着眼睛说:"您别这么说,我也有错。"

"君赫这个孩子啊,性格太孤僻了,防备心也重,说起来杨成川当时说得也没错,好好一个孩子,被我养歪了。他啊,从小到大就依赖过你一个人,小时候从你家里回来,就跟我说哥哥对他有多好,不但送了他好多东西,还跟他一块玩,不许别人欺负他。"

汤君赫预料到汤小年接下来要说的话,眼睛连带着眼角红了一片。

"小煊,过去的事情我们都不提了,阿姨也不剩几天活头了,你就原谅阿姨,以后,君赫就拜托给你了,你们怎么说也是兄弟,两个人之后相互照应着,好不好?"

听到汤小年这样说,汤君赫的眼泪瞬间就止不住了,淌了满脸,顺着下颌滴到手背上。

杨煊伸出手,握住他的手,用拇指将他手背上的几滴眼泪擦干了。对着汤小年,杨煊没说原谅,也没说不原谅,只是说:"他是我弟弟,我会照顾好他的。"

"润城那个房子,你们以后也不去住,过几天,你们回去把它卖了吧,在燕城买个房子,给君赫也买辆车……"

汤小年倔了一辈子,从没对谁服过软,临到最后为汤君赫破了例。她再说什么，汤君赫全听不进去了，眼泪止也止不住，他意识到汤小年是真的要走了，他妈妈这次是真的不要他了。曾经他千方百计地逃离她的关心和管束，现在却想方设法地不想让她走。

十年前的汤小年色厉内荏，他为了和杨煊一起逃离而跟她作对，十年后的汤小年行将就木，却亲手把他交到了杨煊手里。

他把手从杨煊手心里抽开，走进卫生间里，拧开水龙头，捂着眼睛无声地哭，又捧着水洗了几把脸。几分钟后他走出来，把口罩戴得很高，遮住了大半张脸，但哭过的眼睛还是红得厉害。

走出病房，两人一起坐电梯下楼，汤君赫依汤小年的叮嘱送杨煊下楼。

走到住院楼门口，两人的脚步都自觉停下来，杨煊转过身看着他："这两天我就住附近，有什么事情打电话给我。"

"她是病人，你让她开心就好了，不必把她的话当真。"汤君赫的声音隔着一层口罩传出来，带着鼻音，听起来有些闷，"我也已经长大了，对她不必言听计从了。"

看着他哭红的眼角，杨煊有些后悔刚刚逼他。他叹了口气，伸手把汤君赫揽到自己怀里，拍了拍他的后脑，低声道："有些事情之后再说，现在先不要任性。"

第36章

杨煊走后,汤小年又陷入了昏迷。对于现在的身体状况来说,她能说这么多话已经算是奇迹。

汤君赫放下手上的工作,把不打紧的择期手术全往后推,一心陪着汤小年。

肿瘤科的郑主任下午过来查房,委婉地暗示他该准备后事了。汤君赫下了班,换上衣服,又去了附近的商场,给汤小年买了一条姜黄色的连衣裙。

他记得在他很小的时候,汤小年有一条很漂亮的连衣裙,姜黄色的,长至膝盖。她穿这条连衣裙的时候,街上的人都频频回头朝她看过来。汤小年那时脸上的表情是有些傲气的,谁都不理,大抵清楚自己有几分姿色。

再后来,汤小年就嫁给了杨成川。也许是因为单位里的风言风语太多,她的衣柜里的衣服便愈发素淡,再没穿过颜色鲜艳的衣服。回想起来,汤小年其实是很爱面子的。

汤君赫把那条连衣裙放到一旁的抽屉柜上,坐在旁边陪她,但汤小年这次昏迷持续的时间尤其长,连着两天意识都没有清醒过。

直至第三天中午,正值午后日头最热烈的时候,汤小年在满室阳光中睁开了眼。

她一醒过来,精神就变得异常好,汤君赫转身接水,一回身,看到汤小年自己坐了起来,拿出了那条姜黄色的连衣裙放在腿上,细细地端量。

"真好看,"汤小年说,"我穿会不会太年轻了?"

"怎么会?"汤君赫把水杯递到她的唇边,"你喝点儿水。"

汤小年把一杯水全喝了下去,又看着那条连衣裙说:"现在穿有点儿早了。"

"不早,"汤君赫说,"你不是想去斯里兰卡吗?那里一年四季都是夏天。"

"哦……"汤小年若有所思,"以前上初中的时候,地理老师好像讲过,是热带对吧?"她只有初中学历,自己吃了没文化的亏,就逼着汤君赫好好学习。

"嗯,是热带。"汤君赫说完,把骨瘦如柴的汤小年抱起来,让她坐在窗边多晒会儿太阳。

汤小年的手放到那条连衣裙上,有些出神地说:"我醒过来之前做了个梦,梦里杨成川还给我读诗来着,站在窗边,文绉绉地,我就坐在窗台上,虽然听不懂,但就是觉得那诗特别美。"她说到这里时停下来,愣怔了一会儿,又轻声说,"二十多年前的事儿了，想起来还跟发生在眼前一样。"

近半个月来，汤小年的精神从没像现在这样好过，汤君赫催她休息，她固执地不肯，反而絮絮叨叨地说话。

她说："你们科室的薛老师，人是严厉了一点儿，但对你是真的好，那么忙还抽时间看我。你是小辈呀，人家这样做是看重你的意思，你要知恩图报懂不懂？"

她又说："杨成川以前的司机陈兴，每年过年都记得送饺子过来，总是记挂着你们俩，以后回润城要去看看他知道吗？还有，周阿姨年纪也不小了，这些日子劳心费神地守着，不能在钱上少了人家的。还有，你以后买了车，上路要记得小心点儿，路上开慢一点儿，杨煊也是一样的……"

她握着汤君赫的手，交代得事无巨细，汤君赫一件一件地应着，忍着不让自己哭出声来。

汤小年说了不知多久，说到筋疲力竭，声音渐渐弱下去，最后一句话弱得听不清，便没音儿了。

屋里一片寂静，汤君赫感觉到握着自己的那只手陡然地松了劲儿，一瞬间他的眼泪犹如冲破了堤坝的洪水，全部涌了出来。他抱着汤小年失声痛哭，眼泪全砸在她逐渐变冷变僵的身体上。

汤小年这一生过得并不磊落，临走时却走得很体面。没有什么兵荒马乱的抢救过程，好像早就算好了要走的时间。

她这一走，汤君赫的精神仿佛崩溃了一般，他从出生起就跟汤小年相依为命，以前总以为日子还有很长，没想到母子关系这么快就走到了尽头。

一眨眼，这一世二十几年的缘分便到头了。

汤君赫哭得很凶，几乎缓不过气，他很多年没这么哭过了，自打十年前杨煊走后，他就没再落过泪。

杨煊是什么时候过来的他不知道，总之稍稍恢复神志后，抬头便看到杨煊站在一旁，正神色凝重地跟郑主任说着什么。

之后的各种手续和流程是杨煊帮忙办的，他忙里忙外跑东跑西。汤君赫就浑浑噩噩地由他拉着，让签字便签字，让摁手印便摁手印。

他不懂这些流程，十年前杨成川走时，后事全都是由汤小年和杨煊一起操办的，没让他插手一丁点儿。汤小年向来都是这样，只认准学习这一件事情，与学习无关的事全都不需要他插手。

回想起汤小年几天前抓着杨煊的手叮嘱他照顾自己的场景，汤君赫更是觉得这些年自己实在是亏欠汤小年太多，可是等明白过来这些时，才发现一切都晚了。

手续办完已经到了晚上，杨煊拉着他走到停车场，替他拉开一侧车门，要送他回家。汤君赫恍惚了大半天，这时忽然大梦方醒般地挣开他的手，说他想自己走走。

杨煊看着他问："走回家？"

汤君赫说，嗯。

"那我陪你。"杨煊伸手扣上车门。

"我想我暂时不需要人陪，"汤君赫退后一步说，"我想一个人安静几天。"说完，不等杨煊有什么反应，他便低着头，转身朝医院门口走。

他是真的不想让杨煊陪自己。当年为了靠近杨煊，他跟汤小年置气、顶嘴，做尽荒唐事，虽然这些都与杨煊无关，但此时此刻，他实在没办法冷静下来处理他们之间的关系。

也许是怕他在路上出事，杨煊一路开着车跟在他后面，直到看着他上了楼，才转了两把方向盘掉头。路过垃圾桶时，他伸出手扔出一截烟蒂和一个空了的烟盒。

汤君赫在家里躺了一天一夜，睡不着便睁着眼，第二天傍晚去了医院，又一次跟薛远山申请年假。

他遭遇家庭变故的事情很快就全院皆知，薛远山这次没再拒绝，只是让他把工作交接好，很干脆地准了假，年假加上白事假，前后加起来得有大半个月。

汤小年的各种人事关系都在润城，汤君赫从医院走出来，边朝家里走边在脑中盘算着，先回一趟润城，把汤小年的骨灰好好地安葬，然后去个别的地方，暂时离开燕城好好休养几天。

半个月以来焦虑症发作，以及这几天没日没夜地陪床，还有突如其来的至悲情绪，让他的身体状态绷到了极限。是时候休息一下了，他这样想着，走在路上便打开手机上的旅行软件，订了一张自由行套票。

决定下得仓促，国外是去不了了，签证办不下来，总不能又去斯里兰卡，他不想触景生情。目的地是南方一座小镇，给出的宣传是清幽古朴，他想也没想，草率订了票。反正去哪儿都比留在燕城好。

他心不在焉地走回小区楼道，上了电梯，走出电梯时愣了一下——杨煊正站在他家门口，后背倚着门，旁边立着一个很大的黑色行李箱，他一只手搭在拉长的拉杆上，似有所思的模样。

听到脚步声，杨煊转头看过来。

汤君赫走近了，垂眼看看他身旁的行李箱，又抬眼看着他。

"借住几天，可以吗？"杨煊从门上直起身，看着他问。

汤君赫觉得自己已经疲于去猜杨煊的心思了，十年前杨煊便是心思难测，十年后更胜一筹。而他自己却毫无长进，总是被牵着走，杨煊的一句话、一个举动，都能让他心思大乱。

他觉得很累，累到心如止水，全身都是软的，关节处泛着酸，也许是发烧了。

汤君赫伸手去按门上的密码锁，推门而入的时候说："我明天就走了，你想住的话就住吧，赶在我回来前搬走就好。"

闻言，杨煊看向他："去哪儿？"

汤君赫敷衍道："别的城市。"说着他走到药箱旁，低头去翻温度计。

杨煊把行李箱搬进来，刚一放下，手机铃声响了，他接起来，对着电话说："都带了，你什么时候来拿？证书有，那些都有……好，那我现在下去。"

接完电话，杨煊把行李箱放倒，半蹲着翻找了几样东西，拿在手上，然后把行李箱合上立到墙边，转身出了门。

他一出门，一直缩在墙角的十三便来了精神，生龙活虎地蹦到旅行箱上，低头钻进没关严的箱子缝隙中，试图一探究竟。

汤君赫看着电子温度计上的数字，38.5℃，果然发烧了。他刚想转身去药箱翻出退烧药来吃，只听"砰"的一声，十三随之受惊地蹿到汤君赫的腿边，他转头一看，十三把杨煊立到墙边的箱子碰倒了，箱子倒扣在地面，里面的东西全都滚落出来。

汤君赫眉头微皱，看了一眼缩到自己脚边的十三，叹了口气，弯腰拎着它的后颈放到一旁，走过去将行李箱翻过来，然后蹲下来捡地上的东西。滚落出来的东西是杨煊这些年获得的军功章、奖状和证书，他拿起一枚军功章仔细看了看，获得时间距离现在已经四年，他放回去，又一一捡起剩下的东西，没再细看，全都放回行李箱里。

原本码得整整齐齐的行李箱已经全乱了，汤君赫拿起一套散乱的迷彩服想要重新叠好，一展开，发现里面还裹着另一件衣服，白色的，像是T恤衫，他一并展开，随即怔了一下——那件白衬衫上有暗红色的痕迹，像是一摊年代已久的血迹。

他脑中闪过一个念头，心跳随之加快，手上的动作顿了顿，抚上那块血迹，片刻后，他回过神，将那件T恤衫和迷彩服一并叠好，放回行李箱中。也许不是那一件，他有些不确定地想。

箱子整理好，他拎起来重新立到墙边，低头检查地上有没有遗落的东西，然后看到地板上，有一方很小的白色纸片，像是一张倒扣着的一寸照片，也许是因为太轻，它掉得有些远，刚刚没有被发现。

他走过去，弯腰捡起来，翻过面一看，愣住了——那是一张照片。准确地说，是他护照上的那张照片。

素白的底上印着17岁时的汤君赫，是他们去斯里兰卡的前一周，杨煊陪着他去照的那一张。

第37章

汤君赫盯着手中的一寸照，一时间各种光怪陆离的回忆涌上他的脑中，十年前对杨煊离开的恐惧，斯里兰卡肆无忌惮的夏天，杨成川死时的瓢泼大雨，还有他们分别时那件罩下来的黑色外套……

一时间这些回忆如山呼海啸般地朝他涌过来，几乎要把他席卷着吞没进去，让他无暇去思考这张年代久远的一寸照背后到底代表了些什么。

没关严的房门这时被推开，汤君赫不抬头也知道是杨煊回来了。他的目光从那张一寸照上移开，看向杨煊，杨煊也正讳莫如深地看着他。

汤君赫竭力地平复身体里风起云涌的情绪，将照片攥到手心里，垂眼解释："你的箱子被十三碰倒了，东西掉在了地上，我刚刚整理好。"

杨煊合上门，沉默了片刻问："只是整理箱子？"然后他朝汤君赫走过来，看着他，伸手握住他攥着照片的那只手，"那应该物归原位才对，为什么要拿走我的东西？"

汤君赫偏过脸，低声说："十年前你从我这里拿走的东西，现在该还给我了。"

杨煊并不放手，仍旧握着他的手腕，力道不重，却带着不容挣脱的强势："如果我不想还呢？"

汤君赫头疼欲裂，有气无力地摇了摇头："我很累了。"其实胸口闷了很多话想问，但他真的太累了。

汤小年的死几乎击垮了他的神志，突如其来的高烧又将他的大脑搅得一片混沌，再加上刚刚这张照片引起的汹涌的回忆，让他一时什么也不想说，什么也不想问。

杨煊低头盯着他看，半晌，他握着汤君赫的那只手稍稍松开，朝下移去，将汤君赫攥着照片的那只手包裹起来，然后抬起另一条手臂，将他揽到自己怀里，手掌落到他的脑后，很轻地叹了口气。

汤君赫的额头抵到杨煊的肩膀上，谁也不说话了，无声而安静。

黄昏的夕阳照进屋里，将他们的影子拉得很长，屋子里的光线越来越暗，直至最后一丝天光也被带走，只剩下昏暗时，汤君赫攥紧的手松开了，将那张照片还给了杨煊，然后他站直身体，嗓音微哑地说："我想睡一觉。"

"去睡吧。"杨煊揉了揉他的头发。

汤君赫去浴室里洗了澡，热水从头顶浇下来时，他闭着眼睛，大脑一片放空。

从浴室走出来时，杨煊正坐在沙发上，头后仰着靠在沙发背上，见他出来，转过脸看向他。

洗过澡的汤君赫穿着有些宽松的白T恤，白皙的皮肤被热水蒸得有些泛红，看上去像个二十出头的大学生，跟穿白大褂的汤医生判若两人。年少时他就漂亮得惊人，也许是因为惯于待在自己的世界里，十年的岁月没有让他沾染上一丝一毫的市井气息，他看上去干净而纯粹，带着让人无法忽视的疏离感。

汤君赫烧得有些犯晕，他走到药箱前，背对着杨煊翻出退烧药，连水都懒得接，干咽下去，然后走到床边，钻进被窝里睡觉。旁边留出一人的空位，他闭上眼睛说："衣柜里有被子，你一会儿自己拿。"

杨煊应了一声"好"，汤君赫便不再说什么。他感觉到杨煊的目光落到自己身上，他的目光总是像有重量似的，让人无法忽视，但也许是因为过度疲惫加上退烧药的安眠作用，这次他没再失眠，很快陷入睡眠中。

缩在被窝里的汤君赫睡得很熟，刚刚洗过的头发还没干透，有些凌乱地贴在额前。杨煊在空出的床边坐下来，伸手帮汤君赫把额发拨上去，但手背一贴到他的额头上，就立刻意识到他发烧了。

杨煊翻过手认真地试了试汤君赫额头的温度，只觉手心里滚烫，他皱起眉，试图把汤君赫叫起来，低声道："你发烧了，我们去医院。"

汤君赫的睫毛颤了一下，却并没有什么反应，这一觉睡得太香了，他还不想醒。继而他听到杨煊在他耳边说："君赫，醒醒。"印象中这还是杨煊第一次这样叫他，声音低沉而温柔，几乎叫他以为自己还在做梦。

见叫不醒他，杨煊不由分说地扶着他坐起来，汤君赫这才有些费力地睁开眼，见杨煊脱了身上的外套正朝他身上裹。

汤君赫显然烧得有些神志不清，但他固执地坚持自己没事："我吃了退烧药，睡一觉就好了。"

"去医院，听话。"

"我自己就是医生。"汤君赫小声地嘟囔。

杨煊半蹲在汤君赫面前，将他背起来，开了门朝外走。汤君赫就趴在他的后背上，起先胳膊只是松松垮垮地绕着杨煊的脖子，后来越搂越紧，高烧不退的脸颊贴着他的后颈。杨煊的体温总是有些凉的，让他觉得很舒服。

恍惚间他以为自己又回到了17岁，那座有着姻缘庙的山上，黑漆漆的山路，他哥哥杨煊背着他下山，身上穿着那件沾着血迹的白衬衫。山路不平，有些颠簸，颠得他头昏脑胀。

杨煊把汤君赫背到车旁，一只手开了后排的车门，把他放到后座，又俯身帮他系好安全带。在杨煊退出来,刚想直起上身关车门时,汤君赫忽然哭了。

相比汤小年走的那天,这次他哭得很克制,两只手捂着脸,眼泪顺着手指缝流出来,他很小声地抽泣。

杨煊停下动作,一只手撑着前排的车后座,另一只手放到他的头上揉了几下,有些手足无措——安慰一个哭得很伤心的人并不在他擅长的范围之内。杨煊握着汤君赫的手腕,将他捂着脸的手拿开,用自己的那件外套给他擦干净眼泪。汤君赫发着高烧,哭过的眼睛湿漉漉的,黑沉沉的,跟十年前一模一样,就那样定定地看着他说:"别走好不好?"

"好,"杨煊也看着他,神情认真道,"不走了。"

第38章

　　正值下班时间，去往医院的路上有些堵，汤君赫烧得迷迷瞪瞪，不一会儿便打起瞌睡，头歪着一下一下磕在车窗上，但他却浑然未觉。
　　等红灯时，杨煊回头看了一眼，汤君赫的脸上泛着不正常的潮红。联想到刚刚出门前手心的温度，杨煊的眉心蹙起来，开口道："君赫。"
　　绿灯亮了，杨煊踩下油门跟上前面缓缓启动的车子。
　　汤君赫很快有了反应，睫毛颤了颤，模糊地应道："嗯？"
　　杨煊稍稍放下心："车里睡觉会着凉，去了医院再睡。"
　　汤君赫这次没了动静，杨煊瞥一眼后视镜，见他又靠着车窗睡着了。
　　杨煊又叫一声："君赫。"
　　汤君赫又有了反应，还是一样模糊的语调，有些上扬的尾音："……嗯？"
　　他烧得迷糊，听不进去任何话，但对于杨煊叫他的名字还是有种本能的反应。

　　五分钟后，杨煊把车停到医院的停车场，推门跳下驾驶座，下车拉开后排车门，先把汤君赫拦腰抱出来，让他站在地上靠着自己，又腾出一只手关了车门，然后重新抱起他。
　　他抱着汤君赫疾步朝急诊科走，刚走上楼梯，迎面遇到了坐电梯下来的小宋。小宋刚换完班，正要下班回家，看到杨煊抱着汤君赫，先是一愣，随即跑上前，有些讶异地问："汤医生这是怎么了？"
　　她在心胸外科室时经常跟着汤君赫做事，杨煊对她有些印象，边走边说："高烧。"
　　"啊……挂号在这边。"小宋跑着为他带路。
　　汤君赫的脸靠在杨煊的胸前，隔着薄薄的一层衬衫布料，脸颊的高热传到杨煊的胸口，就在他左胸的位置，烧得他的心脏也开始发烫，直至烫得有些疼。

　　去急诊科一量体温，汤君赫烧到了40.2℃，已经有些神志不清。
　　正值春夏交替的时候，等在呼吸内科输液室的病人很多，护士好不容易腾出一张病床，杨煊将汤君赫抱到病床上，护士按医嘱给他扎了针，挂上输液瓶。
　　小宋去跟呼吸内科的同事要来了毛巾，用冷水浸湿了，拧干叠起来，贴在汤君赫的额头上，直起身对杨煊解释道："配合物理降温会好得快一些。"

杨煊点了点头，又道了谢。

平日里的杨煊就给人一种气势压人的压迫感，这时眉头微皱，面容冷峻，让小宋有些打怵跟他说话。她从旁边拿过一把椅子，搬到病床旁："您坐吧……得等好一会儿呢。"

"你坐吧。"杨煊把那把椅子让给小宋，自己在病床边坐下，把汤君赫的额头上压在湿毛巾下的一小绺头发捋上去。小宋有些发呆地看着他的动作，她其实是在想，汤医生的哥哥明明就对汤医生很好。

医院里关于汤君赫和杨煊的关系有两种说法，一种说他们关系不好，主要是从心胸外科传出来的，那些跟着汤君赫查过房的实习医生都说，关系好怎么会用那么生疏的语气说话？另一种说他们关系很好，因为有人亲眼看到汤医生的哥哥几次来接汤医生下班，怎么会关系不好？

小宋正有些发怔，忽然听到杨煊问："他来你们医院多久了？两年？"

"两年多，不到三年。"小宋回过神来，见杨煊仍旧看着她，似乎想听她继续说下去，她便想了想说，"我跟汤医生是同一年进心胸外科的，因为心胸外科那年新旧交替，来了不少新医生，都是刚毕业的博士，竞争很激烈，老人少，新人多，被带着上手术台的机会其实很少。"

小宋说着，怕杨煊听得不耐烦，偷偷抬眼看他，见他听得很认真，便继续说下去："当年几个老教授退休，科里的论文数量达不到院里分配下来的科研标准，薛主任就给几个副主任医师分配了课题，定了硬性标准，但因为科里那时手术也很多，几个副主任医师后来都没完成规定的课题，薛主任大发雷霆。后来还是刚来的汤医生临时救火，同时做了四个课题，全都发了 SCI（指《科学引文索引》），加上其他人的论文成果，这才让科里达了标。"

"汤医生那会儿没有手术的时候，没日没夜地泡在实验室里，好像不用睡觉似的。那次之后，薛主任再偏心汤医生，就没人敢说什么了。"小宋说完，看着病床上脸色苍白的汤君赫，叹了一口气说，"我还从来没见汤医生病得这么严重呢。那会儿我们还都开玩笑，说汤医生其实不是人，是神仙下凡，长得好看，不用睡觉，不会生病，饭也吃得不多，但论文和手术却比其他几个新来的医生写得和做得都多。"她不知道的是，汤君赫不是不肯闲下来，他是害怕闲下来，只有忙得昏天暗地他才无暇沉浸到自己的情绪里。

汤君赫这一病，病得惊天动地，到了半夜，高烧还没完全退下去，又开始干咳起来。

他之前强撑着不病，身体绷得死死的，生怕松一口气就会垮掉。这下身体机能全都争先恐后地出了问题，被推去一查，确诊了急性肺炎，半夜又是一顿折腾。

杨煊拿着护士送来的酒精棉球，捏着他的手朝他的手心上涂抹酒精，也许是因为有些凉，汤君赫的手指往里蜷缩了一下。

涂完手心,又涂脚心,夜色很沉,病房里关了灯,杨煊握着他细瘦的脚踝,那处硬币大小的白杨刺青其实看得并不清晰,但杨煊很清楚地记得它在哪里,他的拇指抚上去,轻按在那个位置,半晌长长叹了口气。

涂完四肢,杨煊扔掉用过的酒精棉球,换了新的涂抹汤君赫的脖颈。相比十年前,汤君赫的喉结稍稍明显了一些,微微凸着,藏在薄薄的皮肤下面。而在酒精棉球触碰到他的喉结时,汤君赫的睫毛颤了颤,睁开了眼,直直地看着杨煊。

"醒了?"顾忌着旁边的病床还躺着其他人,杨煊的声音压得很低。

汤君赫并没有说话,只是看着他。正当杨煊要起身给他接水时,汤君赫却伸手按在他的手背上。看出他想说话,杨煊上身俯过去,一只手撑着病床,微侧着脸,左耳离他的嘴唇很近。

汤君赫稍稍抬起头,嘴唇几乎贴到杨煊的左耳边缘,微微张开,却并没有发出声音,也许是因为体力不支,他很快又躺了回去,并且收回了按着杨煊手背的那只手。

等到杨煊转过头看他时,他已经重新闭上眼睛,又睡过去了。杨煊两只手撑着床,抬起上身看着他,手掌落在他的头发上,很轻地揉了两下。

直至第二天傍晚汤君赫才完全清醒过来,他一睁眼,先是有些茫然,过了几秒才反应过来自己躺在内科病房里。

杨煊不在,只有他一个人。病房里加塞了四张病床,显得有些拥挤。继而他听到门口一阵吵嚷声,凝神听了几句,是病人因为病床不足跟护士吵了起来。

他拿着输液架走下去,问清楚情况,是病人不愿意被安排在走廊上输液,但医院的病房又的确紧缺。

汤君赫微忖几秒,拉着一个护士到一旁,哑着嗓子问:"就这一个病人闹?"

护士苦着脸说:"嗯,这还不算多的时候呢,等再过几天,估计走廊上也没位置了。"内科外科各有各的难处,尤其是呼吸内科,一到季节更替的时候,大大小小的吵闹就层出不穷。

"就这一个的话,把我的病床让给他吧。"汤君赫说。

"那怎么行?"护士赶忙摇头拒绝道,"汤医生你也是病人,没有这种说法的。"

"他吵得我头疼,我去值班室输液,你快安排吧。"汤君赫说完,不等护士再劝,拿起输液架就朝值班室走。相比吵吵嚷嚷的病房,还是值班室更清净一些,他是真的不想待在病房里。

躺了一天,全身又软又乏,他到值班室的卫生间里,用一只手简单洗漱,然后坐到办公桌前的椅子上,看着外面的天色,向晚的天空呈现一种灰蒙蒙的青蓝色。事实上昨晚他清醒过片刻,也许是因为涂在皮肤上的酒精太凉了,有一瞬间他觉得自己回到了小时候，汤小年给他涂抹酒精，但他一睁开眼，却看到了杨煊。杨煊朝他俯下身的时候，他其实是想叫他一声"哥"的，但嗓子是哑的，张了张嘴却没叫出声，当下有些清醒过来，记起十年前说过的话，于是又闭了眼。

不知为什么，闭上眼睛之后，他能感觉到杨煊隔着夜色盯着他看，落在他脸上的目光似乎混合了一种很强烈的冲动和情感。

正当他有些出神地看着窗外逐渐昏黑的天空时，值班室外响起几声敲门声。

"请进。"汤君赫侧过脸说。

门锁传来细碎的"咔嗒"声，然后是推门的声音，杨煊走进来，手上拎着饭。进来后杨煊抬手开了灯，昏黑的屋子里顿时被白炽灯的灯光照亮。

"烧退了？"杨煊走过来，用手背试汤君赫的额头的温度。

汤君赫没说话，把饭盒一个一个地拿出来，打开盖子，摆到桌子上，拆了一双筷子开始吃饭，一口一口地，吃得很认真。他从不挑食，杨煊买来的又都是他爱吃的菜。

吃饱了才有力气说话，他要好好吃完这顿饭。杨煊倚着他的办公桌，低头看着他吃，过了一会儿出去接了一杯热水进来。

汤君赫吃得很快，几分钟便吃完了，他放下筷子，喝了一口水，抽了纸巾擦嘴。

"我想——"

"我想——"

又是同时开口，他们好像总是这样，要么谁也不说话，要么就一开口就会撞上。这次更巧，想说的话似乎都一样。

汤君赫定了定神说："这次该我先说了。"再不说，他又该没有勇气了。勇气这种东西，错过了这一秒，或许下一秒就烟消云散了。

杨煊并不打算同他争，让道："嗯，你说。"

"我想问你几个问题。"汤君赫垂着眼，深深吸气。

"你问。"杨煊说。

汤君赫沉默了片刻，像是终于下定了决心一般，开口道："那件衣服你还留着。"

杨煊简短而干脆地应道："嗯。"

汤君赫咽了咽口水，因为生病而有些哑的嗓子忽然哑得更厉害了，费了很大力气才说出三个字："……为什么？"

"因为对我来说，"杨煊顿了顿，嗓音显得很沉，压着汤君赫的胸口，让他有些喘不过气来，"它意义重大。"汤君赫听到杨煊这样说，脑中出现一道声音——告诉他这就够了，他等了十年不就是在等这些吗？而杨煊现在给他的，已经比他想要的还要多了，多到他甚至觉得有些沉，它们压着他，像是要把十年的苦涩全都挤压出来。

汤君赫忍着不想掉眼泪,这几天他哭得已经够多了,可是他身体里的水分好像全都涌到眼眶里,带着那些苦涩一并涌出来,然后顺着他的下颌淌下来,无穷无尽似的。

杨煊站到他旁边,抬手按着他的脑后,将他的脸按到自己身上,轻轻地揉他的头发。杨煊的动作很克制,声音也很克制,像是压抑着浓重的情绪,以至于嗓音听上去有些哑:"还有什么要问?"

汤君赫的脸埋在杨煊的身上,哭着摇了摇头,过了一会儿才带着哭腔说:"那你说十年前你不是为了报复我。"他想听杨煊这样说,就算是骗人的也无所谓。

杨煊低头看他,稍稍退后,拉开他们之间的距离。然后他半蹲下来,平视汤君赫,语速很慢,神情认真地说:"我不会为了报复把一件东西留十年。"

他的眼神看上去深沉而专注,汤君赫别开脸,竭力地稳住呼吸说:"我哭成这样,你不要这么看着我。"

杨煊并不移开目光,仍旧看着汤君赫说:"都问完了?"

"嗯,该你了。"汤君赫说,声音带着浓重的水汽。

"好,"杨煊说,"我只有一个问题。"他说着,伸手将汤君赫的下颌轻轻扳正,让他看着自己。

他的表情看上去郑重其事,汤君赫勉强整理好情绪,等着他问出口。

"我陪你回润城,"杨煊看着汤君赫的眼睛问,"然后我们重归于好,好不好?"

第39章

润城机场，飞机缓缓降落在停机坪上。

天气晴朗，航班准时抵达目的地，稀稀落落的几波人潮过后，从舷梯上走下两个好看的年轻人。

汤君赫小心翼翼地捧着汤小年的骨灰盒，杨煊走在他旁边，身后有两个七八岁的孩子你追我赶地跑上前，走在后面的家长也急急跟上来，杨煊伸手揽过汤君赫，朝自己的方向带了一下，避免他被后面的人撞到。

机场近几年经过修缮，相比十年前显得现代化不少。他们取了行李，从机场出口走出去，陈兴就等在外面，见他们出来就笑呵呵地迎上来。

杨煊先叫了一声"陈叔叔"，汤君赫也跟着叫了一声。

陈兴看上去老了一些，笑起来时眼角会堆出明显的纹路，看完杨煊又看汤君赫："老远就认出你们俩了，都长高了，模样倒没太大变化。"他说着，快走两步抬手开了车子后备箱，又回过身弯下腰要帮杨煊抬行李，"君赫我这几年还见过几次，小煊真是好多年不见，有十年了吧？"

"十年了。我来吧。"杨煊利落地收了拉杆，单手提起箱子，放到车子的后备箱内。

"这几年在部队练得可以啊。"陈兴没搭上手，站在旁边笑道。

"这点儿力气还是有的。"杨煊也笑了一下，走上前帮汤君赫拉开一侧车门。汤君赫抱着骨灰盒，腾不开手，小心地矮身坐进去，杨煊扣上车门，从另一侧坐进来。

两天前陈兴给汤君赫打电话过来，问起汤小年的身体状况，得知汤小年已经病逝后，坚持要来机场接他们回去。

陈兴是知恩图报的人，杨成川当年对他不错，随手给出的可能只是些小恩小惠，他却都记在心里，逢年过节还会去给汤小年送些东西。

陈兴人缘好，做事也利索，几年前就不做司机了，在政府里谋了个行政职务，现在也算是有官职傍身。

"我昨天去墓园转了一圈，选了几个地方，明天带你们再去看看。"陈兴从后视镜看汤君赫，他的眼周泛着红，能看出哭过的痕迹，"君赫也不要太伤心了，生老病死，命里早就定好了，你妈生前最担心你照顾不好自己，你可得好好的。"

"我知道。"汤君赫点点头说。

骨灰盒被他搁在大腿上，一只手紧紧搂着，杨煊伸手去握他的另一只手，汤君赫没什么动作，任由他握着。

"润城变化还挺大的吧？"陈兴开着车说，"这几年房价疯涨，以前光是市里涨，现在市郊也涨，环境好啊，外地人都过来买房子。你们俩当年上学就走这条路，还记得吗？我记得君赫当年还像个小孩似的，总是去牵小煊的手。"

听他说完，汤君赫感觉杨煊握着自己的那只手收紧了一些，手指被箍得有些疼，但他却并没有收回来。

也许是多年未见，又上了些年纪，陈兴的话变得比当年多了不少，说了一路。把他们送到楼下，陈兴还不忘叮嘱："好不容易回来一趟，多待几天，临走前记得去我那儿吃顿饭啊，你阿姨也惦记着你们。"

"一定的。"杨煊应着。

他们站在楼道前，恍如隔世，十年前崭新的小区也旧了，小区前的绿化带比以前更繁茂了，5月暮春，老树抽出了新芽，绿生生的。

他们坐电梯上楼，汤君赫双手抱着骨灰盒，低头看自己左边的衣兜："钥匙在兜里。"

杨煊将手伸进他的兜里拿出钥匙，插进锁孔转了两圈，锁开了，杨煊拉开门让汤君赫先一步进去，自己随之跟上去，反手关上门。

满室阳光洒了一地，十年间汤小年一直住在这里，她是闲不下来的人，总是把屋子收拾得井井有条。如今几个月没住人，屋里已经落了薄薄一层灰。

汤君赫把骨灰盒放到汤小年的屋里，走出来时，杨煊已经打开他的那间屋子走了进去。汤君赫有些不敢靠近那个屋子，十年间他没踏进过一次，它像一个潘多拉魔盒，诱人而令人恐惧。他站在门口等着杨煊。

"被子我晾上了，下午请人过来打扫一下。"杨煊朝他走过来，很自然地握着他的手，低头看着他说，"吃完饭先去派出所把手续办了，如果下午时间不够，明天再去墓地吧。"

汤君赫应了一声。杨煊总是把事情安排得很妥当，只要待在他身边，就没有什么需要思考的事情。汤君赫想到自己以前是很依赖杨煊的，那时从未察觉，但现在想来，几乎到了一种病态的地步。

下午他们去各个政府部门办完手续，吃完饭回到家快8点。请来的保洁已经把屋子打扫过一遍，被子也经过了一下午的晾晒。

"你先去洗澡。"杨煊铺着床说。汤君赫便在行李箱旁蹲下来，找出换洗的衣服拿去浴室。

他还发着低烧，头有些犯晕。洗完澡，他自己找了药吃，便早早地躺到床上。失眠的人总是这样，每天睡前都抱着今天要好好睡一觉的想法，汤君赫也不例外。

但汤君赫没想到还是睡不着，一会儿想到汤小年临走前拉着杨煊的手拜托他好好照顾自己，一会儿又想到杨煊说的那句"重归于好"，他闭着眼睛，强迫自己清空大脑。

第40章

闭着眼睛睡不着,汤君赫又想起那张照片和那件包裹在迷彩服之下的白T恤,明明只是很简单的旧物,却牵扯出年代久远的记忆。那让他陡然意识到,十年间杨煊于他的情感,就如深不可测的海水一样,伴随着那两件旧物,沉缓而悄然地露出了冰山一角。

汤君赫想要抽出手给杨煊盖被子,但刚一动,杨煊便有所察觉,很低地出声道:"睡不着?"

"有一点儿,"汤君赫窸窸窣窣地翻了个身,看着他问,"哥,你冷不冷?"

"不冷。"杨煊这样说,但汤君赫还是扯着被子给他盖过去,继而他没有收回手,而是就着这个盖被子的动作抱住杨煊,脸贴在他的肩膀上。

也许是睡在外面的缘故,杨煊的体温很凉,汤君赫便收紧胳膊,将他抱得紧一些。重新闭上眼睛的时候他想,他妈妈汤小年说的是对的,一个人实在是太孤独了。

翌日上午,汤君赫起床后便开始整理汤小年的遗物,汤小年的东西整整齐齐地摆在衣柜里,多是些衣物,并不需要他过多收拾。

在他把这些遗物抱到床上时,成摞的衣物里掉出来一个笔记本,砸到他的脚趾上,有点儿疼,但他并没有在意,蹲下捡起那个笔记本,随手翻了一下。

本子中间夹了一张照片,他抽出来看,是汤小年年轻时和杨成川的合照,已经泛了黄。照片上的两人头抵着头,杨成川风华正茂,汤小年明艳动人。汤君赫盯着照片上的汤小年看了很久,他从没见过汤小年的脸上流露出这种可以称为幸福的表情。

"收拾得怎么样了?"杨煊这时侧进身子问。

"哦……快好了。"汤君赫回过神,将照片收起来,没让杨煊看到。

公墓很快选好,汤小年下葬的那天,汤君赫不声不响地流着泪,把她的遗物一件一件烧给她,烧到最后,那张被他带在身上的照片到底也没拿出来。他抱了私心,想让汤小年一个人干干净净地走,去了别的地方就重新开始,别再跟杨成川扯上瓜葛。

墓碑上的照片是汤君赫选的,二十出头的汤小年穿着那件姜黄色的连衣裙,笑得明艳动人,大概是她一生中最快乐的样子。

末了,汤君赫跪下来给汤小年磕了三个头,再站起来时,他意识到他跟汤小年之间的种种牵连彻底结束了,往后他真的没有妈妈了。

墓园设在郊区,风有些大,汤君赫站起来又盯着那张照片看了半晌,这才侧过脸跟一直陪在他身后的杨煊说:"哥,我们走吧。"

荒芜肃穆的墓园里,两个人并肩走着,谁也没说话,静默着走到墓园门口。

后事全都办妥,离开润城前他们又去到陈兴家里拜访一趟。

陈兴的太太听说两人要来,提前把屋子里里外外收拾了一遍,两人一到,她从厨房走出来,连连感叹他俩都长大了。

"你陈叔叔总跟小妹提起你俩,说小煊像她这么大的时候有多独立,君赫又学习多么好,哎哟,小妹就抱怨他说,谁让你生不出来人家那样的?"陈太太笑着说。

小妹是陈兴的孩子,今年读高二,见杨煊和汤君赫过来,周末作业也不写了,从房间走出来,躲在沙发上偷偷地打量他俩。

"这是杨煊哥哥,这是君赫哥哥,"陈太太向女儿介绍,"以前见过杨煊哥哥的,还记得吗?"

小妹有些怯地点头。

"长大了。"杨煊说。

"你们都长大了,她也长大了。"陈太太招呼道,"坐啊,你们坐沙发上。"

杨煊坐下来说:"比小时候漂亮了。"

"你这样说,她要高兴死了。"陈太太笑道,"有什么学习生活上的问题都可以问哥哥,你们聊着,我去做饭了啊。"

小妹想问也不敢问,等到陈太太又回厨房做饭,才有些脸红地好奇问了句:"哥哥,你们那时候在一个班吗?"

杨煊正转头和陈兴说着话,汤君赫便看着她点了点头。

"是一中?"

汤君赫又点了一下头:"嗯。"

小妹一听便噘起嘴,小声嘀咕道:"为什么我们班男生一个个都是歪瓜裂枣?"

陈太太做了满满一桌好菜，陈兴也兴致高，饭桌上开了一瓶白酒，给杨煊和汤君赫各斟上一杯。

"走的时候你还没成年呢，那时候喝不了，现在可是能光明正大地喝了。"陈兴拿起酒杯说，"来，先干上一杯。"

汤君赫拿起酒杯要喝，杨煊这时却伸手按着他的手腕，对陈兴说："陈叔，我跟您喝吧，他不会喝酒。"

汤君赫想了想，松开了握着酒杯的手。明明杨煊知道他会喝酒，但却总是在外人面前替他挡下，想来也许杨煊并不喜欢他喝酒。

许抽烟却不许喝酒，这是什么道理？汤君赫想不明白，却并不坚持。

大抵他的确长了一副不会喝酒的模样，陈兴闻言也信了，并不多劝，只是说："象征性地喝一口，好吧？剩下的我跟小煊喝了。"

汤君赫依言喝了一口，他并不贪杯，却也不讨厌喝酒，有一段时间他很喜欢喝醉之后的微醺感，站起来时天旋地转，好像世界都能倒转。

陈兴酒量不错，杨煊也并不扫他的兴，斟了酒便很干脆地喝掉，来者不拒，喝得陈兴很高兴。

尽管知道杨煊右胸的枪伤已经愈合，喝酒并无大碍，但汤君赫还是隐隐有些担心，在一瓶白酒快要见底，眼见陈兴又想开一瓶时，他小声提醒杨煊："别喝太多了，小心伤口。"

话是对杨煊说的，音量却把握得很到位，确保陈兴也能听到。

陈兴一听，果然停了动作："一高兴全都忘了，枪伤没事吧？长好了没？"

"没关系，"杨煊道，"早就好了。"

陈太太也在旁边劝："喝这么多可以了，别一个劲儿地劝酒了，小煊懂事才不拂你面子。"

其实两人都有些喝多了，只是陈兴喝多了话变得更多，杨煊却变得话更少了。

饭毕已经晚上9点多，陈兴喝了酒，不能开车送他们，坚持要送他们去楼下打车。

"十几分钟的路，我们走回去，"杨煊说，"您别送了。"他说话和动作都跟平常无异，从表面上完全看不出到底醉了还是没醉。

直到下了楼梯，汤君赫才意识到杨煊是真的喝醉了。因为在他们走到一楼时，杨煊忽然停下来倚着楼道的墙说："等会儿，有点儿晕。"

汤君赫站在他面前，抬头看着他说："要不还是打车？"

"不用，走路吹吹风就好了，"杨煊看着他，过了一会儿靠在他身上。

楼道安静，并无人经过，他们不知相互靠了多久，直到楼道外面有车驶过，短促地鸣了一声笛，杨煊才推门走出去。

夜风很凉，一时两人都不说话，很慢地朝前走，枝头上新发的叶子在头顶簌簌地响动。

路过一家药店，汤君赫停下来，说要进去买解酒药："你坐在这里等我，我很快出来。"路边有一条木长椅，他想杨煊可以坐在上面休息。

他说完，正要转身时，杨煊拉了一下他的胳膊："顺便买包烟。"

"嗯。"汤君赫应着，朝药店走过去。

汤君赫从药店买了一盒解酒冲剂，又去隔壁的烟酒店买了一包登喜路，走出来时，杨煊并没有坐在长椅上，而是身体微微后倾倚着不远处的一面墙，转头看向他的方向。

路灯并不太亮，散发着昏黄的光，杨煊站的地方又被身后的墙挡住了一些光，使得他隐在昏暗当中。

汤君赫朝杨煊走过去，在他靠近杨煊时，杨煊的目光始终落在他的身上，他发现靠近杨煊的感觉跟年少时一模一样，隐隐忐忑，又隐隐期待。

汤君赫走到杨煊面前，把那包烟递给他。杨煊伸出手，但却并没有接过烟，只是盯着汤君赫，握着汤君赫的手腕朝自己带了一下。

他的力气很大，陡一用力，汤君赫猝不及防地被他拉了过去，继而杨煊低下头，深深地看着他。

"十年了。"杨煊微微叹息。

十年了，汤君赫在心里也跟着说。明明身在其中的时候觉得很漫长，可现在又陡然意识到时间过得太快了。

第 41 章

杨煊看着他的眼睛问:"东西都买好了?"
"嗯。"
杨煊揉了揉他的头发:"走吧,回家。"
他握着汤君赫的手,拉着他离开那处街角。

他们往前走了很远,汤君赫才开口道:"哥。"
"嗯?"杨煊侧过脸看他。也许是喝醉的缘故,他走路时身体微晃,看上去有些随意,让汤君赫想到他 17 岁的样子。
"没什么。"汤君赫笑了笑。他只是想叫一声哥而已。

走到靠近小区的绿化带时,带在身上的手机响了,汤君赫拿起来看,是麦泽打来的电话。
他定了定神,接起来,那边有些担忧地问:"汤汤,你还好吧?"
"还好,"汤君赫低着头说,"事情快办完了。"
"怎么没和我们说啊?我今天去你们医院,还是你们科护士跟我说的。"
"你不是在国内巡演吗?总不能把你叫回来吧。"
"丁黎你也没告诉啊!"
"丁黎快结婚了,说这种事情多晦气,"说到丁黎,汤君赫想到他的未婚妻应茴,下意识看了一眼杨煊,杨煊正拿出门卡贴在小区大门上,推开门让他先进。
汤君赫走进去,继续对着电话说:"我哥一直陪着我,我没事。"
"哦……你哥在你身边啊,"麦泽这才松了一口气,"有人陪着就好,我是想,发生了这么大的事情,怕你一个人受不住,唉……节哀吧,聚散都有时。"
"我知道。"汤君赫说。
"嗯,开心点儿,"麦泽试着逗他开心,"我这回出去,给你物色了好几个合适的,回来你挨个儿挑挑。喜欢南方的还是北方的,火辣的还是清纯的?对了,外国的也有,你英语好……"
"你什么时候改行当媒人了?我不要,别添乱了。"汤君赫跟在杨煊后面进了电梯,杨煊靠在电梯墙上,这时看了他一眼。
"好了好了,跟你说正经的,"麦泽收了开玩笑的语气,"任泽凯你认识吗?

演那个……"

汤君赫用拇指按了几下手机一侧的音量键,调低通话音量,对着电话说:"我有点儿事,过几天见了面再说吧。"他说罢想要挂电话。

"哎你等等——"麦泽拦着他,"回燕城之后聚一次吧,叫上你哥……"

电梯这时停至七楼,门开了,杨煊握着他的手先一步走出去,掏出钥匙开锁,推门进去。也许是因为头太晕了,他也没换鞋,松开还在接电话的汤君赫,重重地坐到沙发上,仰靠在沙发背上,拆了烟盒,摸了支烟出来,含在嘴里,用打火机点着抽了一口,吐出一口烟雾后,他伸手解了一颗衬衫扣子。

汤君赫打完电话,挂断后把手机放到储物柜上,拿起解酒冲剂看了看药盒背面的服用说明,然后走到厨房烧热水。

等待烧水的时间,他走回客厅想要去拿解酒冲剂。坐在沙发上的杨煊正仰着头抽烟,见他出来,隔着一团白色烟雾,微眯着眼睛看他。

"见了面说什么?"他看着汤君赫问。

汤君赫怔了一下才明白他在问什么,事实上那句话只是说来应付麦泽的,他没想过麦泽真的要介绍他相亲。

"过来。"杨煊说着,起身拖过茶几上的烟灰缸,捻灭抽了一半儿的烟。

汤君赫便走过去,杨煊说什么他都会照做。在他朝杨煊走过去的那几步路,烧水壶里的水快开了,发出密集的咕嘟声。

他走到杨煊面前,看着他,喝醉的杨煊看上去有些危险,散发着野兽一样的气息。与此同时,他也意识到杨煊已经从当年那个17岁的少年,长成了一个成年男人。

在他走到杨煊面前时,杨煊伸手握住他的手臂将他拉过来。他险些跌倒,用手掌撑住椅背,额前的头发落下来,低头与杨煊直视。

杨煊看了他片刻,开口道:"以后不许喝酒。"

汤君赫维持着略显狼狈的姿势:"为什么?"

"别人教你的都忘掉。"杨煊说。

第42章

汤君赫先是没说话,过了几秒后,起身坐到沙发上,低着头问:"哥,这次你真的不会走了吗?"

"不会。"杨煊的声音里并无犹疑。

"如果你再走,下次我真的不会再认你。"汤君赫这样说,尽管他知道自己在色厉内荏。他想自己可能还不如十三,十三害怕的时候会挠杨煊,可是他却一点儿也舍不得伤害他哥哥。

有一阵子,医院里的人都在背后偷偷地传他情感缺失,起因是某天他站在手术台边观摩一台手术,亲眼目睹手术失败病人死亡,在他走出手术室时,不知情的薛远山又派人过来叫他参加一台手术,那是他第一次拿手术刀,在薛远山的注视下,他下刀很稳,丝毫看不出任何情绪波动。

后来薛远山在例会上表扬他,有人想起那天发生的事情,便在背后悄悄议论开来。诚然,对于一个经验丰富的老大夫来说,看惯生死并不是什么稀奇事,但对于当时从未上过手术台的汤君赫来说,对手术台上的死亡产生情绪震动才是应有的反应。

例会开完不久,有一个年纪很轻的新医生跑过来旁敲侧击地问他,他只是淡淡地答,生死有命,并不是医生凭借一己之力就可以控制的。他也一向自知自己是情感淡漠的人,也许是因为童年经历过校园冷暴力,他从来都不对任何一段后来的关系抱有期望。

唯独跟杨煊,他怎么也放不下,像是把所有缺失的热情与执着全都倾注进去,一丁点儿小火星就足以让他炽热地燃烧起来。

"不会再走了。"杨煊说,声音压得很沉。

第43章

夜晚躺到床上，汤君赫已经闭上眼，又忽然想到解酒冲剂还没有冲，起身穿了拖鞋走到厨房。烧开的水已经不烫了，他倒掉重新烧了一壶，然后撕开一包解酒冲剂倒进玻璃杯内。

汤小年临走前，不止一次提过卖房子的事情，当时他事事顺着她，不管她说什么都答应下来。等到真的跟杨煊一起重回故地，他才发觉自己并不想卖掉这个房子。尽管从前发生在这里的种种一切并非完全美好，但它实在承载了太多无法割舍的回忆，他舍不得卖掉。

他端着冲好的解酒冲剂走回屋，杨煊似乎快要睡着，听到动静后模糊问了句："还不睡？"

"哥，你把这个喝了。"汤君赫拧开床头灯，灯光昏暗，把屋子衬得格外静谧，他把玻璃杯递给杨煊。

"这是什么？"杨煊用手肘撑着床，微微欠身，接过杯子。

"解酒冲剂，明早起来不会头疼。"汤君赫在床边蹲下来，胳膊撑在床上，等着他喝完。

"会有用？"杨煊说完，没等汤君赫回答，仰头喝了下去。

汤君赫伸手要接过杯子，杨煊坐起来说："我去吧，顺便漱口，你上来睡。"说话间，两条腿已经搭到地上穿拖鞋。

汤君赫便起身躺回床上，过了一会儿，杨煊走进屋子，俯下身拧灭了床头灯。掀开被子躺进去时，他的手碰到汤君赫裸露在外面的肩膀，因为刚刚冲洗杯子时沾了冷水，手上很凉，汤君赫抽了口气，发出轻微的"咝"声。

"凉？"杨煊随口问。

"嗯，"汤君赫翻了个身，摸黑抓过他的手，突发奇想地看着他问，"哥，万一我刚刚给你喝的是毒药怎么办？"

"那你明天就没有哥了。"杨煊躺下来，轻笑着说。

他们并排躺着，汤君赫很小声地喊他的名字："杨煊……"声音很小，几乎是用气声喊的。他以为杨煊已经睡了，但几秒后杨煊应道："嗯？"

汤君赫稍稍抬起上身，很近地看着他，又喊了一声："杨煊。"这次的音量要比上次稍高一些。

杨煊睁开眼看着他，房间里很暗，但可以看到彼此的眼睛，他看到他弟弟那双猫似的眼睛，正灼灼地看着自己。

"哥。"汤君赫又叫一声，许是因为夜色朦胧，杨煊产生了一种错觉，觉得这十年时间好像很短，一瞬便过去了，而他们就在这一瞬之间，从十七八岁长成了二十七八岁。

"嗯。"杨煊看着他应声，声音在黑夜里听来有些温柔。

翌日上午，两人简单收拾了屋子，带着行李箱离开润城，前往那座南方小镇。

在他们锁门离开时，汤君赫意识到，这座房子就像是一个牵挂，它在这里，就好像他们所有的远行终究会有归途，无论是去往哪座小镇，或是回到燕城。大抵人都是要有根的。

他们把门锁好，汤君赫忽然说："哥，以后我们每年回来一次吧。"

"好啊。"杨煊收了钥匙，很干脆地答应。

坐到飞机上，汤君赫系好安全带，用温度计测了一下体温，测好后自己先看了一眼，说："不烧了。"

杨煊伸手把温度计拿过来，也仔细看了一眼，递给他时又说："到酒店再量一次。"

汤君赫把温度计收起来，低声道："明明我才是医生。"

"医不自医。"杨煊靠着座椅后背说。

他说起这个词，让汤君赫想到一个多月前他们刚见面的那一幕。

飞机广播开始提醒乘客关掉手机，汤君赫把手机放回兜里，对着前排的座椅愣怔片刻，侧过头看着杨煊，问出了自己一个多月以来的疑问："哥，为什么你会进部队啊？我是说，当年你不是应该去国外读书了吗？"

杨煊转头看了他一眼，先是没说话，回过头去似乎陷入沉思，半晌后才说："我后来，回来过一次。"

汤君赫眉目间流露出一丝诧异："回润城吗？"

"嗯。"杨煊说。

"什么时候？"

"应该是……你读大一那个暑假。"

汤君赫微微睁大双眼，他记得那个暑假，那是他和汤小年之间矛盾最尖锐的时候，也是他最绝望的一段时间。那年暑假他没回来，因为害怕看到润城的夏天。他待在学校的实验室里早出晚归，烟抽得很凶，每天的时间都被实验变量和结果填满，丝毫不敢触碰关于杨煊的记忆。

"下个夏天会回来"，杨煊的确这样说过，可那时候他以为，那不过是一句过期的约定而已。

第44章

九年前，润城，夏。

"回来了？"门卫从看守亭里走出来，帮杨煊打开小区大门，一边寒暄道，"不是出国了吗？"

"回来办点事儿。"杨煊说着，抬头看了一眼几米外的那栋楼。

杨成川名下曾有两栋房产，他离世之后，这栋地脚绝佳的家属楼被划给了汤小年和汤君赫，而在城郊的一栋别墅则被划给了杨煊。

尽管曾在这里住了十几年，但眼下这栋熟悉的楼已经跟杨煊毫无瓜葛，这是不争的事实。

杨煊的两只手抄在兜里，朝那栋楼走过去，上电梯到七楼，在门口停住脚步站了几秒。几秒钟之内，他脑中闪过汤君赫那双乌溜溜的眼睛，在看到自己的那一瞬，那双眼睛会微微睁大，然后陡然亮起来吗？就像去年除夕夜里那次一样。

他一只手从兜里伸出来，抬手敲了敲门，指节触碰到实木门上，发出笃笃的声响。

屋里并没有声音，一片静寂。杨煊又屈起手指敲了几下门，仍旧没有反应，他抬手按了两下门铃。

屋里没人？杨煊眉头微蹙，凝神听了听屋里的声音，的确没有一丁点儿动静。

他特意在工作日的白天过来，就是想要避开汤小年，但现在看来，汤君赫也不在家。难道他又像前年暑假一样，出去给人补课了？杨煊略一思忖，转身下了楼。

第二天，杨煊选了稍晚的时间过来，屋里仍旧没人。杨煊很快推测到，或许汤君赫并没有回来过暑假。杨煊忽然想到汤君赫曾经直白地说过自己很想离开润城，说这话时，他眼神里的渴望极为赤裸。

当晚，杨煊的外公打来电话，关切地问他："手续都办好了吗？"

"还没，"杨煊说，"这两天没见到人，明天周末再去一趟吧。"

事实上这次他回国，他外公起先并不同意，老人家原打算为杨煊报一个暑期夏令营项目，让他提前接触大学生活。杨煊的外公是一个控制欲很强的人，大抵杨煊性格中的一部分遗传自他。

一年前，杨煊一到美国，他外公便替他拿定主意，要他先读一年预科，然后再申请学校,这样时间更充裕些。尽管依照杨煊的托福成绩,他可以申请到一所不错的学校,但却并不能达到他外公的要求。

杨煊是喜欢自己拿主意的人,杨成川在世时又一贯对他放养,所以初到美国,杨煊只觉得拘束,却又不能跟他年过花甲的外公正面起冲突。

几天前,他借口自己已经成年,想要把国内的户口独立出来,他外公这才松口允许他回国:"也别独立了,直接销掉吧,反正以后也不回去了。"外公又叮嘱他办完早早回去,不要耽误参加暑期夏令营。

第三天上午,杨煊见到了汤小年,在讲明来意之后,汤小年回屋翻找户口本。

杨煊站在玄关处不动声色地打量这个家,除了他以往住的那间房,其他房间都大敞着门,看来汤君赫依旧不在。

汤小年找出户口本,见他的目光落在汤君赫那间屋子,冷淡地说:"他暑假没回来,留在学校做实验。"

杨煊未置一词地接过户口本,同样淡漠地道谢,转身出了房门。

想要查出汤君赫的去处并非一定要通过汤小年,事实上,他的确不想跟汤小年多言。

杨煊斜倚着电梯墙壁,漫不经心地翻开户口本,杨成川已经销户,第一页是汤小年,第二页是他自己,他继续往下翻,在翻到汤君赫那一页时微怔了一下,那上面写了四个字:迁往燕城。

考去了燕城?那看来考得不错,杨煊脑中冒出这个想法。电梯停至一楼,他合上户口本,直起身走出去。

本区派出所离得很近,走路过去也不过十多分钟。他到时,赵研已经等在派出所门口,见他过去,很亲昵地拍他的肩膀。

"怎么样啊在国外?"赵研递给他一支烟,笑着问。

"一般。"杨煊自己点着火抽了一口。

"去哪个学校?"

杨煊说了学校的名字,赵研显然震惊,握拳在他的肩上捶了一下:"这么牛,可以啊。"

办理销户时,工作人员翻开户口本,因为认识杨煊和赵研,很自然地攀谈起来。看到汤君赫那页上的几个字,工作人员说:"你弟弟去年把户口迁到学校了,也是我办的手续。"

杨煊还未来得及问,赵研便兴致勃勃地说:"你那个挺漂亮的弟弟?考去哪儿了?"

"去燕城医科大了,"那人接话道,"全国最好的医学院,如果能留在燕城工作，以后户口应该不用迁回来了。"

"学医？"杨煊这才开口问。

"是啊，你这个做哥哥的还问我啊，"那人笑着说，并不放在心上，继续道，"听说是八年制临床博士，这个分数如果去燕城大学，可以读最好的专业了，不过八年读个博士出来，也挺划算的。居住证明……"那人低头找居住证明，接着说，"看户口本上他的年龄，他还比一般小孩入学早，到时候真是年轻有为啊。欸？居住证明不在这里吗？"

杨煊有些出神，听到这话回过神："不在这里面？"

"没有哎，"那人又翻了一遍，"你看看。"

杨煊自己翻了一遍，没有找到："可能忘在酒店了。"他很少忘事，回国前又将资料全都放在一起，现在居住证明不在，连他自己都有些意外。

"啊，那就办不了了。"那人有些为难。

"我回去拿。"杨煊想了想说。

"走吧，我陪你回去拿，"赵研从柜台前直起身，笑道，"你也有忘事的时候啊。"

走在路上，赵研开起玩笑："真没想到啊，杨煊会去搞学术，啊？"他伸手捏了捏杨煊上臂上的肌肉，"校内小前锋？篮球队门面？老孙头知道了要大跌眼镜啊。"

杨煊低着头笑了一声："搞学术……"那语气像是自己都觉得不可思议。

回到酒店取居住证明，翻找了一通却没找到，明明出门前还见到了，但眼下的确怎么找都找不到。

杨煊又点了一支烟，觉得有些烦躁。不仅仅因为居住证明的事情，事实上销不销户对他来说根本无所谓。注销户口只是这次回来的借口而已。

"没有居住证明就销不了是吧？"他拖过酒店的烟灰缸，朝里面磕了磕烟灰，问赵研。

"对啊，除非你入军籍……"赵研满嘴跑火车地笑道，"不然你别走了，参军吧。"

杨煊并没有立即搭腔，他低垂着头，沉默片刻，像是真的经过了一番思考，沉声问道："你有认识的人吗？"

听他这样问，赵研先是愣了一下，抬头看向倚着窗台的杨煊，看不出他脸上有任何情绪，笑道："开什么国际玩笑。"

"认真的。"杨煊逆着光说。

"喂，你申请的那所大学可是很难得啊……"赵研还是笑，没当真。

"师哥。"杨煊这样称呼，让赵研不由自主地停下笑，尽管赵研比杨煊高一级，但因为他们都在篮球队，是好兄弟，平日里很少用到学长的称呼。所以这个称呼让他意识到，杨煊也许并没有在开玩笑。

"不会吧？"赵研脸上露出惊讶的神情，"太突然了吧……"

杨煊反倒没什么表情，只是淡淡道："我这次回来，原本也没打算回去。"

赵研走后，杨煊自己坐回沙发上，手肘撑在大腿上，低着头若有所思。

燕城医科大？暑假留校做实验？听上去很适合汤君赫。杨成川临走前的那条短信说得没错，他弟弟的确会去国内最好的学校，接受最好的教育，生活回归正轨，然后心智成熟，不需要再依赖他这个哥哥。

当时的决定做得好啊，杨煊仰头靠在沙发背上，唇角朝上勾了勾，像是有些自嘲。

既然放下了，那就……按照原本的轨迹走吧。

他弟弟去做医生，他去做一些刺激的事情，就像他们之前向彼此说起的那样。

活在外公的荫庇下，衣食无忧地做学术……那还是杨煊吗？思及此，杨煊不再过多犹豫，直起身，两只手交握在一起，指节掰出一连串的声响，摸过手机给赵研打过去电话："我想好了，没开玩笑。"

第45章

　　过去的事情从杨煊口中讲出的并不多,他只是简单提了两三句,说自己回到润城时,正赶上夏季征兵,入了伍,不多久便被调到了西南边陲的一支特战部队,一待就是九年多。

　　汤君赫听后先是愣了半晌,直到飞机起飞发出巨大的嗡鸣声,他才闭上眼睛,许久也没说话。不知是因为飞机上升时遇到气流太过颠簸,还是因为杨煊提到这段往事,他忽地又有些犯起心悸。

　　心率和呼吸都快得不正常,他把脸偏向窗户,竭力平静地调整自己的呼吸。杨煊握住他的手时,他蜷缩起微微发颤的指尖。

　　他的手指太凉,杨煊察觉出不对劲,偏过头看着他:"怎么这么凉?"

　　汤君赫睁开眼,把指尖攥得更紧一些,低声道:"飞机颠得不太舒服。"

　　飞机飞行时噪声太大,汤君赫一时杨煊并没听清他在说什么,头低下朝他偏过去:"嗯?"他歪过头靠着杨煊的肩膀,摇了摇头,没说话。杨煊也就不再问,手伸到他的额发下试了试温度,觉得没大碍,上身又靠回座椅靠背。

　　汤君赫靠着他,脸颊贴着他的肩膀,杨煊的体温透过衬衫传过来,他感觉到心悸缓下来一些,过了一会儿叫了一声"哥"。

　　杨煊正随手翻阅飞机提供的航空杂志,闻声垂眼看他:"嗯?"

　　汤君赫说没事,目光移到杨煊手里的杂志上,那页杂志上印着某个品牌的汽车广告,但杨煊很快就翻页。汤君赫对汽车并不感兴趣,他合上眼,靠着杨煊的肩膀睡了过去。

　　醒过来时心悸的症状已经消失,飞机正在下降,汤君赫抬眼看了看杨煊,见他正靠着椅背闭目养神。他直起身,伸手拉开飞机窗户的挡板,朝下看去,南方已经进入夏季,触目所及之处一片葱郁,高空处也能感受到炎炎烈日的气息。

　　从机场出来,他们打车来到酒店。南方的夏天来得要早一些,街边绿树成荫,夏意盎然,小镇随处可见小桥流水。

　　用房卡开了门,杨煊把行李箱放到一边,手机响了起来。

　　杨煊接电话时,汤君赫隐约听到电话那头在说什么军区、户口的事情,猜测应该是和杨煊的工作有关。

　　汤君赫把行李箱横放到地上,蹲下来找出薄T恤和短裤,抱着走到浴室里,虚掩上门。

喷头的水从头顶浇下来,他听到杨煊在门外说,等过几天吧,这两天没空,又说什么机票我自己来订,接着便听到脚步声响起来,随之是开门的声音,杨煊走了出去。

去做什么了?汤君赫这样想着,在手心上挤了些沐浴露。

他洗得很快,洗完澡穿着T恤和短裤出来,看到杨煊放到桌上的半包烟,随手拿起来,走到窗边看着窗外的景致。夕阳映照在平静无波的湖面上,明明眼前的景色跟斯里兰卡并无半点儿相似,但他还是忍不住想起那七天做梦一般的光景。

他抽了一支烟出来,坐上窗台,点着了火却并没有抽,只是拿在手上,过一会儿弹几下烟灰。几年前他戒烟时便是如此,因为那时候他发现,事实上让他上瘾的并非抽烟本身,而是烟燃烧的过程,那让他想到杨煊。

一支烟燃了一半,杨煊回来了,汤君赫转过头跟杨煊对视。

杨煊反手关上门,朝他走过来。窗台很高,汤君赫的两条腿搭在上面轻轻摇晃,直到杨煊走过来才停下。

"洗完澡了?"杨煊看着他问。

"嗯。"汤君赫微抬着下颔看向他,夹着烟的手指搭在窗台上,"哥,刚刚谁打过来的电话?"

杨煊拿过汤君赫手中还剩半截的烟,在烟灰缸里捻灭了:"你见过。"

"尤欣?"

"嗯。"

"那你要去哪儿?"

"回军区一趟,过几天再说,不急。"

第 46 章

汤君赫从窗台上跳下来，站到杨煊面前。

"你好高啊哥，"汤君赫微抬着下颌看杨煊，"不过我也长高了，以前到你这里，"他展平手掌比画着杨煊下颌的位置，"现在到这儿了，"他的手掌侧碰到杨煊的鼻梁。

"现在多高了？"

"一米七八，哥，你有多高啊？"

"一米八八。"杨煊笑了笑，伸手把他额前的头发拨上去，露出光洁的额头。相比年少时，汤君赫长开了一些，眉眼间青涩的影子逐渐淡去。杨煊想到自己一直留着的那张照片，他弟弟从一个精致的少年变成了一个漂亮的成年人，而他错过了这些年发生在他身上的珍贵变化。

杨煊看着汤君赫的眼睛，他记起这双眼睛在不同时期的样子，6岁时哭和笑都极其分明，哭时蓄着一汪眼泪，扑簌簌地朝下掉泪珠，笑时弯成一弯月牙，漾着一汪清澈的月光；16岁再见时警惕而倔强，对谁都不肯抱以信任，后来把所有的信任和依赖都倾注到他身上。

回想人生的前17年，好像他从未喜欢过自己的少年时代，但无可否认的是，这双眼睛曾是他17岁时的一束光，火光微弱却炽热，足以让那些看似永无止境的黑暗日子变得没有那么难捱。

刚下飞机有些疲惫，汤君赫便躺在床上睡了一会儿。醒来时天已经黑透，杨煊躺在他身边，一只手枕在脑后，另一只手拿着手机，似乎在浏览什么网页。

"哥，"他抬手揉了揉眼睛，声音有些沙哑，"你在看什么啊？"

"醒了？"杨煊看向他，"饿不饿？"

汤君赫趴过去靠在他的肩膀上，看着他手机上的页面："你要买车吗哥？"

"喜欢哪辆？"杨煊调出几个网页给他看。

汤君赫看完了几辆车说："路虎吧。"

"好，"杨煊说，关掉了手机屏幕，"吃饭吧。"

"我乱说的，"见杨煊干脆应下来，汤君赫反而有些心虚，"我不懂车。"

"那怎么选路虎？"杨煊站在地上躬身穿裤子，抬头看他一眼。

195

"名字好听……"汤君赫说，其实他觉得车型也比较适合杨煊。

杨煊笑了笑说："路虎挺好的，就这个吧，回去带你买。"

"我不想开车，"汤君赫有些费力地坐起来说，"医院太堵了，早上停不了车，你开吧。"

"买了再说。"杨煊弯腰从行李箱翻了一件黑色的T恤出来，从头上套下来，穿好衣服后走过来揉了揉他的头发说，"你躺着吧，我去楼下买饭。"

汤君赫背过身趴在床上说："那你快点儿回来。"

杨煊说到做到，果然很快回来了，手上拎着装饭盒的牛皮纸袋。汤君赫换个方向趴着，头对着茶几，看着杨煊将饭盒一个一个拿到桌子上，最后拿出一盒冰淇淋。

"哥，你还买了冰淇淋啊。"汤君赫看着那盒冰淇淋说。

杨煊坐到沙发上，依次开了饭盒的盖子，转头看他一眼："你不是以前喜欢吃这个吗？"

汤君赫都快忘了他以前喜欢吃冰淇淋了，但经杨煊这样一说，他脑中忽地掠过那个夏天，乱糟糟的台球厅里，他哥哥杨煊拿着台球杆站在窗边，看上去并没有被乌烟瘴气的环境所浸染，反而干净得和周遭格格不入。

那是记忆里最甜的一个夏天，那时他心无旁骛地看着杨煊，一口一口地将手里的冰淇淋吃掉。

第47章

　　说是来小镇度假，其实两人倒并没有赶什么行程，大多时候只是绕着小镇走走。

　　酒店附近有一片湖，白天时不见特别，到了黄昏时分看上去却有种惊心动魄的美，风一吹，泣血的残阳映在波光粼粼的湖面上，透着星星点点的光，成群结队的渡鸦呼啦啦地掠水飞过，衬得整个小镇尤为安谧。

　　汤君赫已经记不得自己上次这样悠闲是什么时候，好像活了二十多年，生老病死都不知亲眼目睹过多少，却唯独没见过这样风平浪静的时候。

　　17岁以前他被汤小年逼着不停地学习，即便放了假也不得闲，17岁以后他又害怕自己会闲下来，反倒开始逼着自己忙活起来，做实验、写论文、做手术，一旦有一点儿空闲时间，就会不自觉地焦虑。

　　现在想来，唯一一段空闲的时间便是斯里兰卡的那一周。印象中斯里兰卡的黄昏跟这里倒是极为相似，静谧的水边，成群的渡鸦，浓烈的火烧云，只是比这里多了不断拍打岸边礁石的潮汐。

　　在小镇的第二天黄昏，两人走到湖边停了下来，都驻足望着湖面。

　　"歇会儿？"杨煊半蹲下来捡了一块石子，随手朝远处一抛，石子落在湖面上，激起一圈涟漪。

　　汤君赫也蹲下来，同样捡了一块石子，扔在那圈还未平静下来的水波里。

　　"哥，你什么时候回军区啊？"汤君赫转头看着杨煊问。

　　杨煊拿着石子在手心里抛了一下，这次扔得更远了一些："等你上班吧。"

　　"去几天？"汤君赫这次又扔在那颗石子的周围。

　　"一两天，不是什么大事。"杨煊说完，看着那两处离得很近的涟漪，很轻地笑了一下，"想跟我比谁扔得远啊？"

　　"不可以吗？"汤君赫歪头看着他，眼神里闪过一丝狡黠，然后低下头，四处捡了几颗大小合适的石子放在手心里。

　　汤君赫摊开手心，杨煊直起身走过来，弯下腰在他手心里抓了几颗，然后站起来朝一边走。

　　汤君赫见状正要直起身跟上去，杨煊回头看着他道："你别动。"

　　听他这样说，汤君赫便又蹲了回去。

197

杨煊在离他几米远的距离停下来,半蹲下来,身体朝汤君赫的方向微侧,微微抬高声音对着他说:"你先扔。"

汤君赫以为杨煊真要跟他比谁扔得远,举高了胳膊,手里拿着石子在半空比画两下,铆足了劲儿扔出去。

他手上的石子刚出手,杨煊也随之扔了出去,石子却并不是冲着远处去的,反而微微偏向汤君赫的方向。

汤君赫有些诧异地转头看向他,杨煊仍保持着刚刚瞄准时眯着一只眼睛的表情,目光看向石子抛出去的方向。

静谧的空气中发出"当"的清脆声响,汤君赫不自觉地顺着杨煊的目光看过去,两颗石子已经分别弹向别的方向,失去了前进的动势,在半空中仓促画出两道抛物线,落入水中。

汤君赫有些看呆了,过了几秒后才转头看向杨煊,杨煊这时已经睁开了那只眯起来的眼睛,看着他笑了一下,跟平时的笑法不太一样,看上去有些玩世不恭。这让汤君赫想到杨煊17岁时的样子,那时的杨煊站在篮球场上,投进一个球后,队友跑过来冲他击掌,他有时便会露出这样的笑来,吊儿郎当的,举重若轻的。

汤君赫回过神,又朝水里扔了一颗石子,杨煊像上次一样,眯起眼睛瞄准,然后轻轻松松地击中。

"哥,你先扔,"汤君赫转头看着他,稍稍抬高了声音,"我来打。"

"好。"杨煊随手扔了一颗石子,手上几乎没怎么用力。

汤君赫抛出石子的瞬间,杨煊扔出的石子已经落到了水里。

"不行,你扔得太近了,"见没有击中,汤君赫很认真地为自己分析原因,"你用点儿力气。"

杨煊闻言笑了笑,将一颗石子在手心里抛了两下:"看好了啊。"然后他捏起石子,上臂用力,远远地将其抛了出去。

汤君赫也立即扔出石子,但石子很不争气地又落进了水里,别说击中,连边儿都没有沾到。

"也不要太用力了。"汤君赫又提了要求。

"你调整你自己,管我做什么。"杨煊这样说着,却还是配合地放轻了一些手劲儿。

"跟你也有关系。"汤君赫显然有些耍赖,说完又迅速将石子抛出去。还是没击中。

他接连试了几次,脑子里运算了一通石子的抛出速度,画了无数条抛物线,一到实际出手,仍旧什么也击不中。

杨煊将手里的石子扔完了,起身走过来,见汤君赫仍比画着扔石子的动作,点拨道:"重点要放到手臂的动势上,等到眼睛看出石子的运行轨迹,那就什么都晚了。"

"我知道啊，"汤君赫把手里的石子放回地上，拍了拍手上的灰尘，有些丧气地说，"但还是打不中。"

"光懂方法也不行，最重要的是靠练。"杨煊朝他伸出手，将他从地上拉起来。

汤君赫站起来，握着杨煊的手，边走边好奇地问道："哥，你之前是狙击手吗？"

"几年前做过狙击手，"杨煊说，"后来做队长之后就分不出精力了。"

汤君赫点点头，又问："那是不是很危险啊？"

杨煊并不正面回答，只是说："不是活下来了吗？"

天色完全暗下来，小镇显得更加静谧，远处的山峦在夜色中留下苍茫的剪影。

汤君赫有些出神地看着波光涌动的水面，叹了口气道："假期怎么这么快就结束了……"

"不想上班？"杨煊侧过脸看他一眼，眼中透出些笑意。

"嗯。"汤君赫沉重地点了点头。

杨煊朝前走了几步，起先并没有说话，过了一会儿，若不经意地提起："汤医生同时做了四个课题，后来全都发了SCI。"

"谁跟你说的？"汤君赫听出他语气中的逗弄意味，有些脸热，转头看着他问，见杨煊不回答，他又问，"是不是小宋？"能对杨煊说出这种话的人，他只能想到小宋。

杨煊只是低声笑了笑，并不说到底是不是。

汤君赫低声地嘟囔："汤医生现在一个课题也不想做。"

汤君赫从未像现在这样盼着假期再长一些，但假期似乎总是这样，越是不想结束，就结束得越快。

等回了燕城，从小宋那里把十三接回家，汤君赫的假期就彻底结束了。

"汤医生你总算要回来了，"小宋一见他，脸上显出些雀跃的神色，"你不知道，你不在的这半个月，薛主任脸色可不好了。"

"手术很多？"听她这样说，汤君赫已经推断出心胸外科的近况。薛远山平日里用汤君赫用得顺手，他这一走，很多事情薛远山都得亲力亲为，自然忙得没有好脸色。

"可不是嘛，"小宋说，"你一回来，可有得很忙了。"

汤君赫有些无奈地微哂一下，抱着十三问："它没有挠伤你吧？"

"没有啊，它挺乖的，没挠过我。"小宋说。

汤君赫抱着十三坐到副驾驶位上，十三一见到杨煊，又弓起了背，它好像总是有些怕他。

"好奇怪,它不挠小宋。"汤君赫摸着它的后背,想让它放松下来。将十三寄养出去之前,他曾经很担心地叮嘱过小宋,要她一定注意不要被挠伤。

"是公猫?"杨煊看了一眼紧张盯着他的十三。

"嗯,"汤君赫捧着十三的脸,跟它大眼瞪小眼了一会儿,说了一句很无情的话,"那也没用,它已经被阉了。"

因为把十三寄养在小宋家,心胸外科的护士们全都知道汤医生家里养了只猫,是他从楼下捡回来的。"汤医生家里养了只小野猫"这句有歧义的玩笑话,因为跟汤君赫平日里拒人千里的形象反差极大,很快在心胸外科传播开来。

汤君赫一回医院,就有护士跟他打招呼:"汤医生回来啦。"有爱开玩笑的则直接当着他的面说,"汤医生,你家的小野猫好可爱啊。"

汤君赫听出这话中的玩笑意味,但他只是笑一下,并不接话茬儿。

薛远山见他回来,把他叫到办公室,推过来一摞病历本:"今天趁没手术,把这些全都看了,一会儿跟我查房,了解一下病人的情况。"

汤君赫全都应下来,把病历本抱到自己的办公室里。他一天没休息,中午吃饭也赶着时间,一刻也没闲下来,因为惦记着下班后要送杨煊到机场。

下午杨煊打车过来,一到楼下,汤君赫便合上病历本下了楼。汤君赫以前从没在天黑前下过班,护士站的护士有些意外地看着他说:"汤医生今天这么早下班啊。"

"去送我哥,"汤君赫匆匆经过,"一会儿还回来。"

坐上车之后,因为顾及司机坐在前面,汤君赫一路只和杨煊说了三两句平常话。等到了机场,声音被熙熙攘攘的喧闹声盖住,他才靠近杨煊,看着杨煊说:"哥,明晚你真的会回来吗?"

"真的。"杨煊抬手揽着他的肩膀,"航班信息不是给你看过了?"

"那我明晚等你。"

"回来也凌晨了,你先睡。"

"我不想自己睡觉。"汤君赫说。这话是真的,他觉得自己可能会睡不着,但他并没有告诉杨煊。

"先让十三陪你。"杨煊拍了拍他的肩膀。

又要走到"送行人员止步"的那块标识牌处了,这块牌子几乎是汤君赫的噩梦,杨煊刚走那儿,他几乎天天梦到这块牌子。

他远远看到这几个字,情绪不由自主地有些低落,他想也许他不该坚持来送杨煊,关于机场离别的种种情形他实在不想再想起来。

也许是看出他情绪低落,杨煊一边走一边抬手揉了揉他的头发,微微低下头道:"这次会很快回来。"

第 48 章

杨煊走后,汤君赫独自打车回医院。他特意跟其他人调了夜班,计划做得很周到,值一晚夜班,次日白天在家里补眠,再睁开眼时就能见到杨煊。

当晚,他坐到办公桌前,补完了这半个月以来心胸外科的病历资料,又起身到住院区查了一遍病房,一忙起来时间便过得很快。后半夜来了一台急诊手术,他从值班室的床上坐起来,匆匆赶到手术室,等到手术结束,天光已经隐隐亮了起来。

天亮之后,汤君赫做好交接工作,脱了白大褂回家。到家时,十三正仰躺在床中间,肚皮上雪白的毛发跟随着熟睡的呼吸一起一伏。汤君赫把它抱起来放到一侧时,它不满地睁眼,换了个姿势窝成一团。

临睡觉前,汤君赫不放心地又看了一眼天气预报,这一看,顿时睡意全无。昨晚天气预报上面还显示渭城近日无雨,但现在却明明白白标明了今日中到大雨。他关了程序,心存侥幸地又打开一遍,还是同样的结果。

盯着天气信息想了想,他给杨煊发过消息问:"哥,你那边天气怎么样?"

杨煊大概在忙,过了几分钟也没回消息,汤君赫更加睡不着,闭了眼睛,不到一分钟就要睁开看一次屏幕。

这样的动作不知持续了多少遍,正当他放下手机再一次闭眼时,手机铃声忽然响起来。他立即抓起来看,屏幕上显示电话是杨煊打来的。

"天气挺好的。"杨煊开门见山地说。

"真的?"汤君赫的情绪稍稍好转,"可是天气预报说今天可能有雨。"

"这边?"杨煊顿了一下,下一句话听上去稍远一些,似乎并不是对着电话说的,"今天有雨?"然后声音又恢复到近处的清晰度,"昨天查的不是晴天吗?"

"是啊,但今早又变了……"汤君赫说着翻了个身,趴到床上,脸颊侧过来贴着枕头。

电话里传来另一道模糊的陌生男声,声音听上去有些粗犷:"我查了,是有雨,军区的天气预测也这样说的,哎,就说你不要这么急着走,家里又没人等你,赶着回去做什么啊?"

"你怎么知道没有?"汤君赫听到杨煊跟那人说,又转而对电话这边的汤君赫说,"好像确实有雨。"

汤君赫有些担忧地说,"今晚的航班不会取消吧?"

"没那么严重，这里大多是阵雨。"杨煊这样说，但汤君赫仍旧放不下心。

他隐隐觉得航班真的要取消，每隔几分钟便要去查看一下航班软件，见还未取消才松一口气。反复了不知多少次，彻底把困意消磨没了，一直等到傍晚他也没睡着。

晚上8点，杨煊到达机场。从中午开始，天就一直灰蒙蒙的，乌云罩顶，压在城市上空。

到了傍晚，雨点真的落下来，雨势忽大忽小，但却持续了很久也没停下。

大抵因为也拿不准这场雨到底什么势头，航空公司迟迟不发布航班取消的通知，屏幕上持续滚动着航班延迟的消息。

汤君赫食不甘味地草草解决掉晚饭，给杨煊打过电话问那边的情况，那头传来淅淅沥沥的雨声，隔着电话也能感受到闷热的潮湿气息。

"我觉得真的会取消，"汤君赫抱着十三，心情低落地说，"墨菲定律总是这样。"

他话音刚落，电话里的雨声陡然大了起来，光是听着声音，就能想象到雨点铺天盖地砸下来的场景。

汤君赫听到电话里传来"咔嗒"一声轻响，夹杂在雨声之中，是打火机点燃的声音，他问："哥，你在抽烟吗？"

"刚点着。"杨煊咬着烟，有些含混地说。他已经在里面等了四个小时，这时起身走出来透气。他站在机场出口的檐下，看着外面的瓢泼大雨，微蹙的眉间显出些许烦躁的神情。这雨下个没完没了，也许航班真的要取消。

这种想法刚冒出来，周围不知谁喊了一句："看屏幕！"

杨煊捏着烟，对着一旁垃圾桶上的烟灰槽弹了弹烟灰，然后转过脸，抬眼扫了一眼屏幕——刚刚"航班延迟"几个字已经被"航班取消"所代替。

"真取消了。"杨煊眉头紧蹙，低声道。

汤君赫闻言随即问："取消了？有正式通知了吗？"

大厅这时响起广播声，环绕在机场内部："各位旅客，现在广播取消航班通知。气象部刚刚发布暴雨黄色预警，预计未来两天，渭城及周边城市将持续大到暴雨……"

"意思是明天的航班也取消了吗？"汤君赫握紧了手机问。

杨煊眉间的烦躁情绪更甚，但语气中却不露端倪，尽量放缓道："只是预计，还不一定。明天有没有手术？"

"有……"汤君赫如实答，"要跟薛老师做一台肺移植手术。"

"那还不早点儿睡？"

"我以为不会取消的。"汤君赫把十三放到一旁，自己趴到床上，"哥，你今晚怎么办？"

"打车去附近找个酒店。你快睡吧，我明天再看看这边的情况。"

汤君赫"哦"了一声，仍旧不肯挂电话，跟杨煊扯东扯西，问他在那边办户口的事情。杨煊起先并不催他挂，陪他聊了一会儿，后来见已经快到凌晨，才让他早些睡觉。

挂了电话之后，汤君赫心情郁郁，燕城一丁点儿雨星也见不到，明明是一年中最干燥的时候，但他还是感觉外面很潮湿。

汤君赫关了灯躺在床上，十三很快就入睡了，微微打起呼噜，但他却怎么也睡不着。他其实很不喜欢下雨，在他过往的人生里，似乎只要一下雨就会有坏事要发生。周林被车撞死的那个黄昏就乌云遍布，杨成川去世时也是瓢泼大雨，想到电话里传来的噼里啪啦的雨声，他越想就越觉得焦躁。

除了焦躁，还有恐慌，他忍不住开始担心杨煊会出事，想给他打电话，但时间又太晚了，他不想因为自己毫无根据的焦虑而吵醒杨煊。

这种焦虑在他身上蔓延开来，先是心率加快，到后来坐卧不安。他意识到不能这样继续下去，昨晚到现在一夜未眠，明天又要跟薛主任做一台重要手术，以他现在的精神状态，明天非出岔子不可。

他下床去翻药箱，降心率的药很久不吃，已经过期了，他随手扔到一边，想着明早出门时扔掉，然后翻出安眠药，剥了两粒出来，就着水咽下去。

然后他又走到衣柜前，从里面翻出了一件黑色的棉质外套，抱着走到床边。这是十年前杨煊临走前留给他的唯一一件东西，他始终好好保留着，有时睡不着就会翻出来抱在怀里。

开始时这件外套上还残留着一些杨煊的味道，在他把头埋进去，假装自己被这种味道包围时，他会睡一个久违的好觉——高考前的那一晚他就是这样睡着的。

但到后来，外套上残留的味道逐渐淡去，他的失眠也开始变得愈发厉害，即便抱着它也很难入睡。但无可否认的是，抱着这件外套的时候，他的焦虑症状会减轻一些，心率也会缓下来一些。

汤君赫就这样抱着那件黑色棉质外套，脸颊贴在上面，安眠药过了一会儿才发挥作用，他抱紧外套，跌入黑沉的梦境中。

第49章

半梦半醒之间,汤君赫听到自己的手机铃声响起来,他摸索着抓过手机,看也没看便接起来。

那边的声音急急躁躁,十万火急似的:"汤医生你快过来,有急诊来了,病人有生命危险!"

汤君赫觉得脑袋不太清醒,也许是因为那两片安眠药的作用,他有些混混沌沌,嘴上应着"这就来",起身匆匆穿好衣服,来不及坐电梯,抓着楼梯扶手飞快地下楼,一刻也不敢耽误。

天色尚未清明,目及之处灰沉沉的,宽阔的马路上一辆车的影子也见不到,静悄悄的。

汤君赫一边快步朝医院的方向走,一边拿出手机叫出租车,屏幕上的时间一分一秒地过去,打车软件还是毫无动静。他不断低头看打车界面,心头涌上一股焦躁的情绪,等不及出租车,他关了手机屏幕,迈开腿朝医院的方向跑过去。

他跑得很急,额头上跑出了汗,呼吸逐渐拉长,变得沉重,清晰地响在自己耳边。两条腿跑得酸软,全身都泛着疲乏。护士不断打电话来催,他一秒钟也不敢停下来。

不知跑了多久,总算到了医院门口,他急喘着气跑过去,刚上了几级大门前的楼梯,身后响起救护车的警笛声。

有人在他身后喊:"汤医生,病人在这里!"

汤君赫停下来,转过身朝救护车看去。

救护车停在大门口,医务工作者将病人用担架床抬下来,汤君赫刚想抬腿走下楼梯,赫然看清了担架床上的那人——浑身被暗红色的血浸透了,右胸的伤口触目惊心。

汤君赫难以置信地将目光移到那人的脸上。在看清杨煊双目紧闭的那张脸时,汤君赫一脚踏空,腿上一软,整个人朝楼梯下面栽过去——

强烈的失重感让汤君赫猛地睁开眼睛。

在意识到自己做了一场噩梦的同时,他也看到了坐在自己面前,正神色凝重地看着自己的杨煊。

汤君赫一时分不清自己是在梦里还是梦外,只觉得大脑一片混沌,跟梦里的感觉像极了，拉严了窗帘的屋子看上去光线昏暗，周围静得让人不安。

他平复一下呼吸，抬手揉了揉眼睛，沙哑的嗓音带着浓重的睡意："……哥？"

杨煊没说话，只是盯着他看，隔着暗沉的光线。

汤君赫还抱着那件黑色的棉质外套，下意识将露在被子外面的一小截外套往里收了收，撑着床坐起来："哥，你怎么回来了……我不是还在做梦吧？"

杨煊脸上的神情像是有些缓下来，伸出手拨了拨汤君赫头顶被压乱的头发："刚刚做噩梦了？"

汤君赫被刚刚那场噩梦吓得出了薄薄的一层冷汗，把额前的头发濡湿了，杨煊凉而干燥的手心触碰到他光洁的额头，覆着薄茧的指腹触感粗砺。

汤君赫坐起来，有些愣怔地看着杨煊，刚刚在梦里的焦躁和恐慌烟消云散，他被突如其来的惊喜撞得有点儿蒙。片刻后，他的嘴唇先是微微抿起来，脸上后知后觉地泛起笑意，然后从翘上去的唇角一直蔓延到弯起来的眼睛里。他靠过来，下巴颏抵在杨煊的肩膀上说："哥，不是说航班取消了吗？你是怎么回来的，坐高铁？"

"高铁转飞机，"杨煊抬手握着他的肩膀，微低着头看他，"刚刚做什么噩梦了？"

"梦到你之前被抬到医院的那天。"汤君赫抱紧他说。

杨煊低头看他："睡得怎么样？"

"挺好的。"

杨煊直视他几秒，声音低沉道："这是第几次对我撒谎？"

汤君赫怔了一下，一时没反应过来："什么？"

"睡得挺好的。"杨煊提醒他。

汤君赫瞬间清醒过来，下意识看向药箱的位置——那盒降心率的药，杨煊看到了？

"那只是助眠用的，"汤君赫把头从杨煊的肩膀上抬起来，心虚地解释道，"副作用比安眠药要小一些。"

"继续，"杨煊见汤君赫有些疑惑地看向自己，又说，"继续撒谎。"

"真的，"汤君赫话音里透着底气不足，"你不回来，我肯定会担心的……"

"那好，这盒降心率的药我们先不提。"杨煊说着，从床上起身，走到药箱前，抓着药箱的边缘抬起来，放到汤君赫的旁边。他从里面拿出一个小药瓶，"这瓶是安定片，已经空了。"他又拿出一瓶，"这瓶也是，还剩一半。"

"还有这两盒，阿普唑仑，作用是……"杨煊将药盒翻过来念说明，"抗焦虑、抗抑郁、镇静、催眠，"他抬头看着汤君赫，"你是哪一种？"

"已经过期了，"汤君赫咽了咽口水，在杨煊的注视下，他觉得过去那个腐坏的自己无处遁形，这种感觉让他有些恐慌，"我很久不吃这个了。"见杨煊看着他不说话，他又补上一句，"这句是真的……没撒谎。"

205

杨煊盯着他看了片刻，将他看得垂下眼，杨煊伸出手去掀他的被子，他意识到杨煊想做什么，立刻抓紧被子的边沿，阻止杨煊的动作，但杨煊的力量显然远胜于他。

"松手，"杨煊沉声道，语气听上去不容置疑，"藏起来不想让我看到？已经晚了，被子是我帮你盖好的。"

听他这样说，汤君赫的动作顿了一下，紧抓着被子的那两只手随之松了劲儿。杨煊将被子掀开，露出藏在下面的那件黑色的棉质外套。

汤君赫的睫毛颤了一下，很缓很慢地垂下头，定定地看着那件黑色外套，恍然间他想到几年前那个糟糕透了的自己，白天抽烟，晚上吃药，隔三岔五喝酒，好像没有烟、药、酒这三样东西支撑着，他的生命就会像虫蛀的朽木，随时会垮掉、烂掉一样。

他费了多大力气才戒掉它们，变成现在这个看上去过得很好的汤医生，可是一个疏忽，就被他慧眼如炬的哥哥从外至里地看透了。

一时间这些年压抑的委屈全都来势汹汹地涌了上来，他的头垂得更低，胳膊肘撑在腿上，压着那件外套，两只手盖着整张脸，声音压得很低："非得这样吗？哥，你非得……"他哽了一下，停下来缓了缓，竭力压抑自己的情绪，以至于声线抑制不住地发抖，"你非得逼着我承认这些年我过得并不好吗？你非得逼着我承认……我曾经因为你而变得整个人糟糕透了吗？"他的声音弱下去，"我也想在你面前体面一点啊……"

杨煊的动作立时也顿住了，他没想到会搞成这样的局面，原本只是想弄清楚他弟弟为什么会吃这些药的。

从机场出来之后，他没回酒店，直接打车去了高铁站。渭城距离燕城路途遥远，中间需要倒一趟高铁，加上等待的时间一共十多个小时。他嫌太慢，果断做了决定，坐了三小时的高铁去了别的城市，在机场中转飞机，历经近七个小时，赶在天亮前回了燕城。

当他推门进入，将行李箱靠到墙边时，汤君赫正抱着那件外套，呼吸有些急促，像是睡得不太安稳。杨煊伸手想帮他把被子拉上去，但他的目光随即落在那件外套上，汤君赫抱得很紧，生怕被别人抢走似的。

杨煊不会不记得这件衣服，关于分别那天的种种他都记得，因为那是他少年时代的彻底终结。

他盯着那件衣服看了半晌，也盯着他弟弟汤君赫看了半晌，然后放轻动作，将被子朝汤君赫身上拉了一下。

杨煊看着将脸埋在手心里的汤君赫，片刻后微不可闻地叹了口气，抬手顺着他的头发摸下去，停留在他的后颈处，语气也缓下来："好了，我不问了。"

汤君赫不吭声，仍旧捂着脸，一下也不动弹。直到昨晚定好的闹钟响起来，他这才腾出一只手去摸索手机。摸了一圈也没摸到，杨煊握住他的手腕，拉着他的手朝后摸过去，他才触碰到手机。他把手机拿过来，按掉闹钟，但杨煊仍握着他的手腕。

若面前是杨煊更擅长面对的战友，大抵他会不留情面地冷冷撂上一句："有病就治，哭什么鼻子？！"毕竟在部队里，他们都是在极端环境下被逼着成长起来的。但现在他面对的是他弟弟。

"是我错了，好不好？"杨煊说着，揽过他的肩膀，语气里有些商量的意味。

汤君赫这阵突如其来的敏感情绪来得快，去得也快，这时已经缓下来，他意识到自己刚刚有些反应过激，半晌，有些不好意思地叫了声"哥"。

"嗯？"杨煊垂眼看他。

汤君赫转移话题道："你累不累啊？那么远，还要坐高铁，倒飞机。"

"你说呢？"

"哥，你怎么对我这么好啊？"

"我对你好吗？"杨煊看着他说。

"嗯。"汤君赫点了点头。

汤君赫靠着杨煊发了一会儿怔，然后下了床，到卫生间洗漱，出来时杨煊正坐在沙发上滑动着手机屏幕，那几盒药放在他面前的茶几上。

汤君赫走上前，拿起那几盒药扔到垃圾桶里："都过期很久了，扔了吧。"然后他弯腰拎起垃圾袋。显然，他并不想再提及这件事。

杨煊没说什么，从沙发上站起来："走吧，我送你去上班。"

"你睡吧哥，"汤君赫说，"我自己打车去。"

"一会儿回来再睡。"杨煊拿起车钥匙和桌上的半盒烟，走到前面换鞋开门。

去往医院的路上依旧很堵，汤君赫坐在副驾驶的位置，忍不住打起瞌睡，杨煊见状关了车窗。

事情也许比他早上想到的还要严重，因为在汤君赫把脸埋到手心里的时候，他在他弟弟身上隐约看出了崩溃的痕迹，或许这种崩溃曾经在汤君赫身上发生过很多次，杨煊想，它因自己而起，却又被自己错过了十年之久。

车子停至医院门口的路边，汤君赫还在打瞌睡，杨煊帮他解安全带时，他才迷迷糊糊地醒过来："到了吗哥？"

"这么困？"杨煊抬眼看他，"要不要请假回去睡觉？"

"薛主任不会同意的，"汤君赫的手指放在眼睛上揉了几圈，摇头道，"没关系，我一站到手术台边就不困了。"

第50章

汤君赫下午坐班门诊，接待了几十个病人，下了班，戴着口罩朝办公室走时，一眼见到杨煊站在护士站旁边，正低头听小宋说什么。见汤君赫走过来，杨煊抬起头看向他。

汤君赫伸手将口罩摘下来，走到他面前叫了一声"哥"。一个多小时前杨煊发来消息问他几点下班，所以他并不意外杨煊这时出现在这里。

"汤医生今天可以早下班了。"小宋笑嘻嘻地看着他说。

汤君赫回到办公室，办公室里没人，有几个人下班回家了，还有几个去食堂吃饭了。他低头整理办公桌上的病人资料时，杨煊倚着办公桌等他，两个人有一搭没一搭地说着话。

等电梯时，小宋抓着包跑过来，一进电梯，杨煊罕见地先开口，是对着小宋说的："刚还没说完吧。"

他只说了这一句，小宋立刻记起来，兴致勃勃道："哦对对，汤医生是我们心胸外科坐诊时间最少的医生，为什么呢？"她自问自答道，"因为汤医生之前坐诊的时候遇到了一位疯狂追求他的病人！汤医生，这个能说吧……"

汤君赫看她一眼说："哪有那么夸张。"

"没有夸张，真的是疯狂！当时那个人每周都来心胸外科门诊挂号，只挂汤医生的号，还带着不同的花过来。哎哟，好痴情。唉，但汤医生就比较无情了，先是调了班，后来调班也没用，就和薛主任说了这个情况……"

薛远山平时压榨汤君赫，但关键时候还是护着自己的小徒弟，当天就和护士长说，暂时不要给汤君赫排门诊值班。上手术台要比坐诊更累，心胸外科上下心知肚明，所以并没有人对这条特殊规定产生异议。这件事很快通过手术室的八卦渠道传开，不知怎么就被曲解成"心胸外科的汤医生因为长得太好看而被禁止出门诊"，后来还被人编成了段子发在网上。又过了半年，这件事情过去之后，汤君赫才重新开始坐班。

小宋讲完，汤君赫说："他是占用其他病人的治疗时间。"

闻言，杨煊笑了一声，小宋则站在一旁很不赞同地摇了好几下头。

走到楼下，汤君赫才发现杨煊并没有开车过来："哥，你走过来的？"

"你不是说坐了一下午很累吗？"杨煊侧过脸看他一眼，"走走吧，开车也不见得快多少。"

"嗯，以前我都是走回家的，哥，你睡到几点醒的啊？"

"差不多给你发短信的时候。"

杨煊一回来，汤君赫的心情又变好了，前一晚的焦虑荡然无存。

过红绿灯时，杨煊抓过汤君赫的手腕，拉着他朝路对面走。

晚饭叫了外卖，杨煊忽然提起买房子的事情。

"燕青区有一片楼盘最近要开盘，周末你有时间的话，我们一起去看看。"

汤君赫先是愣了一下，饭夹到眼前却忘记吃。直到杨煊"嗯"了一声，他才回过神说："哦，好啊。"

"发什么愣？"杨煊看了一眼他的表情。

汤君赫一时不知说什么好，杨煊一提起买房子的事情，他的心里就开始莫名有些鼓鼓胀胀的感觉，好像有点儿想哭，又不知道这种感觉从何而来。

他慢吞吞地吃饭，把这种想哭的感觉一口一口地咽下去。

吃完饭大致收拾了一下，杨煊坐到沙发上，把汤君赫拉过来，让他坐在自己的旁边。

"不想买房子？"杨煊看着他的眼睛问。

"怎么可能！"汤君赫说，"哥，买了房，我们是不是就在燕城有自己的家了？"

杨煊笑了笑："对啊。"

"那你以后就走不了了。"汤君赫说。

"本来也不会走。"杨煊说。

过了一会儿，杨煊又问："最近什么时候有假？"

汤君赫想了想排班表，说："大后天。"

"我约了以前队里的一个心理医生，"杨煊的语气很自然，用商量的口吻道，"后天我们跟他视频一会儿，好不好？"他的音色一向偏冷，但现在听上去却难得温和。

汤君赫脸上的笑容立刻僵住了，起先没说话，过了一会儿对着杨煊声音很低地说："我都快好了。"他以为这件事情已经过去了，没想到杨煊又提起来。

"只是聊一下，"杨煊微微朝他侧过脸，"没有那么正式。"

"可是我不想聊以前的事。"汤君赫还是小声地反抗。

"如果以后我晚上不在怎么办？"

汤君赫立刻说："你说过你不会再走了。"

"不是走，如果加班怎么办？这是避免不了的。"

汤君赫先是没吭声,正想好说辞要开口时,杨煊又说:"事情总是要解决的。"

"可是我不想聊以前的事。"汤君赫用更低的声音又说了一遍。

他说完这句,杨煊好一会儿没说话,半晌才又开口道:"我没跟你说过我为什么要回来吧。"

"嗯?"汤君赫抬头看他,"没有。"

"我回来,"杨煊说,"是因为当时队里发生了一件事情。"

第51章

"你之前问我有没有做过狙击手,我做过四年,后来被上面任命为队长,不久后队里就来了一名新的狙击手。这名新的狙击手,叫夏昭,年纪不大,刚来时傲气十足,甚至有点儿娇生惯养,但因为枪法不错,人又讲义气,所以在队里很快就混开了。狙击手通常来说会配一个观察员,我做队长之后,原来配合我的那个观察员吴攀,就改为配合他了。"

吴攀出身农村,从义务兵做起,跟杨煊同一年被调到特种部队。吴攀这个人,靠谱、和善、寡言,但他的寡言和杨煊不太一样,杨煊的沉默是有攻击性的,然而吴攀的沉默却似乎是在有意降低自己的存在感。

做了四年搭档,杨煊很清楚地知道,吴攀是有些自卑的——他家庭条件困难,家里有一个痴呆的哥哥,两个还在上中学的妹妹。所以吴攀肩上的担子很重。他的自卑不单来源于此,还因为"观察员"的这个身份。相对于队里的指挥手、狙击手、爆破手、突击手等,观察员更像是狙击手的配合者,或者说,是附属品,无法脱离狙击手而独立存在。

吴攀一直是有做狙击手的野心的,在杨煊担任队长之后,他曾经一度抱有很大的希望,觉得自己可以成为狙击手,但后来上面还是调来了夏昭代替杨煊的狙击手位置。

夏昭那时才22岁,是个狙击天才,但是他性格毛躁,经验不足,跟沉稳细心的吴攀搭档,可以说配合无间。

两人这一搭档又是四年。夏昭来部队前是个实打实的花花公子,年龄不大,谈过的女朋友两只手的手指头也数不过来。

夏昭一来,就开始逗吴攀,变着花样来,一见到吴攀露出局促的表情,他就拍着大腿哈哈大笑。说来特种部队的训练也相当枯燥,尤其是狙击手和观察员的训练,常常要保持同一个姿势,对着靶子趴上好几个小时,于是夏昭就开始乐此不疲地拿吴攀逗闷子。

某次队里接了任务,任务的重要级别很高,是解救被扣押的人质。

人质是个未成年的小姑娘,由队长杨煊和另一名突击手负责突击,将人质解救出来,护送到指定位置,两名机枪手则负责火力掩护。

当时夏昭在抢占制高点时,左肩被子弹打穿,咬着牙忍住大出血的晕眩感,完成了狙击任务，在吴攀说完"队长的位置安全了"这句话时，夏昭瞬间松了劲，整个人几乎瘫了下去。然而就在这时，对方的狙击手瞄准了他的头部。

几乎可以肯定的是，若是吴攀当时没有扑上去把他推开，夏昭一定会当场脑浆迸裂。

对方狙击手一连射出几发子弹，其中一颗从背面穿透吴攀的心脏，吴攀当场没了气。

大出血加上情绪刺激，夏昭立刻陷入昏迷，被抬回部队时，他一直迷迷糊糊地问吴攀怎么样了。

得知吴攀的死讯后，他的两个妹妹赶过来处理他的后事。

夏昭神情恍惚地坐在吴攀的宿舍里，看着他的两个妹妹收拾他的遗物，其中一人朝他走过来，递过一页纸，用那双哭得红肿的眼睛看着夏昭，问：你是不是就是夏昭啊？我在我哥哥的枕头下面发现了这个。

夏昭接过来，一眼看出那是他们用来写遗书的那页纸，但那上面只写了两个字："夏昭"后面还跟了个冒号，至于冒号后面是什么，谁也猜不到，大抵是吴攀想说却又来不及说的话。

夏昭盯着那页纸看时，他妹妹在他的头顶说："我哥以前回家时，总是提起你，说他有个朋友叫夏昭，才二十几岁，是个天才狙击手……"

夏昭的眼泪忽然开始啪嗒啪嗒地掉，他把脸埋到膝盖中间，声嘶力竭地号哭起来。

杨煊说完这件事，停了下来，汤君赫一时也没说话，看上去有些愣怔。两人都沉默下来，杨煊半晌后才长叹出一口气："其实之前吴攀来找过我，求我想办法，让上头同意夏昭退伍。"

"为什么？"汤君赫轻声问。

"因为在他们倒数第二次出任务的时候，夏昭就差点儿被子弹射中，吴攀说，他害怕看到夏昭死在他面前。夏昭家里人其实一直在催他退伍，夏昭是因为他才待在军队里。吴攀过世之后，夏昭一直在接受PTSD（创伤后应激障碍）的心理治疗。"

杨煊从来没有想过生命里会来不及做什么，17岁以前他想的是报复汤小年，是逃离润城和杨成川，17岁以后他想的是该怎么把子弹射得更准一些。

又或者说，他刻意避免去想那些来不及的事情。打出子弹，击中目标，这件事足以让他全神贯注，他甚至不去考虑自己哪一天会死在某个任务中，因为他并不在乎。年少时他觉得天赋是可以用来浪费的，后来他觉得生命也是可以浪费的。

然而这件事情发生之后，他开始无可避免地去想那些来不及的事情。

"那次任务之后,队里又下来一个任务,重要级别跟吴攀那次差不多。接到这个任务之后,"杨煊像是有些自嘲地笑了一下,"我居然会觉得有点儿打怵。

以这种心理状态出任务是很危险的,所以那天晚上,我去找了队里的心理医生。他知道队里近期的情况,怀疑我也有轻微的PTSD,给我做了特种部队的基础心理测试,做了三次,我全都没通过。挺可笑的是吧?一个特种小队的队长,并没有目睹队友中弹的现场,却连最基础的心理测试都通不过。"

第52章

照常理而言，这样的心理测试结果并不适合出任务，但杨煊是队长，是整支队伍的核心。狙击手、突击手、机枪手、爆破手……都可以临时从其他队里调人过来补缺，唯独缺不了队长，因为没人比他更了解这支队伍。

而令队里的心理医生都感到意外的是，即使刻意将杨煊的精神激到临界状态，他仍然可以完成正常的指挥和狙击工作，他看起来沉稳而从容，似乎完全不会受到心理状态的干扰。

队里少了吴攀和夏昭两人，绝对不可能再临时调用其他队长，所以那次任务，杨煊还是照常担任指挥和突击的角色。

"这次任务，可以说是我这么多年来，出得最难的一次，比第一次出任务的时候还要难。"杨煊说到这里顿了顿，喉结上下滚动了一下，几秒钟后才重新开口道，"因为我想到，如果就这样死了，我也有一件来不及做的事。"

汤君赫听到自己的呼吸声，在安静的房间里清晰可闻，他想这件事可能与自己有关，可是他又无法轻轻松松地问出口。单单是想到杨煊曾经有死在任务中的可能性，他就感觉呼吸困难。

"是什么？"他问，声音有些发涩。

杨煊语速缓慢地说："准确地说，是一个来不及见的人。"

杨煊没说出口的是，在他最后一次出任务的前一晚，他想到他同父异母的弟弟汤君赫。他其实很想知道他弟弟长高了没有，那双乌溜溜的眼睛是否还像猫一样，额角那块疤和脚踝上的刺青还在不在，以及这些年做了汤医生的他到底过得好不好。

临出任务前，杨煊整理好枪械装备，吴参谋长亲自过来做最后的交代，杨煊看着战友动作利索地一个接一个上了直升飞机，他最后一个跳上去，半蹲下来关机舱门时，忽然开口和参谋长说："吴师叔，我要是真出了什么事，我那份遗嘱，您帮忙给废了吧。"

"出什么事？"吴参谋长一听便横眉倒竖，"你小子说什么浑话？"

杨煊则很冷静地说："您得答应我，不然这个任务我出得不踏实。"

时间不容耽误，吴参谋长干脆应下来："行，我答应你。"联想到近期队里的情况，他又叮嘱道，"你是队长，你得稳住了，你要是稳不住，队里其他人非得更乱套了。"

"我知道，您放心吧。"杨煊只简短说了这几个字，然后用力拉上机舱门。

那次任务进行得很顺利，杨煊只是左臂中弹，做了简单包扎。回来之后，他便向上级打了退伍报告。

上面的领导听后，直接将这份报告原封不动地打了回来，连"不同意"三个字都没批，意思是这件事上面当做不知道，杨煊也不要再提了。

但杨煊态度坚决，第二次直接拿着退伍报告当面去了上级办公室。他自知再也无法安心地出任务，这种预感一旦出现苗头，往后只会愈演愈烈。他当然可以留下来继续做队长，为了整支队伍的安全，他在最极端的心理状态下也能勉力维持理智，但万一有一天他在出任务的过程中彻底失控怎么办？这是拿其他战友的生命在冒险，他自问无法担负起这样的重量。心里的牵挂已经很重了，压得他无法游刃有余。

退伍程序走得很艰难，一开始完全陷入僵局，没有任何回旋的余地。上头虽然没有明说，但显然有领导下了死命令，绝对不能同意杨煊退伍。

但一个月后事情忽然有了转机，似乎上面有人松了口。条件只有一个，不能退伍，只能转业到公安系统，对此杨煊并无异议。

"不过说起来也挺背的，"杨煊笑了一声，语气又恢复如常，"出了那么多任务也没出过事，一回来，居然差点儿被那一枪射挂了，而且还被送到了你们医院里。"

汤君赫竭力避免去想杨煊浑身是血的那个画面，但他又无法静下心去想别的。

"哥，"汤君赫微微欠起身，看着杨煊问，"那如果你没有被送到我们医院，你会来找我吗？"

"会。"杨煊说。

汤君赫看着他哥哥的眼睛，黑沉沉的，像幽深的湖水，看久了似乎能让人溺毙其中。杨煊的声音沉得有些发哑，一个字一个字地敲在他的耳膜上："我这次回来，就是特意来见你的。"

汤君赫听到外面下起了雨，很细微地拍打在窗户上，衬得整个房间一片静谧。夏天真的要来了，他脑中忽然涌现出这样的想法。

他半晌没说话，眼睛不知盯向哪儿，似乎陷入沉思。

有那么一瞬间，他以为杨煊接下来要提起看心理医生的事情了，但杨煊只是坐回床上问："关灯睡觉？"看出汤君赫的愣神，他问，"在想什么？"

汤君赫侧过身躺着，定定地看他，过了一会儿才说："我在想，如果你出事了我会怎么办。"

"我就算出事了,也不会让你知道。"杨煊说完,抬手关了灯。

等到他躺下来,汤君赫悉悉窣窣地靠过来:"哥,你不能不让我知道。"

杨煊摸着他的脸说:"为什么?"

"过得好很辛苦的。"汤君赫低低地说。

他说得不明不白,但杨煊却听懂了。十年前他临走时,让汤君赫记得那个愿望,因为他知道他弟弟一定会听他的话。事实上汤君赫也的确很听他的话,他很努力地让自己过得好,起码看上去是这样。而如果杨煊真的出事了,那他努力让自己过得好这件事就会变得毫无意义。

过了一会儿,汤君赫又叫了一声"哥"。

杨煊"嗯"了一声。

汤君赫犹豫了片刻说:"其实我有一个固定的心理医生……几年前我每周都会去她那里一次,后来就去得少了……你回来之后,我又去过一次。"

"什么时候?"

"我说我过得很好的那一次。"汤君赫顿了顿说,"如果一定要治疗的话,可能她对我更了解一些。"

杨煊略一思忖,说:"好,那下次我陪你一起去。"

第53章

事情就这样敲定下来。第三天下午，两人一起来到心理咨询室。

心理咨询室里光线明亮，三十几岁的心理医生 Julia 从桌子后面绕出来和他们握手。

"你看上去好多了，"Julia 微笑着对汤君赫说，又看向旁边的杨煊，"这位就是你故事中的另一位主角，对吧？"在汤君赫点头的同时，她朝杨煊伸出手，"你好。"

"你好，"杨煊同她握手，"杨煊。"

汤君赫从没想过自己哪天会跟杨煊一起坐在心理医生面前，以往他坐在这里时，几乎都是处于一种极度焦虑的状态。尽管在这里他可以获得片刻心理上的安宁，但他还是有一种强烈的抵触情绪。所以后来一段时间，在他觉得自己可以勉强应付这种焦虑状态之后，他便自作主张地中止了治疗进程。

在了解了汤君赫最近的精神状态后，Julia 很快给出了专业的治疗方式——系统脱敏疗法。

"之前我们曾经试着用过这个方法，但是效果并不理想。"Julia 翻看着汤君赫的治疗记录，抬头看向汤君赫，"你还记得吗？"

"嗯。"汤君赫的两只手无意识地绞到一起，点了一下头。直到现在提起脱敏疗法，他还是会本能地抵触。脱敏疗法需要诱导患者进入引起焦虑的情境之中，当时 Julia 尝试让汤君赫想象杨煊离开时的情景，就是希望帮他逐渐克服这种焦虑情绪。

汤君赫那时上大一，在他闭着眼睛，跟随 Julia 的话去想象机场那一幕时，他忽然不受控制地蜷缩起身体，把脸埋到膝盖里，崩溃地小声啜泣。相比其他来治疗室的患者歇斯底里的哭声，这种反应算不得多么激烈，但 Julia 知道，汤君赫在极度崩溃的状态下也会小心地藏起自己的情绪。那天下午，Julia 花了很大的力气才帮他从崩溃的状态下调整过来。

汤君赫无法触碰关于那一幕的记忆，于他而言，脱敏疗法非但不能帮他消除焦虑，反而会加重他的焦虑。

看出汤君赫眼底流露出的抵触情绪，Julia 温和地鼓励他道："我相信在他的陪伴下，脱敏疗法这次一定会奏效的，我们尝试一下，怎么样？"

她神情十分自然，这让汤君赫从抵触的情绪中短暂地脱离出来。

杨煊这时伸过手握着他的手腕，侧着脸看向他，神情不见异常，又是那种商量的口吻："试一下吧，好不好？"

汤君赫无法拒绝杨煊，有些迟疑地点了点头，问Julia："那我哥哥需要在场吗？"

"对，你不希望他在场吗？"

"我也不知道，"汤君赫摇了摇头说，"先试试吧。"

汤君赫坐在光线柔和的治疗室里，空气中流淌着舒缓的音乐声，他跟随心理医生的话放松自己的身体。杨煊坐在后面的沙发上，看着这边的治疗过程。

起初汤君赫并不觉得焦虑，只是有些紧张，因为杨煊在后面看着他。但渐渐地，在心理医生的诱导下，他很快进入想象的情境当中。

开始时进入的是刺激等级低一些的想象场景，比如让他想象杨煊从这间屋子走出去，逐渐地，根据他的反应，刺激等级开始提高。

"现在想象你们走在机场，周围人很多，声音嘈杂……"

汤君赫跟着Julia的描述进入这段回忆当中，人来人往的机场，杂沓的脚步声、嘈杂的交谈声以及拉杠箱摩擦地面的声响混杂在一起，他和杨煊一起走向安检处，那里立着一块"送行人员止步"的牌子，汤君赫知道自己只能送到这里了。

他看着杨煊走远，周围有人走过来重重地撞到他的肩膀，他想出声喊住杨煊，可是张开嘴，却好像突然哑了一般，一个字也说不出来。

汤君赫的呼吸开始变得急促，他的后背离开座椅靠背，不自觉地蜷起身体，两只手抬起来捂住脸，哑着嗓子地叫了声"哥"，绷紧的肩膀线条微微发颤。

这是汤君赫在陷入恐慌和焦虑时自我保护的样子，杨煊再熟悉不过，他蹙着眉，从沙发上站起身来。见心理医生没有阻拦，他走到汤君赫身边。

汤君赫已经27岁了，相比十年前也长高了不少，但他这样把自己蜷起来时，看上去却似乎只有很小一团，像一只可怜的小动物。

汤君赫一时忘了自己在治疗室，在那一瞬间，他真的以为自己在机场，他看到的杨煊不是十年前的杨煊，也不是现在的杨煊，似乎是一个他没有见过的杨煊。过后清醒过来，他才意识到这是他想象中的杨煊，这十年里，他无数次想象过他哥哥杨煊会变成什么样子。

在想象的情境中，他很绝望地看着杨煊走进安检区，极度的惊恐与慌乱让他有些腿软，他忍不住蹲了下来，而就在这时，他感觉到有一只手落到自己的头顶，揉了揉他的头发。

汤君赫不喜欢别人揉自己的头发，事实上也没有别人揉过他的头发，一瞬间他以为杨煊又回来了，他一抬头，被照进治疗室的阳光晃得眯了一下眼睛，这才意识到，刚刚只是一场治疗中的假想而已。

"我还在。"杨煊在他的头顶说。

汤君赫埋下头，很深地吸了一口气，呼出来时他缓缓直起身，然后侧过身抱住杨煊，脸埋在他的身前。杨煊一只手按着他的后脑勺，另一只手在他的后背上轻轻拍着。

汤君赫抱了一会儿才缓解了情绪，松开杨煊，转过身对 Julia 说："不好意思，我刚刚的反应是不是太过激了？"

"你肯暴露出自己的情绪已经很出乎我的意料了，"Julia 说，"虽然没有进行到最后，但这个程度对你来说很不错了，有亲人陪在身边进行脱敏治疗，效果确实要好很多。"

刚刚在脱敏治疗时的各项数据通过笔记本屏幕展示出来，汤君赫看着那几个数字有些出神，他还是很难快速从那种情绪中走出来。

在 Julia 说着接下来的治疗计划时，杨煊握着笔，在笔记本上快速地记下她说的内容。汤君赫觉得自己好像没见过这样的杨煊，记忆中的杨煊会在篮球上跳起来投篮，会趴在教室的课桌上睡觉，会握着笔慢悠悠地在托福试题上勾选答案，唯独没有这样神情认真地快速记过什么东西。

尽管治疗时的崩溃状态跟几年前有些相近，但相比上一次，汤君赫这次的情绪却恢复得很快。

半小时后，在治疗临近结束时，Julia 提出想和汤君赫单独说几句话。汤君赫一直握着杨煊的手，闻言，杨煊反过来握了一下他的手："那我先出去抽根烟。"说完，他站起来和心理医生握了握手，又将笔记本合上卷起来拿在手里，走了出去。

门一合上，Julia 就看着汤君赫说："他很在意你。"

这话从心理医生口中说出来显得格外有说服力，汤君赫没想到她会说这个，先是怔了一下，回神后忍不住有些开心："可以看出来吗？"

"这很明显，而且他看上去很可靠。"Julia 说，"在你们相处的过程中，他会强势到让你感觉不舒服吗？"

"不会，"汤君赫摇头道，"他其实很让着我。"事实的确如此，杨煊总是有意无意地让着他，像一个称职的哥哥那样，而与此同时，汤君赫也会不自觉地依赖杨煊，就像小时候他依赖他哥哥一样。这无法避免，而且谁也没想过去改变这种相处模式，似乎一切都顺理成章，打他们出生起就注定如此。

"那就好，"Julia 和汤君赫相识多年，很为他高兴，"看到你慢慢好起来真是为你开心。"她说到这里笑了起来，汤君赫也低头笑了一下。

杨煊站在走廊上，对着打开的窗户抽烟，一支烟抽了一半，听到开门声，他转过身来。见汤君赫从治疗室出来朝他走近，他没有问心理医生说了什么，只是抬手摸了一下汤君赫的头说："觉得怎么样？"

"挺好的，"治疗时发生的那一幕让汤君赫有些不好意思，"哥，我去洗手间洗把脸。"

"走吧。"杨煊在垃圾桶上的烟灰槽里捻灭了烟，陪着他一起过去。

洗手间很安静，只有哗哗的水流声，汤君赫捧着水洗了脸，然后关了水龙头，用手背把脸上多余的水抹掉。杨煊半倚着洗手台等他。

"洗好了。"汤君赫走到他面前，微抬着下颌看他。

"哥，"汤君赫低声说，"你猜Julia刚刚跟我说了什么？"

"嗯？"杨煊问。

汤君赫抬起头，看着杨煊的眼睛说："她说你很在意我。"

杨煊似乎也怔了一下，随之又笑了笑。

"是不是啊哥？"汤君赫很期待地看着他。这份期待让他的眼睛微微睁大，看上去就像17岁时那样。

"这不是很明显吗？"杨煊说着，用拇指抹去汤君赫的下颌处即将滴下的水珠。

"你要说'是'还是'不是'。"汤君赫坚持道。

杨煊看着他乌溜溜的眼睛，并不绕弯子地说："是。"

第54章

从治疗室出来,两人一左一右上了车,杨煊接了个电话,是尤欣打过来的,似乎是要他过去拿什么东西。

"拿什么?"杨煊把车窗打开到最大,语气听上去并不上心,对着电话说,"搞这么神秘,着急吗?"

那边似乎又说了什么,杨煊听了一会儿,说:"他在,好,我赶在你下班之前过去。"

等他挂了电话,汤君赫有些好奇地问:"哥,你要去哪儿?"

"尤欣要我过去拿东西,"杨煊起动车子,松了手刹,"过会儿再去,先带你去看看车。"

工作日的下午,路上总算不堵,杨煊屈起来的手肘搭在车窗沿上,开得并不多快,看上去有几分闲散。

碧空如洗,尚未浓重的暑气从翠绿的叶梢蔓延开来,正是燕城一年中气候最怡人的时节。

汤君赫看着街边后退的绿树,想到他们从前在润城也是这样,他坐在杨煊的自行车后座,在茂密的树叶下穿行而过,风吹起来,把杨煊的白衬衫吹得鼓起来,贴到他的脸颊上,那是他少年时代最快乐的记忆。他这样想着,忍不住像17岁那样小声地哼起歌来。

起初他并未意识到自己在哼歌,直到杨煊把车停到4S店门口,他才察觉到自己的这个举动。

杨煊把车熄了火,若不经意地问道:"怎么不哼了?"

汤君赫有些不好意思,不作声地低头解安全带,他好多年没这样哼过歌了。前些年他脑子里装满了实验参数和结果,临床方法和术后恢复,根本就没有过这样大脑放空的时候。

见汤君赫不作声,杨煊嘴角微微勾了一下:"刚刚哼的什么?"

汤君赫并不知道自己刚刚哼了些什么,他很少听歌,也从不刻意去记那些旋律,所以直白来讲,他刚刚就是在瞎哼一通。听到杨煊这样问,他的脸微微发红,但还是佯作自然。

杨煊笑了一声,伸手揉了揉他的头发:"挺好听的,下车吧。"

那辆线条硬朗的黑色路虎停在展厅里，销售人员站在一边，杨煊低头问汤君赫："觉得怎么样？"

"挺好的。"汤君赫说。

"坐上去试试。"杨煊拍了拍他的后腰。

汤君赫便朝副驾驶的方向走，杨煊抬手拦住他："坐驾驶位吧，有驾照没？"

一旁的销售人员见状，也立即说："对，可以试驾一下的。"

"不用了吧哥……"汤君赫面露为难，"驾照我拿了就没开过。"

杨煊握着他的手腕朝前走了几步，停下拉开驾驶位一侧的门，朝他抬了抬下颌，汤君赫只能坐进去。

"要不要靠前一点儿？"杨煊俯下身，手朝座位下面的调节杆摸过去，"在这里，自己调。"

汤君赫也顺着摸过去，杨煊抬手覆住他的手背，握着放上去。

"哥，还是你来试吧。"汤君赫说。

距离拿到驾照已经过去几年时间，他是真的有些打怵，尤其是这车的底盘还很高，视野和他当时学车时相去甚远。

杨煊直起身看他一眼，倒也没再坚持："那我来试吧。"说完扶着汤君赫的胳膊，等他从车里迈下来，自己矮身坐进去，将座位朝后调了一下，这才把两条腿伸展开。

做销售的那人是个挺清秀的小伙子，很自觉地坐到后排位置，为杨煊指着试驾场地的方向。

杨煊试驾一圈，开得很顺畅，开回去的路上，销售员问了一句："你们是兄弟吗？"

汤君赫侧过脸说："他是我哥哥。"

"哦……怪不得呢，看着有点儿像。"那人笑道。

新车各种手续繁杂，杨煊打算过两天自己过来办理。见时间差不多了，他开车带着汤君赫径直开到公安局，打电话叫尤欣下来。

见杨煊下了车，汤君赫也推开车门走下去。

尤欣抱着一个厚厚的档案袋快步走过来，递给杨煊道："队长，这个给你，跟着材料一起转过来的。"

"叫我过来就是为了这个？"杨煊接过来看了一眼，"我还以为什么重要的东西。"

"就是很重要啊。"尤欣反驳道。

"碎纸机你那里有吗？"

"有是有……"

"那帮我把这些都绞碎吧。"杨煊把信封递还给她。

"不要了吧……队长,你就算不给自己留点儿回忆,"尤欣说着,看了一眼汤君赫,"总是要给汤医生看看的吧……"

汤君赫见她提到自己,这才开口问道:"这是什么?"

尤欣观察着杨煊的表情,拿不准能不能说,犹豫再三,到底也没敢明说,只含糊道:"你哥以前在部队的东西。"她又转而抬头看向杨煊道,"队长,你要想真绞,回头等你上班了,自己过来绞吧,这玩意儿绞了折寿,你可千万别把这差事派给我。"

杨煊笑了一声:"我没死呢,折什么寿!"

"反正我不绞。"尤欣铁了心拒绝。

"行吧,回头等我过来再说,那你先帮我收着。"

"你自己收着,"尤欣推拒道,"我拿着不踏实……要不你让汤医生给你拿单位里绞碎呗,"尤欣说着看向汤君赫,"医院也有碎纸机,是吧汤医生?"

杨煊瞥她一眼道:"刚不是还说折寿?"

"哦,你俩是兄弟嘛,"尤欣睁着眼瞎白话,"三代以内直系或旁系血亲不适用于这条法则。对了队长,你是不是快要来上班了,还有一个月?"

杨煊收了那个信封,捏着边缘拿在手里,说:"嗯。"

"哎哟,你可快点儿来吧,老徐天天念叨你。"

"念叨我什么?"

"G组打从年初开始就缺组长了啊,"尤欣压低了声音,"前几天代理组长又定了一个错误决策,把老徐给气的……而且旭哥这个代理组长也当得特痛苦,他就不适合做机动决策,他比老徐还盼着你空降G组解救他。"

"旭哥?"杨煊回忆了一下说,"我没见过吧?"

"对,G组你都没见过,不过他们见过你啊,在那篇报道上……"尤欣说到这,看着汤君赫笑道,"汤医生最近忙不忙啊?"

"还好,"汤君赫的心思在那个信封上,听她提到自己,回过神说,"心胸外科一直都差不多。"

车子驶入主路,汤君赫手里握着的手机振了一下,他转过屏幕一看,手机上来了一条短信,是一个没存过的号码发来的:"汤医生,我是尤欣,想了想还是有必要跟你说,我哥对你真很好,如果你愿意的话,可以去看看那个档案袋。"

汤君赫的目光落到仪表台上那个厚厚的档案袋上:"哥,那个档案袋里装的是什么?"

"当时在部队的一些资料。"杨煊开着车说。

只是资料的话,为什么要用碎纸机碎掉?尤欣又为什么要说什么折寿?汤君赫脑中闪过这种想法,几乎是在同一时间,他已经做好了打算,想到可以趁杨煊不注意时，把信封拿过来看一眼，他们住在一起，总是有机会的。可他转念一想，又忽然觉得，何必要偷偷摸摸地拿过来，如果开口和杨煊要过来看的话，他会拒绝自己吗？记忆中，杨煊好像没有拒绝过自己什么事情。

"哥，"汤君赫有些迟疑地开口，他不常和杨煊提要求，"我想看看那个信封……可以吗？"

杨煊先是没说话，打着方向盘转弯，长长的弯道平稳转过去，汤君赫又叫了一声"哥"。

杨煊这才问："怎么突然好奇这个？"

汤君赫想了想，说："其实关于你过去的一切，我都挺好奇的。"这句是实话，如果有一盘记录着关于过去十年杨煊点点滴滴的录像带，他一定会片刻不落地看完。

"回家看吧。"杨煊说。他果然没有拒绝汤君赫。

汤君赫有些好奇，又有些开心。

下了车，杨煊拿起仪表台边上的档案袋，推开车门走下去。

电梯里站着一个陌生人，汤君赫不动声色地朝杨煊靠过去，顺着他的手朝下，握住档案袋的一侧，试图从杨煊手里抽出来。

本以为杨煊会很轻易地松手，没想到他的手上反而加重了力气。

汤君赫只能也跟着用力，但却怎么也没办法把档案袋从他手里抽出来。

他转头去看杨煊，杨煊却视而不见，眼睛盯着电梯门旁的楼层指示屏幕。

等到那个陌生人下了楼，电梯门重新合上，汤君赫这才开口说："你说过回家给我看的。"

杨煊偏过头笑了一下，漫不经心道："你抽走就给你看啊。"

汤君赫一只手较不过杨煊，便有些耍赖地两只手一起用力，杨煊这时主动松了力气，抬起胳膊揽着他的肩膀。

汤君赫抱着档案袋，低头看那上面的字。那上面只用很粗的黑色水笔，龙飞凤舞地写了两个字——杨煊，除此之外什么也没有。他用手指捏了捏，里面的东西尺寸比纸币稍大一些，很厚，整整齐齐的，像是被捆在一起。

杨煊先一步下电梯，走在前面，摁密码开了门锁，然后握着汤君赫的肩膀让他先进去，自己也随后走进去，反手关上门。

十三这时蹿出来，扒着杨煊的裤腿，整个立起来。它现在不怕杨煊了，反而因为杨煊近来待在家里的时间多些，经常给它喂食，变得比对汤君赫还亲近。

两人在玄关处换了拖鞋，杨煊俯下身摸了两下十三，然后把它拎到一边，转身去了卫生间，汤君赫则拿着档案袋走到床边坐下。

他找出剪刀，把密封的档案袋打开，手伸进去，拿出里面那厚厚的一摞信封。

杨煊这时从卫生间走了出来，十三又凑过去，抬起前爪摁着他的拖鞋，似乎要阻止他继续朝前走，杨煊弯腰把它抱了起来。

汤君赫抬头看他："它在关禁闭，你这样会把它惯坏的。"十三昨天咬坏了一只拖鞋，汤君赫罚它不许吃猫罐头。

杨煊抱着猫朝他走过去，腾出一只手伸出手去抬他的下巴："哪儿捡来和你这么像的猫？"

"楼下的排风管道，"汤君赫看着窝在他怀里的十三，"哪儿像了？"

"眼睛。"杨煊说。

"我没有这么圆的眼睛。"汤君赫仰着下巴看杨煊。

"这个角度最像。"杨煊笑了笑，评价道。

汤君赫很敏感地察觉到他哥哥在转移话题，他眨了一下眼睛："哥，你是不是不希望我看这些信啊？"

杨煊眉梢微抬："有一点儿。"

汤君赫犹豫道："其实我也可以不看……"如果杨煊不希望他看的话。

杨煊俯下身把十三放到地上，抬手揉了揉他的头发："想看就看吧。"然后走到窗边，倚着窗台看汤君赫。

汤君赫隐隐觉得这些信与自己有关。他的心脏开始加速跳动，小心地打开那个信封，把敞着口的信封倒过来，薄薄的一张折起来的纸片掉到他的膝盖上，从背面也能看到微凸的字迹。

他莫名有些不安，深呼吸一口气，将那张纸拿起来，展开一看，上面只写了一行字：

"名下所有遗产赠与弟弟汤君赫。"

字迹力透纸背，落款是"杨煊"。再后面一行，是五年前的日期。

是五年前杨煊留下的一份遗嘱。

"遗产"两个字显得格外刺眼，汤君赫握着信封的那只手忽然开始发颤，他觉得自己有些呼吸困难。

他定了定神，又抽了一个信封出来，打开，取出里面折起来的纸片。

同样的一行字，仍旧是"名下所有遗产赠与弟弟汤君赫"，落款也依旧是杨煊，只是日期变了，是三年前的某一天。

汤君赫的指尖抖得愈发厉害，他竭力克制自己的情绪，又抽了一个信封出来，还是同样的一行字，同样的落款，不同的日期，六年前的。

第55章

汤君赫几乎拿不住信封,在他抽出下一个信封时,力气用得太过,一小撂信封掉在他的大腿上,还有一些掉落到了地上,他弯腰去捡,随即剩下的信封也全都掉了出来。

他有些狼狈地埋着头去捡那些信封,每个牛皮纸信封的正中都写着杨煊的名字,字迹深浅不一,大小各异,有几张似乎因为年岁已久,已经褪了色。

汤君赫忽然想起杨煊讲过的那个故事,想到坐在宿舍里的夏昭看着吴攀留下的那张信纸,原来在恓恓惶惶的这十年间,自己曾经有这么多次离那个画面那样近。

他无法自抑地想到自己站在医院的实验室里,收到这些信中的一封,抖着手拆开,然后读到这句话的场景,光是想象,就足以让他被巨大的恐惧密不透风地笼罩住,继而觉得透不过气来。

杨煊这时走过来,见汤君赫半跪在地上,头深深低着,垂下来的头发遮住了他脸上的表情。杨煊弯腰捡了几个脚边的信封拿在手里,然后半蹲在汤君赫身边,伸手按在他的后颈上,低声安慰道:"都是过去的事了。"

过了一会儿,见汤君赫还是低垂着头没反应,杨煊稍稍起身,两只手伸到汤君赫的腋下,将他拖着抱起来,把他放到床边,看着他发红的眼角,笑了笑,问:"想哭啊?"

汤君赫哑声问:"哥,所有的信封里都是这句话吗?"

"嗯。"

汤君赫觉得喉咙很堵,胸口酸酸胀胀的,一时很多话涌上来,嘴唇张了张却又不知道说什么好,就这样过了片刻,那些涌上来的字句和画面又渐次归于平静。

半晌,杨煊开口道:"你应该觉得高兴才是。"

汤君赫转过头,看着他锋利的下颌线闷闷道:"为什么?"

杨煊垂眼看着他,眼神里透出些笑意:"多亏了你的那个生日愿望,我才没出事啊。"

汤君赫有些发怔,过了几分钟才说:"那我这么辛苦地想过得好一点儿,也算值得了。"

晚上，汤君赫把那些信封按照时间顺序排好，认真数了数，一共79封。杨煊这九年里一共出过79次任务，每次出任务之前都会写下这样一句话，所以"汤君赫"这三个字，他一共写了79遍。

汤君赫拿着捆起来的信封，然后靠到杨煊身边。杨煊正坐在沙发上，看一部二战题材的黑白电影，手上在剥昨天汤君赫买回来的橘子。

"哥，你不要把这些碎掉了吧，"汤君赫的指腹滑过那些信封的边缘，发出很轻的摩擦钝响，"我想留着，好不好？"

杨煊看了一眼他手上码得整整齐齐的信封，说："你都已经看到了，碎不碎无所谓了。"

"你之前不想让我看到吗？"汤君赫看着杨煊掰了一瓣剥好的橘子放到嘴里，随之下颌跟着动了动。

杨煊的眼神转到屏幕上，咽下那瓣橘子才说："怕你看了难过。"

"是很难过，"汤君赫说，"但还是很想看到，哥，橘子甜不甜啊？"

"还行，"杨煊说着，又掰下一瓣，用手指捏着放到汤君赫的嘴边，"尝尝。"

汤君赫张嘴把那瓣橘子吃下，牙齿一咬，汁水在口腔中溢出来，他顿时酸得皱起脸："好酸啊。"

杨煊转过脸看着他的表情，像是忍笑许久，这时才笑出声，伸手推了一下汤君赫的头："酸还买，没有试吃啊？"

汤君赫勉强囫囵吞下，苦着脸说："试吃的那个明明很甜……哥，你不觉得酸吗？"

"我怎么会不觉得酸？"杨煊上身前倾，把剩下的大半个橘子放到茶几上。

"那你怎么面无表情的？我还以为不会酸。"汤君赫拿起杯子喝了口水。

"忍着呢，"杨煊眼睛里的笑意未消，靠回沙发后背，"我如果表现出很酸，你还会尝么？"

"为什么非要我尝？"

"你买的橘子这么酸，"杨煊笑道，"当然要你自己尝一下。"

第56章

心胸外科上下都发现，汤医生近来好像很少加班。

以往汤医生做完本职工作，总是会在医院里多待几个小时，写病程、看论文、做实验、研究手术案例……安排得满满当当。

但最近几天，汤医生做完手头的事情，就走得很麻溜。上一个课题已经结束，发了C刊论文，整整一个月过去，竟也没见他着急去找下一个课题来做。

着实反常。

于是手术室又滋生了新的八卦：汤医生家的小野猫可能成精，不然汤医生不会忽然之间性情大变。

这话不知怎么被汤君赫听去，他回家之后，忍不住笑着讲给杨煊听。

杨煊听后也笑了："小兔崽子。"

汤君赫反应很快，含着笑意说："你是我哥，我是小兔崽子，那你是什么？"

杨煊面不改色道："我是大兔崽子。"

没人猜到，汤医生之所以早早下班，其实是去看房子了。

汤君赫以前没考虑过买房子的事情，他也根本就不在意有没有房子这件事。但在跟杨煊进入第一个样板房时，他便明白过来，以前没考虑过这件事，是因为他从没想过，有一天他会跟杨煊在燕城拥有一个属于自己的家。

"这个还可以，"两人在精装修的样板房里转了一圈，杨煊侧过脸征询汤君赫的意见，"你觉得呢？"

"是不是有点儿大？"汤君赫压低声音，他觉得售楼小姐似乎一直在打量他们。而且相比汤君赫租的那个单间，这套房子的确大了太多，只是两个人住，似乎没有必要买这么大的房子。

"书房一间，杂物一间，卧室一间，十三一间，"杨煊环视着几个房间，不紧不慢地说，"还可以。"

他这样说，汤君赫又觉得的确还可以，虽然似乎并没有必要特意留出一间给十三。

汤君赫当时没说什么，出了楼盘上车之后，却变得有些话多："哥，你以前房间里的那个立柜你还记得吗？以后我们的房间也摆一个吧。"

"可以啊，"杨煊开车上路，"想摆什么？"

"摆很多东西。"汤君赫没明说，他想先卖个关子。但他已经想好要摆什么东西了，那两个变形金刚，那个脏兮兮的后来被他洗干净的篮球，去斯里兰卡的机票，还有那装着79封遗书的厚厚的信封。

回家之后，杨煊接了个电话，是他姥姥打过来的。

"都安定下来了吧？"在大洋彼岸的老人家在电话那头关心道。

杨煊坐在沙发上说："安定好了，过几天我回去看你们。"

那边一叠声地应着"好"，听上去很高兴。

临挂电话，杨煊叫了一声"姥姥"，那边"哎"了一声，他看了一眼汤君赫说："我有一个弟弟，您还记不记得？"

汤君赫正蹲在墙角给十三喂食，闻言有些意外地扭头看着他。

"怎么会不记得，"杨煊的姥姥每每提起有关杨成川的事就要叹气，"那个孩子现在怎么样？你们还有联系？"

"嗯，"杨煊捏着打火机在指尖来回转，"我这次回去，带他见见您吧。"

汤君赫怔了怔，手上动作顿住，十三瞅准时机张嘴，一用力把他手上捏着的鱼干叼走，他也顾不上去抢回来。

他只听到杨煊说："他只有我一个哥了……嗯，没了……这个等见面说吧……"

杨煊抬头和他对视一眼，朝他勾了勾手指，示意他过去。

汤君赫把十三放到地上，朝他走过去，规规矩矩地坐在他旁边。他其实想凑近了听电话那头在说什么，但又害怕自己发出动静会被听到。

杨煊挂了电话，见汤君赫欲言又止地看着自己。

"最近能不能调出两天假来？"他像是在问很平常的事情。

"我得问问薛老师，"汤君赫说完，又很快补充道，"但应该可以。"

"不行的话，就等过年再说。"

"你姥姥见到我……会不会不高兴？"汤君赫忍不住问。

"她是个看得很开的人，"杨煊说，见汤君赫的表情实在像极了试探着讨食的十三，笑了笑问，"害怕啊？"

"有一点。"汤君赫说。

其实并不止有一点，因为上一辈的纠葛，他没办法坦然而安心地去面对杨煊的姥姥和姥爷。尽管他们有同一个父亲，身上也流淌着一半相同的血，但那另一半却是完全不同的。杨煊的姥姥和姥爷是只属于他的，跟自己毫无关联。

229

汤君赫也不知道怎么去讨老人欢心，他自己的姥姥在他很小的时候就去世了。他对她印象不深，只记得她总是对汤小年骂声不断，但对自己却很好。

她死的时候汤小年哭得很伤心，他为了让他妈妈开心起来，便说自己以后长大会做医生，把姥姥的病治好。那时候他还不懂人死了就是没了，从此往后消失在这个世界上。

十个小时的飞机行程，汤君赫惴惴不安，他拎了很多东西，高端的医疗器械和昂贵的珠宝饰品，希望能为自己博得一点儿好印象。

但真等坐到两位老人面前，他又觉得这些虚头巴脑的礼数着实有些多余。

"这就是君赫。"杨煊的手按在他的后背上，将汤君赫介绍给两位老人。

"我好好看看这个孩子，"杨煊的姥姥特地拿了老花镜出来戴上，她看上去很和善，脸上被岁月堆了些皱纹，但却不难看出生活富足，"真好，长得真好，"她拉着汤君赫的手，细细地端量他，"像你妈妈多一些啊？"

汤君赫有些局促地点头。

"男孩都像妈妈，小煊也是，像妈妈多一些，"她又说了一声"真好"。汤君赫离她很近，看到她的老花镜后面有些混浊的眼睛，好像起了一层水雾。在那一刻他好像明白，老人想起了杨煊的妈妈——自己的女儿。继而他似乎明白过来，或许眼前这位老人并没有憎恨过汤小年，她大抵懂得汤小年和杨煊的妈妈一样，都是可怜人。就像他和杨煊一样，自打出生起，他们就注定有着牵连不断的命运纠缠。

"叫姥姥。"杨煊站在一旁，拍了一下他的后脑勺，提醒道。

"姥姥。"汤君赫的声音有些低，他怕老人听了不高兴。

但老人乐呵呵地应了一声"哎"。

"姥爷。"杨煊又提醒。

汤君赫跟着叫了一声，这次声音大了一些。

杨煊的姥爷看上去不苟言笑，也许是看出汤君赫的局促，他主动问："听小煊说你是做医生的？"

汤君赫说是。

"哪个科室的？"

"心胸外科的。"他问一句，汤君赫便答一句。

"喔，那很厉害，"老人用夸赞晚辈的口气说，"给心脏做手术，不得了，是什么学历？"

"临床博士。"

"好、好，"杨煊的姥爷一向看中学历，很赞赏地看着他说，"会有大出息。"

阿姨在厨房做饭，杨煊的姥姥过一会儿便要去看一眼，叮嘱着要烧什么菜。

杨煊陪姥爷下棋，赢一盘输一盘，输要输得体面，赢要赢得艰难，这棋着实难下，得花大力气才能哄得老人开心。汤君赫不会下棋，他跟在汤小年身边长大，没有这么丰富的娱乐活动，他就坐在旁边看着他俩下，自己在心里琢磨规则。

下了几盘后，杨煊的姥爷要出去遛弯，汤君赫便坐到他的位置上，拿着白子一边学一边下，过一会儿问一句规则。刚刚下得累，杨煊这会儿便显得有些漫不经心，问一句便稍稍指点一句。

"下在这里对不对？"汤君赫观察着棋局，自己拿不准主意，抬头问杨煊。

杨煊说"不对"，他就开始琢磨别的位置。

问了几次后，杨煊说："自己想。"

"我觉得差不多。"汤君赫不确定地说。

"那就落子。"

"好像这里更好一些。"汤君赫又抬眼问。

杨煊没走心地"嗯"一声。

汤君赫小声叫"哥"，试图通过耍赖获得援助。

杨煊说"挺好的"，他便放心地落子。但没走几步，杨煊就把他围死了，汤君赫这才知道自己被骗了，刚刚那声"哥"白叫了。

"没骗你，"杨煊也挺有理，"后来这步是比你一开始走的那步要好。"他点了点棋盘的某个位置，"如果按你开始这样走，两步就能把你围死。"

汤君赫再企图表达抗议时，又被杨煊镇压下去，让他自己思考。

第二盘开始，汤君赫依旧冥思苦想，杨煊照例漫不经心，下到一大半，杨煊忽然问："你的户口在哪儿？"

汤君赫愣了一下才转到这个话题上："在医院里。"

"集体户口？"

汤君赫"嗯"一声。

"回头办了房产证，我们把户口落到一起，你觉得怎么样？"杨煊捏着一枚黑子迟迟不落，看着他问。

汤君赫反应了一下才回过味来，这句话的重点在于"落到一起"。

在汤君赫 17 岁那年，他们曾经在一个户口本上，后来杨煊走了，汤君赫的户口迁到了学校，而杨煊的户口则入了军籍，十年间他们便彻底离散，毫无交集。

而现在杨煊问，我们把户口落到一起，好不好？

"可以吗？"汤君赫有些猝不及防，说出口才想到措辞并不准确，"我是说，可行吗？"

"燕城去年刚下来的新政，"杨煊说，"前几天我也托人咨询过，可行。"

汤君赫很熟悉他这种语气，他这样说，便是已经有了相当的把握。杨煊以前便是这样，但凡说出口的话，便是知道自己有把握能做到，就像当年他知道能带汤君赫逃离润城去斯里兰卡一样。

汤君赫脑中冒出的第一个念头是，他们又能在一个户口本上了。

继而汤君赫发现这件事情太过意义重大，却被杨煊这样举重若轻地说出来。仔细想想，杨煊说得这样轻松，但在这把握的背后，应该确实费了极大的心力，否则他不会早早就说起买房子的事情。汤君赫了解哥哥杨煊，哥哥和他一样，都是随处可栖的人。

"这样以后就不用担心我会走了。"杨煊笑了一下。

汤君赫觉得自己的眼睛上好像起了一层水雾，喉咙有些堵，说不出话来，只能点点头。

杨煊捏着黑子的那只手抬起来，在他头发上揉了揉，然后在棋盘上落了子："该你了。"

汤君赫满脑子都是落户的事情，乍一低头看棋盘，觉得进退维谷，走哪儿都有被围死的风险。

"这里。"杨煊用手指点了点棋盘上的一个位置。

"哦。"汤君赫的心思全在落户的事情上，所以尽管有上次被骗的教训，但他还是依言落子。

杨煊又落一子。

统共不过五步，汤君赫心不在焉，下得一塌糊涂。

他再要落子时，杨煊出声道："还下？结束了。"

汤君赫一愣，稀里糊涂落的那几个棋子，居然赢了？他低头看了看棋局，这才知道，杨煊有意让着他。

他那几个白子下得太废，所以杨煊花在让着他的心思上，不亚于刚刚不动声色地哄着他姥爷输得体面、赢得开心。

汤君赫再没心思下棋，坐在矮凳上发怔，杨煊随手拿了遥控器换台，CCTV6又放起了《大话西游》，距离最初放映已经二十几年了，紫霞仙子依旧娇俏动人，蛮不讲理地说着那句经典台词——"我那么喜欢你，你喜欢我一下会死啊？"

汤君赫记得他第一次在电视上看到这部电影，是坐在汤小年旁边。那时候他还很小，什么也不懂，只觉得齐天大圣战袍披身，威风极了。

过了十年，汤小年嫁给了杨成川，他也搬进了杨煊家里，那时客厅里聚了几个人在抄作业，外套和书包胡乱扔了一地，杨煊没动笔，坐在沙发上，看电视上播的《大话西游》。

再一晃，又是一个十年，他跟着杨煊到了他姥姥家里，跟着他一起叫了姥姥和姥爷。他们看上去并不讨厌他，反而对他很好，简直像在做梦。

"饿不饿？"姥姥走过来问，"厨房里我做了好多好菜，你们去看看有没有想吃的，先吃着。"

汤君赫还是有些拘谨，说不饿。

姥姥便转身去了厨房，过了一会儿，她端出一个小碗，盛了撕下来的红烧蹄膀、绣球干贝和豌豆酥，食物泛着油润的光，香气扑鼻。

"先吃着。"姥姥朝他汤君赫里塞，"你们小孩子饿得快。"

汤君赫知道自己早就不是小孩子了。汤小年走后，便没人再把他当小孩子看了，所以这声"小孩子"，叫得他眼泪唰地掉了出来，滴在了盛满食物的小碗里。

汤君赫觉得自己这眼泪掉得真不是时候，明明以前再想哭都能忍住的。果然人生活在温室里，就容易变得脆弱。

"哎哟，怎么哭了？"姥姥赶紧从茶几上抽了纸塞到他手里，哄小孩似的，"不哭不哭啊，小煊是你亲哥哥，我们就是你亲姥姥和亲姥爷，都是一家人，别见外。"

汤君赫只顾着点头，竭力把眼泪忍了回去，说谢谢姥姥。

杨煊走过来，坐到他旁边，胳膊绕过他的肩膀，用手掌盖着他的眼睛。

"怎么了？"杨煊握着他的肩膀，低头看看他问。

汤君赫摇头说没事，杨煊便也不再问。他其实知道汤君赫是想起汤小年了。

在很遥远的小时候，汤小年也总是这样，用小碗盛出食物，让汤君赫先填饱肚子。

对于汤君赫来说，和家有关的一切都和汤小年有关。

汤君赫觉得汤小年在那边应该过得挺好的。前一阵子她总是出现在他的梦里，喋喋不休地嘱咐他各种事情，最近出现得少了，问他忙不忙，说工作重要，生活也重要，要劳逸结合，就像以前催他学习一阵就要起来走走一样。

汤君赫觉得下次在梦里见到汤小年时，一定要告诉她，杨煊特别好，杨煊的姥姥和姥爷也特别好，他又有家了，让她放心，不要再像以前那样操那么多心了。

假期很短，只能待两天就走，临走前杨煊的姥姥亲手包饺子。汤君赫总算有能帮上忙的地方了，他打小就帮汤小年擀饺子皮，擀得心应手，哄得姥姥很开心。

"相互照应着，"姥姥说，"这是老天带来的缘分，不容易的。"

汤君赫其实觉得有些愧疚，但他又觉得这样已经很好了，如今他长大了，懂得人生在世有太多不得已而为之。

杨煊的假期额度透支了，提前两天去公安局报到。

汤君赫昨晚值大夜班，做了两台急诊手术，白天在家里补眠。睡到下午自然醒，他磨磨蹭蹭地起来，觉得有些饿，洗漱的时候，琢磨着晚上吃什么，觉得可以买点儿食材晚上回来煮面。

想着要买些鸡蛋回来，他忽然记起小时候的事情——他走丢了，杨煊把他找回来，为了哄他不哭，一口气煎了五个鸡蛋给他。想到这里，他便忍不住自顾自地笑起来。

时隔二十几年，小时候的很多记忆都已经模糊不清了，但几件跟杨煊有关的事情，他却还是记得很清楚，仿佛就发生在昨天，如今想来还是历历在目。

汤君赫洗漱完，穿好衣服，自作主张地去公安局找杨煊。他想看看他哥哥工作时候的样子。

公安局不允许随便出入，他站在门卫处给杨煊打电话，杨煊说，马上过来接他。

一挂电话，汤君赫却看见上次一起吃过饭的一个人从里面走出来。那人见到他愣了一下，随即记起来，说："你是……"

"杨煊的弟弟。"汤君赫接上话。

"哦对对，来找你哥啊……那我带你进去不就行了。"那人挺热情地带他登记，"今天还见你哥来着。"

那人把他带进去，刚进大门拐进一侧的走廊，杨煊正从尽头的楼梯上走下来。他穿着长袖的衬衫常服，衬得肩宽腿长，袖口挽上去，露出流畅的小臂线条。他一边下楼梯，一边跟旁边的人说话。

正值黄昏，西下的日头明晃晃地照进楼梯上方的窗户，透亮得刺眼，笼罩在杨煊身上。起初因为光线太亮，汤君赫微微眯起眼睛，看不明晰杨煊脸上的表情，等到走近一些，避开那道强光，他才看清杨煊也正看向他。

"煊哥，"带着汤君赫来的那人抬头说，"我把你弟弟带进来了，"那人又跟他旁边的人打了招呼，"吴组长。"

"传说中的杨煊的弟弟，"那人跟杨煊一起走过来，朝他伸出手，"汤医生是吧？听尤欣说过很多次了，我是吴卓。"

汤君赫跟他握手，他记得吴卓是C组组长，前一阵子张楷的案子发生时，他们在电话里联系过。

他们简单地聊了几句，杨煊下班前要换便装，便把汤君赫带到更衣室里。他一边解衬衫扣子一边问汤君赫："打车过来的？"

汤君赫坐在方桌一角："嗯。"

下了班，杨煊开车载着汤君赫去了附近超市，买了食材，拎着回家。

菜是汤君赫拿刀切的，面是杨煊下锅煮的，味道还行，能吃下去。第一次开火，要求不能太高，慢慢来吧，日子还长。

6月中旬燕青区的房子开盘，两人拿了房产证，去办落户手续，他们都不喜欢排队，所以一大早就开车赶过去。

各种资料准备了一摞，件件都是他们关系的证明。曾经失落的种种，如今都找了回来。

负责办手续的柜员接过那一摞资料，低头仔细翻看，合格的全都放在右手边。汤君赫就看着她右手边的位置渐渐摞高，人生二十多年来的回忆一瞬间潮水般地全都涌了上来。

小时候他磕破了额头，杨煊拉着他去医院，他傻愣愣地说，你要是我亲哥就好了。

那个乌云罩顶的黄昏，他拿着一把水果刀险些犯下人生大错，被及时赶来的杨煊拦下，从此两人的命运系上了一个解不开的结。

十多年前的那个除夕夜里，杨煊风尘仆仆地从大洋彼岸赶回来，肩上落着零星的晶莹雪花，站在门口，眼神黑沉沉地看着他。

他忐忑不安地跟杨煊登上去往斯里兰卡的飞机，漫天无际的火烧云层层叠叠地在他们面前铺展开来，潮水沉缓地拍打在岸边的礁石上，呼吸一般永无止尽。

那天晚上他坐在值班室里，杨煊俯下身看着他的眼睛说："我们重归于好，好不好？"

工作人员把户口本递交到他们手上，他们向工作人员道了谢。

汤君赫低头看户口本，杨煊握着他的手腕朝前走，避免他被其他人撞到。拐角处人少一些，杨煊的脚步慢下来，也偏过脸看，汤君赫便把户口本朝他前面移了移。

他们拿着崭新的户口本，并肩走出冷气充足的大厅，外面的热气扑面而来，已经进入盛夏了。

相比早上，街上的车辆这时多了起来，绿灯亮起，车流开闸泄洪般地涌了出来。

天光尚好，余生悠长。
一起走吧，回家。

番外
四年前杨煊出任务片段

杨煊入伍的第五年。

尤欣靠在粗糙的石壁上大口喘着气,脸上的迷彩已经花得不成样子,灰突突的,深一块浅一块地覆在脸上,掩在其下的面色苍白得像一张单薄的纸。

"打中膝盖没?"杨煊警惕地半蹲着后退,在确信此处暂且安全后,他转过身查看尤欣小腿上的伤处。

"没有……"尤欣一边咬着牙说,一边低头翻找出急救包。

几分钟前,她的小腿被子弹打中,当下一个趔趄扑在地上,要不是杨煊手疾眼快地抓着她的胳膊一把将她拖拽起来,怕是她现在已经死在了这个荒郊野岭的破地方。

杨煊把她拽起来后,用突击步枪迅速解决了近处的两个人,扔出一颗手榴弹,趁着硝烟掩盖人迹的片刻,护着尤欣退到了这处不打眼的山洞。

子弹嵌进了骨头里,尤欣疼得要命,好在没被打穿膝盖,否则下半辈子离不开轮椅了。

说起来,是队长救了自己的命,尤欣一边给创口消毒,一边竭力分散自己的注意力,不想点儿有的没的,她非疼晕过去不可。

周遭忽然安静得一片死寂,若不是伤处一阵阵揪着疼,尤欣真要以为刚刚经历的硝烟和枪声都是一场幻觉。

然而不是,这种死寂比连绵不绝的枪声还要可怕。郑锐和方其琛怎么样了?夏昭和吴攀现在又在哪里?还……活着吗?

昨天早晨他们从直升机跳下来,直奔各自负责的地带。这次敌人实在太狡猾,东一榔头西一棒槌,不按常理出牌,火力十分密集。27小时持续高强度作战,几个人的体力几乎都耗到极限。

眼见任务快要完成,夏昭和吴攀赶去率先抢占制高点,这时却突然发生变故。

原本杨煊通过单兵电台冷静地指挥作战小队,但两小时前,电台突然作废,除了刺刺啦啦的电流声,什么也听不清楚……也许是方其琛背着的那台通信设备被打爆了，若是这样的话，方其琛的安危真是令人担忧。

因为通信被切断，分散在各处的几个人很快便失去联系，彻底失散。

"队长，你说方其琛……"尤欣说到一半停下来，不敢继续说下去了，怕一语成谶。

"别瞎想。"杨煊把枪放下来靠在石壁上，他自己也靠着石壁坐下来，对尤欣交代接下来的事情，"这儿挺隐蔽的，你一会儿就待在这里，等到差不多结束，再想办法跟外面联系。"

尤欣知道自己的伤势无法继续作战，就算硬要跟上去，也是拖队长的后腿，她别无选择，只能点头应"好"，又问："那你呢？"

"我直接去他们的基地，不能再耽搁了。"

尤欣不免有些顾虑："可是夏昭他俩会在基地附近吗？如果他们还没赶到的话，你一个人会不会太冒险了？"她说完，注意到杨煊上臂的迷彩服渗了一片暗红的血，有些惊讶道，"队长，你受伤了？"

杨煊应了声"嗯"，把迷彩服脱下来放到一边，露出里面的战术背心，裸露的手臂上，伤处看上去血肉模糊，尤欣赶忙翻出消毒水和绷带。

"给我镊子。"杨煊看上去比她镇定得多，接过她递来的镊子，侧过头拨着那片血肉，把残留在伤口里的弹片取出来。

尤欣看着都疼，她跟随着他的动作倒抽一口凉气。她本来应该凑过去帮忙的，可她觉得自己下不去手。

"酒精棉球。"杨煊把弹片取出来扔到一边，转过头看她一眼，"什么表情？"

"我来吧。"尤欣挪过去给他消毒、缠绷带，忍不住又一次说，"队长，你真要一个人去啊？"

"不然呢？"杨煊说。

正在这时，通信台传出一阵刺耳的电流声，紧跟着进来了方其琛的声音："队长……"电流声颤颤巍巍，夹杂着很大的杂音，人声勉强混进来。

杨煊神色一肃，沉声道："我在。"

尤欣也随之停下手里的动作。

那边的声音断断续续传进来，杨煊连听带猜，才勉强弄清他要说的话——对方人手又增加了，通信设备被子弹击中，正在抢修，目前和指挥中心联系不上。夏昭两小时前腹部受伤，现在的情况不太清楚，很可能抢占制高点失败。基地周围目前的情况很糟糕，对方的主要势力全部集中在那里。

"知道了，"杨煊问，"你怎么样？"

"我……"那边只说了一个字，电流声便剧烈地响起来，几秒过后又恢复死寂，什么也听不见了。

尤欣紧张地看着杨煊，杨煊也抬眼看了一下她："你的子弹还剩多少？"

237

"不多了，"尤欣把自己携行具上的弹夹包给他看，"十几发。"

"一共三十几发，够了。"杨煊说，"给你留几发？"

"我不要，我在这里挺安全的，"尤欣把弹夹全推给他，"队长你都带上吧。"

杨煊没应声，接过她递来的弹夹，整理着目前还剩的子弹和手榴弹。

"要不……还是等小方把电台修好，联系上攀哥他们再说吧？队长，你一个人过去真的太冒险了，何况……"尤欣说到这里，只见杨煊抬头扫了她一眼，目光有些冷，她顿时住了嘴，过了几秒又忍不住劝道，"何况子弹不多了，队长……"

"如果我真的出了意外，"杨煊这时打断她道，"需要拜托你一件事情。"

尤欣知道自己劝不动他，没人能改变队长做的决定。她突然开始发慌，慌得指尖忍不住发抖，但还是竭力维持镇定道："队长你说。"

"我有个弟弟，"杨煊半蹲着整理弹夹，音色如常地说，"在燕医大读书，我的遗产处理跟他有关，如果我死了，你按照我的遗书，找个律师帮我处理好这件事。"

"队长……"尤欣不想听他继续说下去了，她现在慌得要死。

"别打岔，听我说完。"杨煊码好弹夹，解了头盔，摘下来搁到一旁的地面上，手指搭在头盔上，后背靠上身后的石壁，"遗书你自己留着，别给他看。遗产处理得要谨慎一点儿，别让他发现这是遗产，他可能会受不了。还有，你挑个时间去见他，记得拍张照片烧给我，全身的那种，拍清楚一点儿。"

"不是遗产，那要怎么处理啊……"尤欣想方设法地阻止他一个人去基地，"队长，你别难为我了，我们还是等小方的消息吧，你等等再去啊。"

杨煊侧过头看向她，目光显得很平静："你只说，接不接受这个委托！"

"我、我……"尤欣语塞了半天只得自暴自弃地说，"我接受，可正常人突然收到一大笔财产，总会起疑吧？"

"所以才让你谨慎一点儿，"杨煊摸出打火机点了一支烟，深深吸了一口，"他很聪明，考过全市第一，所以，你一定要非常谨慎。行了，别说话了，让我歇会儿。"

他说完，仰起下颌，头抵着后面的石壁，闭着眼睛，一口一口地抽着烟。

黄昏已近，西斜的日头透过外面的扬尘照进来，被凸出的石壁挡住了大半，只余少许掠过杨煊的侧脸。

尤欣担忧地看着他，她看不出杨煊脸上有任何忧虑的痕迹，他甚至在平静中显示出一种闲适，好像生死对他而言并没有多么重要。

尤欣把脸埋进膝盖间，她太害怕队长一去不回了。

有东西重重砸在尤欣的脚边，随即耳边响起杨煊低沉的声音："这些留给你。"

尤欣闻声抬头，只看到杨煊不知什么时候已经扣上了头盔，身影犹如一只敏捷的猎豹，握着枪没入黄昏。她开口，还没来得及叫一声"队长"，那身形已经融入漫天的扬尘之中，看不明晰了。

她低头一看，杨煊给她留了5发子弹和两颗手榴弹，对于躲在山洞防身的她来说，已经太多了。那他自己身上剩的子弹岂不是只剩下不到30发了？

两天后。

被救回基地的尤欣醒来后，第一句话便问："队长回来了吗？"

"邓连长已经派人出去找了，还……没有消息。"

尤欣心下一沉，又问："其他人呢？"

"都回来了。"

她立刻下床去隔壁病房找到吴攀，问他有没有见到队长，得到的答案是没有。当日夏昭失血过多，体力不支，两人抢占制高点失败，陷入被对方围攻的僵局。好不容易突围成功，等他们赶到对方的基地时，才发现所有势力已经转移。

"我们找了一通，没发现撤退痕迹，队长……很可能当时自己跟过去了。"

尤欣愈发担忧，以一己之力对抗对方十几人的兵力，试图解救人质，成功的概率实在微乎其微。

足足三天还没有消息，小队所有人都陷入惶恐，大多数时间，每个人都在沉默，他们害怕等来那个结果。

尤欣坐立不安，忍不住去找了杨煊的遗书出来，发现二十几封遗书上全都只写了一句话。

遗书上写的"弟弟汤君赫"，应该是他唯一的牵挂吧，尤欣看着那几个力透纸背的字迹想。

尤欣立刻托人查到了汤君赫的联系方式，犹豫片刻，拨通了那个号码。她用的是军区的座机，对方的来显上只会显示一串无意义的数字，并不会出现真实号码。

等待接听的嘟嘟声响了很久，久到尤欣以为对方不会接起时，电话却接通了。是道很好听的男声，嗓音微微发哑，听上去有些疲惫，对方很有礼貌地说："喂，你好。"

"你好，"尤欣下意识握紧手里的听筒，"请问是汤君赫吗？"

"我是。"对方说。

尤欣忽然不知道该说什么了，她咽了好几下口水也没发出声音，许是等了很久也没有回应，对方又问："请问有什么事吗？"

"你……"尤欣下了很大的决心才问，"你认不认识……"

话说到一半，夏昭忽然气喘吁吁地出现在门边，大力地拍着敞开的门。

他的表情显得很兴奋，像是有很大的好消息。尤欣立刻意识到他要说什么，手心堵住听筒，用口型问他："队长？"

夏昭一阵猛点头，用气声喊出了震天动地的气势："队长回来啦！"

尤欣握着听筒的手止不住地抖起来，她重新凑近听筒，竭力压抑声音里的情绪："没事了，打扰您了。"然后她顾不及对方的反应便扣了电话，跟夏昭一起跑了出去。